INTRODUCTION TO
KNOWLEDGE GRAPH RESEARCH IN
THE HUMANITIES AND SOCIAL SCIENCES

A Case Study of Big Data on
Chinese Mythological Figures

人文社科领域知识图谱研究引论

以中国神话人物大数据为例

王 京 周园春 / 著

社会科学文献出版社
SOCIAL SCIENCES ACADEMIC PRESS (CHINA)

目 录

绪 论 ……………………………………………………………… 1
 一 人文社科领域引入知识图谱研究的意义 …………………… 1
 二 人文社科领域知识图谱的发展沿革 ………………………… 6
 三 神话学领域知识图谱的研究现状 …………………………… 10
 四 研究方法 ……………………………………………………… 16

第一章 人文社科领域大数据 ……………………………………… 18
 第一节 大数据的基本概念及其特征 …………………………… 18
 第二节 人文社科领域大数据的基本概念 ……………………… 23

第二章 人文社科领域知识图谱 …………………………………… 39
 第一节 关于知识图谱的几个基本问题 ………………………… 39
 第二节 人文社科领域知识图谱的界定与发展 ………………… 60
 第三节 人文社科领域知识图谱研究工具与平台建设 ………… 71
 第四节 人文社科领域知识图谱的展望与挑战 ………………… 94

第三章 人文社科领域知识图谱构建：以神话人物大数据为例 … 105
 第一节 神话人物知识图谱的设计原则 ………………………… 105
 第二节 神话人物知识图谱的整体设计 ………………………… 115

第三节　神话人物数据的采集与处理 …………………… 122
　　第四节　神话人物知识抽取与知识挖掘 ………………… 135

第四章　中国神话数据库平台开发与应用 …………………… 142
　　第一节　中国神话数据库平台的设计理念 ……………… 142
　　第二节　中国神话数据库平台的资料来源与生成 ……… 143
　　第三节　中国神话数据库平台的功能架构 ……………… 144
　　第四节　中国神话数据库平台功能 ……………………… 146
　　第五节　基于知识图谱的领域应用与探索 ……………… 169

第五章　神话文献数据知识图谱应用个案研究 ……………… 184
　　第一节　单一民族神话人物知识图谱发现 ……………… 184
　　第二节　多民族神话人物知识图谱发现 ………………… 201
　　第三节　区域性神话及神话人物知识图谱分析 ………… 212

附录1　神话人物大数据标准表述模板表 …………………… 231

附录2　神话人物伏羲数据三元组提取与呈现示例 ………… 249

绪　论

当今社会已经进入全球信息化的新时代，数据技术的广泛应用正全面影响着人们的工作和生活，特别是在科学研究方面，数据采集技术以及多维度研究成为一种基础性创新。但相对于自然学科而言，大多数人文社会学科与大数据技术的结合程度尚浅，特别是在国家文化数字化战略的宏观指引下，诸多以传统研究方式为主的基础学科正面临着以研究科学创新与发展规律探索为导向的研究范式的创新性转变。随着信息技术的迅猛发展，以领域大数据知识图谱为代表的应用型、交叉型研究方法在推动学科范式转变进程中的作用逐步凸显。越来越多的学科在以知识图谱为代表的智能技术的引领和驱动下，不断被激发出巨大的创新活力。基于这一现实情况，本书以神话人物大数据为主要研究对象和研究案例，以数据研究与知识图谱构建为重点，围绕人文社科领域大数据和知识图谱研究展开探索，并试图通过不同角度的分析、论证与阐释，对哲学、文学、文化学和数字人文相关学科的研究方法创新做出积极尝试，为中华优秀传统文化的当代实践提供有益的借鉴。

一　人文社科领域引入知识图谱研究的意义

知识图谱（Knowledge Graph）的概念由谷歌公司于2012年提出，它

人文社科领域知识图谱研究引论——以中国神话人物大数据为例

被视为"基于知识工程长期研究与实践工作的产物"。其表现形式是以提高人工智能可解释性为主要目标的智能搜索引擎,本质上是一种以实体语义为核心的语义网络,能够从关系的角度提供分析及解决相关问题的能力①。随着知识图谱理论和研究实践的不断发展,目前学界普遍认可的定义可以归纳为:知识图谱作为特定知识领域的映射地图,可以充分显示本领域知识的发展进程与结构关系。同时,其构建需要本领域学者对本领域知识进行结构化梳理和知识间关联规则提取,并与大数据科学、信息可视化科学等在理论和技术方面紧密配合,通过实体抽取、分析、构建、绘制和显示关系等环节,最终以图谱的形式全面展示本学科领域的核心结构、发展历史、前沿领域以及整体知识架构。

从当今人文社科研究的发展看,研究时序逐渐拉长、学科内容不断积累、研究领域不断细化、知识分支更加复杂、发展规律演变模糊、未来趋势越发难以把控,亟须通过大规模数据和有效的科学方法来实现全学科的梳理和辅助创新。正如研究者提出的,"科学数据在科学研究中的作用日益显著,数据密集型知识发现方法受到科学界的普遍关注:科学家不仅通过对大量数据实时、动态地监测与分析来解决科学问题,更基于数据来思考、设计和实施科学研究。数据不仅是科学研究的结果,且成为科学研究的基础"②。鉴于数据采集与分析的专业要求,本书主要以一定规模的中华民族神话人物数据作为切入点,其在系统性辅助阐释特定人文社科领域学科发现方面的重要研究价值和现实意义主要体现为以下几点。

第一,深刻响应国家文化数字化战略对文化领域创新性发展的时代要求。数字文化建设特别是中华文化数据库建设是新时代文化建设的重

---

① 周园春、王卫军、乔子越、肖濛、杜一:《科技大数据知识图谱构建方法及应用研究综述》,《中国科学:信息科学》2020年第7期,第957~987页。
② 孙建军:《大数据时代人文社会科学如何发展》,《光明日报》2014年7月7日,第11版。

要组成部分,也是中华优秀传统文化在新时代得以进一步发展的重要保障。当今世界正经历百年未有之大变局,信息技术和数据要素已成为推动传统经济升级转型和现代文明发展的主要驱动力,引领全球新一轮科技革命、产业变革和文化传播的持续深入。习近平总书记在向2019年8月26日召开的2019中国国际智能产业博览会所致贺信中强调,"中国高度重视智能产业发展,加快数字产业化、产业数字化,推动数字经济和实体经济深度融合"[①]。在向2021年世界互联网大会乌镇峰会所致贺信中,习近平总书记再次阐明了新时代语境下"激发数字经济活力,增强数字政府效能,优化数字社会环境,构建数字合作格局,筑牢数字安全屏障,让数字文明造福各国人民,推动构建人类命运共同体"[②]的培育数字文明坚定立场。这些都意味着以互联网、大数据、人工智能等为代表的现代信息技术正在影响新一轮科技革命和产业变革,对中国的经济发展和社会进步无疑具有极其深远的影响。聚焦人文社科研究本身,该领域以人类社会和文化的全部面向为考察对象,以现代文明形态、时代文化特征和社会发展进路为研究重点,对数字文化建设产生了重要的引领作用和突破性效应。对该领域进行理论创新和实践探索,可以通过对数字文化影响机制、社会意义和伦理价值的交互式探索,为新时代文化数字化战略提供切实可行的理论支持和认知框架,进一步提升新时代数字文化建设的理论性、实践性。

第二,为人文社科领域的基础性研究提供直观证据。知识图谱技术作为人工智能技术的重要组成部分,其强大的语义处理和互联组织能力可以为目标领域研究发现的智能化信息应用提供可靠的基础。针对特定人文社科领域的知识图谱的建立,可以将该领域的复杂知识点进行体系化、类型

---

① 杨帆、戴娟、张珺:《习近平向2019中国国际智能产业博览会致贺信》,《重庆日报》2019年8月27日。
② 《让数字文明造福各国人民》,《人民日报》2021年9月27日。

人文社科领域知识图谱研究引论——以中国神话人物大数据为例

化和网络化重构，其通常做法是依循时间维度、空间维度和语义维度等诸预设规则建立起相互关系，如在辅助历史和考古阐释研究过程中，通过对时间、地点、文化符号、文物特征、发掘人物等核心要素的抽取和重新组合，进一步追踪不同文化概念在时空中的演化过程，从而辅助研究人员理解和发现相应文化事象的发展轨迹、变迁趋势以及影响因素。上述做法在为研究者快速、准确、系统提供直观证据的同时，有效解决了传统人文社科研究中可能存在的证据碎片化、观点片面化和结论客观性缺失等关键问题，进一步提升领域研究检索、描述和关联挖掘方面的准确性（precision）、多样性（diversity）和可解释性（explainability）。

第三，推动多领域知识整合和跨学科交叉研究持续深入。引入知识图谱技术在人文社会科学领域具有重要的理论意义和跨学科研究价值。随着社会高速发展和知识爆炸式积累，人文社会科学领域涉及的学科和研究领域日益多样化和复杂化，各学科之间的交叉和融合无疑成为当今时代研究的前沿趋势。而知识整合是解决不同学科碎片化和孤立性问题的关键，它需要一种能够将各领域知识有效整合并建立联系的方法。在这一背景下，知识图谱作为一种结构化的知识表示方法，无疑在知识整合和知识图形化展示方面具有显著优势。通过知识通路的建立，不同学科之间的实体、概念、关系可以实现统一规则和标准之下的表示和连接，从而建立起体系化的跨学科知识网络。这种跨学科研究有助于深入挖掘不同学科之间的内在联系，推动学科边界的拓展和知识的交叉融合，为学术研究提供新的思路和方法。已有实证研究也证实了知识图谱在促进跨学科研究中的作用，这一积极尝试也为数字技术在人文社科研究领域的深入应用提供了重要范例和参考。

第四，进一步佐证数据方法和人工智能技术在当今文化建设中的重要作用。当今许多研究机构及研究者已经开始利用现代信息新技术涉入文化数据的研究与开发，并将研究的触角延伸至文化文献数据、口头文本数据、民间活态数据、图像文物数据、新媒体文化数据等所构成的立体的文化数据资源。这些资源通过数据库、数据共享平台、数字分析技术和多维传播路径等得以进一步发展，使原来单一的文本文化资源逐渐发展为"超文本"的、多语境的、可视化的数字文化资源，出现了由"数字化"向"数据化"、由"数字化保护"向"数字化开发"、由"数据存储"向"数据生产"转变的基本态势。以民间文学领域的数字化发展为例，21 世纪初启动的中国口头文学遗产数字化工程，在首期项目中便搜集了 5000 余册口头文本资料，这些资料主要包括县卷本的三套集成①，文字总量近 10 亿字。这样庞大的民间口头文学数字化工程在学术史上留下了浓墨重彩的一笔，也引起了学界乃至整个社会对民间文学的广泛关注。在首期工程接近尾声之时，系统共计收录了包括 TXT、PDF 等格式在内的神话作品、民间故事与传说等 28 万余篇，为现世及后续研究奠定了扎实的数据资料基础。② 国家统计局社会科技和文化产业统计司发布的资料显示，改革开放40 余年来，中国文化事业建设不断加强，文化产业发展成绩显著，"文化产品和服务的生产、传播、消费的数字化、网络化进程加快，新的文化业态应运而生。数字内容、动漫游戏、视频直播等基于互联网和移动互联网的新型文化业态成为文化产业发展的新动能和新增长点，'互联网+文化'成为文化产业发展的重要趋势"③。这是中国文化数字化转型的一个鲜明缩影，较好地佐证了数据方法和人工智能技术在推动当今文化建设中所起到的重要作用。

---

① 即中国民间文学三套集成，是《中国民间故事集成》《中国歌谣集成》《中国谚语集成》的合称。
② 叶舒宪：《盛世修书大业 再现神话中国——贺〈中国民间文学大系·神话·云南卷（一）〉出版》，《中国艺术报》2019 年 12 月 23 日。
③ 范玉刚：《新时代数字文化产业的发展趋势、问题与未来瞩望》，《中原文化研究》2019年第 1 期，第 69~76 页。

二 人文社科领域知识图谱的发展沿革

人文社科领域知识图谱与数字人文的关联紧密，两者共同推动了人文社科研究的数字化转型和创新发展，在出现时序和方法论层面具有一定的连贯性。一般认为，在涵盖范围上，数字人文相较于人文社科领域知识图谱而言是一个更大的概念范畴，但在具体技术选型和技术路径上，两者相辅相成，具有底层逻辑上的连通性和一致性。在发展时序上，数字人文被认为是计算机科学和人文学科交叉研究的一个新领域。其产生的背景是计算机技术和网络技术成为泛在的信息基础设施、数字化媒体环境初具规模，以及数字化文本积累的大数据生态开始形成。有学者以数字人文的研究技术为主线，将其发展历史追溯到1949年的语料库检索，再到20世纪90年代人文学术研究档案数字化制度形成，并在此基础上逐步发展稳固。21世纪初期，由于新形式文化产品的进一步创作和扩散，数字人文在文献与技术的物质文化生产过程中实现了进一步融合，增强了对人文学科研究内容的认知，在广度与深度上都得到了提升。随后，在21世纪第一个十年前后，以知识图谱应用为代表的跨学科综合性研究陆续涌现，这反过来推动了数字人文的快速发展。今天，数字人文已经快速演化为一个更加宽泛的综合性概念，涉及语言学、文学、历史、计算机科学，还覆盖了艺术、考古、图书馆、博物馆等领域。[①]

而严格意义上的人文社科领域知识图谱的发展得益于多个研究领域的综合成果，是人文学科、知识库、自然语言处理、语义网技术、机器学

---

① 王雪梅：《数字人文领域中知识图谱的研究与应用》，《山西科技》2020年第6期，第94~98页。

绪 论

习、数据挖掘等众多知识领域交叉融合的产物，产生时序较为晚近，一般以 2012 年谷歌公司正式提出"知识图谱"概念为起点，距今仅十余年的发展时间。目前学界对可迁移至人文社科领域的知识图谱概念的理解并没有形成一致，主要集中为知识图谱、知识地图（Knowledge Graph）和图数据库（Graph Database）三种基本认知[①]。

与早期工业领域和科技领域集中于构建知识图谱知识库的学术倾向不同，人文社科领域和图书情报领域的知识图谱经历了由"中文通用知识图谱构建"到"语义知识图谱研究"的研究转向，其发展历程可大致梳理为以下三个阶段。

第一，以中文通用知识图谱构建为主的研究时期。2010 年前后，DBpedia、Freebase、Yago 等大规模知识图谱逐步成为众多知识库链接的首选目标，国内也涌现出颇具代表性的中文通用型知识图谱，如 CN-DBpedia、PKUBase、zh-ishi.me、Belief Engine 等。这一时期的建设重点倾向于百科全书式知识图谱（Encyclopedia Knowledge Graph），即广义知识图谱。这些知识图谱可作为自动问答系统的直接数据来源，由此产生了诸如 Siri、IBMWaston、微软小冰、GoogleAllo、公子小白等多种成熟的自动问答系统和聊天机器人。在学术界，知识图谱也开始进入不少学者的研究视野。除了研究各种自动问答系统，知识图谱还被用于构建学术图谱，如清华大学和微软研究院联合发布了全球最大的学术图谱"开放学术图谱"（OAG）[②]，该知识图谱目前包含 7 亿多条实体数据和 20 亿条关系。此外，清华大学还发布了知识计算开放平台，该平台涵盖语言知识、常识知识、世界知识、认知知识等大规模知识图谱以及典型行业知识图

[①] 陈涛、刘炜、单蓉蓉、朱庆华：《知识图谱在数字人文中的应用研究》，《中国图书馆学报》2019 年第 6 期，第 34~49 页。

[②] 王宏宇、王晓光：《基于大规模开放学术图谱的研究前沿分析框架》，《情报理论与实践》2021 年第 1 期，第 102~109 页。

人文社科领域知识图谱研究引论——以中国神话人物大数据为例

谱。上海交通大学 AceMap 团队知识图谱小组则采用了 RDF[①] 进行数据描述，发布了学术知识图谱 AceKG[②]，其中包含了超过 1 亿个学术实体、22 亿条三元组信息。

第二，以语义知识图谱构建为主的研究时期。随着通用型中文知识图谱的发展，"全能型知识图谱"在知识精准度、专业性和时效性方面的不足逐渐显露，特别是人文社科领域知识来源多为语义层面的非结构化数据，在更加专业的垂直领域知识图谱构建方面的需求逐渐凸显。于是，在图书情报界和数字人文社科领域，越来越多的学者开始聚焦语义知识图谱的研究工作。欧洲数字图书馆 Europeana、Getty 数字博物馆、威尼斯时光机器项目[③]、芬兰数字人文关联开放数据基础设施（LODI4DH）等都已成为数字人文社科领域应用关联数据技术的典范。2015 年 6 月 18 日，大英图书馆、新西兰国家图书馆、牛津大学图书馆、哈佛大学等 29 个非营利性图像资源存储机构共同成立国际图像互操作组织，旨在确保全球图像存储的互操作性和可获取性，对以图像为载体的图书、地图、卷轴、手稿、乐谱、档案资料等在线资源进行统一展示和使用[④]。IIIF[⑤] 中的一系列应用程序编程接口（Application Programming Interface，API）都以语义化的 JSON 数据结构（Java Scrip Object Notation for Linked Data，JSONLD）格式进行定

[①] 资料描述框架（Resource Description Framework，RDF）即使用 XML 语法来表示的资料模型，可用来描述 Web 资料的特性，以及资源与资源之间的关系。其本质是一种元数据模型。

[②] 张晔、贾雨荨、傅洛伊、王新兵：《AceMap 学术地图与 AceKG 学术知识图谱——学术数据可视化》，《上海交通大学学报》2018 年第 10 期，第 1357~1362 页。

[③] A. Abbott, "The 'Time Machine' Reconstructing Ancient Venice's Social Networks," *Nature* 546 (2017): 341-344.

[④] 曾蕾、王晓光、范炜：《图档博领域的智慧数据及其在数字人文研究中的角色》，《中国图书馆学报》2018 年第 1 期，第 17~34 页。

[⑤] 国际图像互操作框架（International Image Interoperability Framework，IIIF）是一种用于图像和文档的开放标准，旨在促进全球文化遗产数字资源的交互和再利用。

义，关联数据和 IIIF 这两项开放共享标准已成为 GLAM（艺术馆、图书馆、档案馆和博物馆）的研究热点，并将开启数字人文研究的新时代。由全世界 100 多个国家的上万个成员图书馆组成的全球性图书馆组织 OCLC（Online Computer Library Center）研发的个性化网站功能 CONTENTdm（面向用户的个人馆藏）可以处理任何类型的文档、图像、视频和音频，其现已支持 IIIF，使用 CONTENTdm 的图书馆和博物馆可以通过一组常用 API 在不同平台间共享和呈现数字内容，威尔士报纸在线、伏尔泰书信、达·芬奇手稿等项目都采用这两项技术对其图像资源进行语义组织和发布。在国内，上海图书馆推出的家谱知识库、古籍循证平台、名人手稿知识库等一系列数字人文项目也将关联数据技术和 IIIF 作为核心技术[1]；北京大学严承希、王军通过符号分析法对中国历代人物传记资料库（China Biographical Database，CBDB）中宋代人物的政治关系进行可视化分析[2]；武汉大学曾子明等将关联数据技术应用于敦煌视觉资源关联展示[3]；侯西龙等将关联数据技术用于非物质文化遗产知识管理研究中[4]。这些研究的特点是，大多使用关联数据技术进行元数据层面的知识组织和发布，但极少使用知识图谱的理念对资源之间的关系进行揭示和知识推理。

第三，大语言模型冲击下的知识图谱反思性研究阶段。自 2022 年 OpenAI 公司正式推出 ChatGPT 以来，以 GPT4 为代表的大型语言模型（Large Language Models，LLMs）依托其新兴能力和通用性，正在自然语言

---

[1] 夏翠娟、林海青、刘炜：《面向循证实践的中文古籍数据模型研究与设计》，《中国图书馆学报》2017 年第 6 期，第 16~34 页。

[2] 严承希、王军：《数字人文视角：基于符号分析法的宋代政治网络可视化研究》，《中国图书馆学报》2018 年第 5 期，第 87~103 页。

[3] 曾子明、周知、蒋琳：《基于关联数据的数字人文视觉资源知识组织研究》，《情报资料工作》2018 年第 6 期，第 6~12 页。

[4] 侯西龙、谈国新、庄文杰、唐铭：《基于关联数据的非物质文化遗产知识管理研究》，《中国图书馆学报》2019 年第 2 期，第 88~108 页。

处理和人工智能领域掀起新浪潮。其与知识图谱在表示和处理知识应用功能上有所重叠，特别是 ChatGPT 在语言理解和知识问答方面表现优异，使得一些观点认为，同样作为领域知识表示和推理模型的知识图谱将要被以 ChatGPT 为代表的大语言模型所取代。据此，学界在关于两者的替代性问题上产生了诸多讨论。一方面，有学者认为大语言模型的出现在短时间内属于黑箱模型，常常难以捕获和获取事实知识。相比之下，以维基百科和华普为代表的通用型知识图谱是准确性更高的结构化知识模型，可以提供明确的、丰富的事实性知识。进而，知识图谱可以通过提供外部知识来推理和解释，从而增强 LLMs。另一方面，大语言模型的崛起改变了传统知识图谱的构建方式。一般意义上，知识图谱的构建通常依赖于人工标注和专家知识的输入，这种方式存在着高昂的成本和时间消耗。而大语言模型的海量自动挖掘能力可以使传统知识抽取和关系挖掘流程变得更加高效，从而构建规模更大、覆盖面更广的知识图谱。从这一角度理解，大语言模型无疑具有更大的优势。因此，从理论高度和实践导向重新思考知识图谱和大语言模型的价值和作用，探索二者的结合方式和优势互补，是进一步推动知识图谱在智能信息处理和人工智能领域发展的必由之路。

三 神话学领域知识图谱的研究现状

目前，以神话学领域作为知识图谱专题研究对象的实践活动尚在起步阶段，相关理论和成果大多归属于民族文学乃至中国语言文学领域的学科范畴。神话学领域大数据与知识图谱研究现状主要呈现以相关数据库建设为主、以知识图谱技术与应用为辅的创新探索态势，具体表现如下。

第一，以神话学为代表的民族文学数据库建设研究现状。以神话学为代表的民族文学数据库建设和数据理论探索在国外较早受到了重视并开始了实践尝试。在理论研究方面，研究芬兰民间口头文学及相关民俗的芬兰文学学会口传文学资料中心从手稿资料和声像资料入手，经过理论建构和数据模型研制，建立起较为完备的交互检索系统；韩国的韩国学中央研究院（The Academy of Korean Studies）对 82 卷本口碑文学大系资源进行了资料学编码以及检索研制和开发，通过采集著录和资料交换标准化程序的制定，建立起一个分类严格、归纳清晰的口碑文学数字化体系，进而在实现文学资料库协同运营的同时，推动了国家特色文化资源的国际化传播和交流；日本在资料学建设方面也做出了新的探索，京都大学人文科学研究所东方学数字图书馆和冲绳口头文化传承数据库等诸多资料数据平台已形成具有高操作性的条目检索系统和细分领域子库。

在数据库建设实践方面，芬兰的图尔库大学口传文学档案馆（The TKU Archive at the University of Turku）对田野工作及相关研究中获得的资料进行归档，同时将大量声像资料数字化，建立了相应数据分析模块，实现了计算机系统化管理，建成了初步的互联网展示平台，目前共有约 20000 个档案；中国历代人物传记资料库是由哈佛大学费正清中国研究中心、台湾"中研院"历史语言研究所以及北京大学中国古代史研究中心合作开发的数据库，其通过收录人物传记并对其中的语句进行分析，可以为历史学者提供人物资料的查询服务；美国的 ASP 世界历史人物索引数据库[1]是 Alexander Street Press（ASP）出版社免费向学者提供的索引数据库，收录了世界上著名历史事件所涉及的核心人物，内容包括信件、日记、口述史与其他个人叙述等，可作为查找、探索与分析人类经验的起点，从而了解事件的发生与起因等，该数据库包括超过 70 万页经过编辑的精选资料。

将研究视角转向国内，可以发现，国内的整体研究态势是理论和基础资料储备较为充足，形成了相应的数据标准、元数据标准与著录规则等，

---

[1] ASP 世界历史人物索引数据库网址：http://www.inthefirstperson.com/firp/index.shtml。

人文社科领域知识图谱研究引论——以中国神话人物大数据为例

但实践层面的数据库建设成果尚在起步阶段。

在理论和基础资料储备方面，中国社会科学院民族文学研究所在20世纪开展的大规模少数民族民间文学田野调查积累了海量的、珍贵的第一手民间文学资料；中国国家图书馆研制出口传档案库的数据标准与著录规则，包括口头传统主题、专题、专业数据库建设规范，音影图文数据资源加工与著录规则指导规范、元数据标准、数据分类与规范，海量存储设施运维与服务规范，并在国家数字图书馆标准规范、基本元数据规范、基本数字资源加工标准规范及数字资源描述标准规范方面进行了完善和有益的扩展；文化和旅游部民族民间文艺发展中心在中国记忆文艺基础数据资源库和中国民族民间文化空间信息系统的设计、开发、数据量、编目等方面开展了相应探索。此外，中国社会科学院民族学与人类学研究所、北京大学、北京师范大学等科研机构或高校均高度重视口传档案库建设，对少数民族口头传统主题、专题、专业数据库建设规范，音影图文数据资源加工与著录规则指导规范，元数据标准、数据分类与规范等进行了探索和研究。

在数据库建设实践方面，中国社会科学院民族文学研究所依托中国社会科学院创新工程信息化项目，开展了中国各民族基础资料的汇编、整理与数字化实践工作，在音视频多媒体信息资源的格式兼容、在线编目和线下著录共存、检索查询、XML文件导出等功能方面进行了诸多有益尝试，保证了数据存储管理与数据再开发的有效衔接。此外，还有台湾"中研院"历史语言研究所与韩国国史编纂委员会合作建设的中国古典文献资源数据库[①]，由北京大学刘俊文教授总纂、北京爱如生数字化技术研究中心研制的明清实录数据库[②]，北京爱如生数字化技术研究中心研制的中国方

[①] 中国古典文献资源数据库网址：http://hanchi.ihp.sinica.edu.tw/mql/login.html。
[②] 明清实录数据库网址：http://lib.nju.edu.cn/info/1013/2670.htm。

志库①等。上述数据库多为古籍资料汇编形式,且多为通用的人文史料和方志资源,大多早已被国外研究机构和数据库收录,缺乏中国本土文化数据的独创性和唯一性。

综上所述,目前国内外数据库研究现状呈现以下显著特征。一是国外数字人文领域在理论和实践方面处于相对领先的地位,拥有较大的话语权和影响力,国内亟须加强研究力量,以缩小与国际先进水平的差距。二是国内尚未建立起以民间文学乃至神话学亚领域为代表的专业数据库体系。现有平台大多处于"资料库"或"辑录馆藏"的初级阶段,虽然积累了大量的数据资料和深厚的理论经验,但这些资源尚未转化为可供广泛检索、深入研究和应用的实用数据库平台和相应软件,从而导致以辅助科研为导向的数智化功能不足。三是国内各民族数据资源的整合水平远未达到应有的覆盖程度,仍处于试验探索阶段,数据标准体系缺失,导致科学性和专业性不足,基础数据建设与科研创新之间的鸿沟尚存。四是国家和社会对数据库研究的关注度不断增加,迫切需要长期深入探索和投入。这意味着需要加大政策支持和资金投入,推动数据库研究向更为科学、专业和国际化的方向迈进。

第二,从数据库到浅层知识图谱关联应用探索。传统文化或民间文学创作与传播中的关联性研究,在国内外已经受到了学者的关注并有了一些实践。例如"爱古典"数据库中收录的"希腊神话数据库"(THEOI GREEK MYTHOLOGY)②、国家社科基金项目"藏羌彝走廊多民族创世神话的流变与传播研究"的研究成果"藏羌彝走廊多民族创世神话数据库"③ 等。其中,希腊神话数据库根据神话分类展示信息要素的系统关联,以希腊神

---

① 中国方志库网址:http://dh.ersjk.com/。
② 希腊神话数据库网址:https://www.theoi.com。
③ 藏羌彝走廊多民族创世神话数据库网址:https://zqymyth.com。

人文社科领域知识图谱研究引论——以中国神话人物大数据为例

话、画廊、文学作品等八大类型为数据库的横向展示门类，以希腊神性人物为核心进行信息展示，呈现线性与网状结构相结合的形式，并在资源最大化挖掘和集中的基础上，依托大英博物馆、皮奥·克莱门蒂诺博物馆、梵蒂冈博物馆、卢浮宫等开放网络资源，提供了多元共享的关联关系，从而形成了相对丰富的知识图谱，提升了信息获取速度和准确度。

此外，以神话为代表的口头传统文化的关联性理论探索也有一些可以借鉴的经验，如美国著名史诗学者、古典学者和口头传统比较研究专家约翰·迈尔斯·弗里（John Miles Foley）长期潜心于多语种多国家的口头程式来历研究，他以敏锐的洞察力积极开展对口头传统和互联网两者的并置和比较研究，提出了人类口头传统知识的"思维通道"设想，并试图多角度归纳其中的传播规律与特点。其提出的"通道项目"则引入"集市"的概念，设定了不同语言与地区口头传统叙事的虚拟交换场所即"语言的集市"（verbal market place），并以此为知识公共空间的枢纽，拟构出"文本集市"（tAgora）、"口头集市"（oAgora）和"电子集市"（eAgora）知识存储与交往空间，使相关联的知识体系可以通过多种媒介路径或通道实现共享。由此，"电子信息的浏览方式、信息之间的连接'结点'和信息之间通过'通道'流动的关系，与口头传统的信息产生方式、组织方式、传递方式乃至存在方式相通。可以由此推论说，以电子方式呈现口头传统，有着难以比拟的优势和便利"[1]。显然，对于神话这种口头传统的研究来说，弗里的这些关联性学术理念不无启发。

第三，知识图谱数据平台对神话关联的研究探索。目前，国内人文社会科学领域的知识图谱研究与构建尚在起步阶段，学界对其实现路径和应用场景的探索鲜有涉及，或可参照自然科学相关应用研究展开合理预测。

---

[1] 朝戈金：《约翰·弗里与晚近国际口头传统研究的走势》，《西北民族研究》2013年第2期，第5~15页。

绪　论

周园春等在《科技大数据知识图谱构建方法及应用研究综述》一文中，从科技大数据知识图谱构建及应用研究的角度，对科技实体推荐、社区发现、实体评价、学科交叉以及学科演化等科技大数据知识图谱分析挖掘方法进行了充分阐释，文章特别提出："神话人物知识图谱通过将大量的科技知识关联为网状结构，为科技资源的规律性知识的洞察和发现提供了支撑……通过对科学数据的分析，可以发现科学发展过程背后隐藏的各种知识和规律，从而为相关科研人员和科研政策制定者提供科学研究的方向和政策制定的依据"[①]。丁浩宸、王忠明在《基于本体的油茶中文知识图谱构建与应用》一文中，通过对包含7个1级概念、15个2级概念及若干关系的油茶知识本体的抽取，构建了油茶知识图谱，实现了以图形化方式展示知识结构和关联的功能，极大提升了研究者定位信息、发现知识关系的效率[②]。截至2024年8月，知网收录的与人文知识图谱相关的文献共有150篇，如《数字人文视角下辽宁地区红色资源知识图谱构建研究》[③]《知识图谱技术与人文社科领域的融合路径探析》[④]《数字人文背景下基于需求的知识可视化方法研究——以国图公开课的视频内容可视化为例》[⑤]《基于知识图谱的古籍数字化研究前沿热点及演化趋势分析》[⑥]等，上述论文半数以

[①] 周园春、王卫军、乔子越、肖濛、杜一：《科技大数据知识图谱构建方法及应用研究综述》，《中国科学：信息科学》2020年第7期，第957~987页。
[②] 丁浩宸、王忠明：《基于本体的油茶中文知识图谱构建与应用》，《世界林业研究》2020年第4期，第1~8页。
[③] 王楚翔：《数字人文视角下辽宁地区红色资源知识图谱构建研究》，《科技传播》2024年第15期，第15~19页。
[④] 王京：《知识图谱技术与人文社科领域的融合路径探析》，《文化学刊》2024年第4期，第11~17页。
[⑤] 周笑盈、魏大威：《数字人文背景下基于需求的知识可视化方法研究——以国图公开课的视频内容可视化为例》，《图书馆》2020年第1期，第20~28页。
[⑥] 范桂红、赵纯洋：《基于知识图谱的古籍数字化研究前沿热点及演化趋势分析》，《出版广角》2020年第11期，第85~87页。

上使用了 CiteSpace、VOSviewer 等计量软件对文献关键词、作者、机构、题录等有限信息进行分析，研究方法和路径基本属于图书情报学的研究范畴，数据来源集中于知网、CSSCI、CSCD 等文献数据库，在领域知识图谱的工程平台建构和图谱完整性、精准度、专业性、时效性等方面仍有较大的探索研究空间。上述成果为知识图谱技术在人文社科研究中的深入推广奠定了宝贵的理论与实践基础。

本书第四章构建的"中国神话数据库"在积极参考上述理论和实践经验的基础上，以构建代表性神话知识图谱平台为最终目标展开探索，通过神话知识图谱平台的创新性构建，实现了对神话文本、人物、事件等信息的结构化整理、深度挖掘和关键建构，以期为相关研究提供全面、准确的神话数据资源，进而推动神话研究领域的发展和创新。

四　研究方法

本书的研究内容遵循"理论研究—分析数据—挖掘证据—验证结论—创新探究"的方法逻辑，主要采用如下基本研究方法。

一是数据学方法。本书在研究过程中采用了数据学方法，结合类型理论、母题理论等相关理论，对我国各民族神话人物数据进行了系统的整理和提炼。通过定性和定量分析，笔者进一步从原始数据中提取出了有效信息，并对数据本体进行了深入研究。在此基础上，我们着重进行了逻辑结构的构建，以形成一个编排相对合理、实用性强的文本数据结构。这样的数据结构设计旨在对更大范围的神话文本数据进行详细研究和阐释，为深入理解神话人物文化数据提供了有力的支持和工具。

二是模型分析和平台建构法。先是针对特定研究对象，如流传度较广的少数民族地区的特定神话人物，探究各文化因素之间的相互作用机制。

绪 论

通过理论推导、数据分析或实践经验，设计不同类型的模型来呈现研究对象的特征。之后，在完成神话人物基础数据采集整理的基础上，笔者构建了以知识图谱功能应用为中心的大数据平台。这一平台以知识图谱为引导，深入研究神话人物信息流的传播和空间渗透，探索其中的相关性、规律性和体系性。

三是多重证据法。本书采用神话文献文本、口头文本、神话图像和文物等作为"多重证据法"的证据来源，以神话人物文本资料为基础，并有意识地强调影音图文材料的搜集和应用，尝试运用多重证据探索特定神话数据这一传统文化的丰富内涵与本质特征，积极发现文字符号与非文字符号的互动规则，进而全面审视中国神话人物知识图谱和大数据研究的意义与价值。

四是田野调查法。作为神话学、民族学、民俗学的重要研究方法之一，田野调查通过观察、访谈等方法对中国多民族的神话人物口头文本以及民俗中的神话事象进行了资料采集和数据梳理，进一步多层次细化第一手资料，对本专题研究需要的神话数据进行完善，并对一些具有特征性、代表性的神话人物做出语境充实与传承方面的验证，进而对中华各民族神话的当代应用做出理论与实践方面的探索。

第一章
人文社科领域大数据

鉴于知识图谱与大数据技术之间的紧密联系,在深入探究人文社科领域知识图谱的构建之前,有必要对大数据及人文社科领域大数据的相关概念进行基于具体研究的系统考察。

第一节 大数据的基本概念及其特征

一 大数据的基本概念

"大数据"(Big Data)一词最早出现于20世纪90年代,一般认为,其最早的概念得益于美国计算机科学家约翰·R. 马西(John R. Mashey)的推广。作为一个描述规模巨大、复杂性高、多样性丰富的数据的术语,其主要指的是传统数据处理应用软件无法处理的高复杂性数据集,该方式为多字段(行)的数据提供了更强大的统计能力。虽然目前围绕大数据的概念、使用、技术、伦理等诸多维度难以形成统一、正式的定义,但似乎最能合理描述大数据的解释是其与大量信息的高相关性。大数据通常由不同维度的数据集构成,其数据量超出了常用软件工具在一定时间范围内对信息的捕获、管理和处理能力①。随着相关技术的不断演进和概念范畴的不断扩充，"大数据"所代表的数据规模也随时间推移实现了不断升级。截至 2012 年，对于这一概念的数据规模定义已经从 TB 级别跃升到 PB、EB 乃至 ZB 级别。但在实际研究工作中，"数量规模"却是一个相对概念，它在面对不同的数据类型、数据对象和获取途径时，有着更为灵活的定义。对于传统意义上的人文社科研究领域来说，数据类型的不确定性、获取方式的独特性，加上特定数据的高价值密度等现实问题，直接影响了数据量的规模和形式。同时，大数据框架下的特定学科研究需要有针对性地形成一套面向本领域需求的技术体系，以揭示来自多样化、复杂和大规模数据集的准确含义。

在科学研究的视域框架下，一些研究指出大数据的出现标志着"第二次数据革命"的到来②。大数据的兴起标志着科学研究范式步入了革新的快车道，从以往的"数据匮乏"发展到当前的"数据理论匮乏"，这一转变是信息爆炸和技术发展的必然结果。数据的产生速度和规模呈现指数级增长，超越了以往的预测和预期，这些数据所包含的信息展现了远超简单工具性和依据性的特征，构成了一个可用于挖掘新知识的巨大资源库，从而开启了科学研究的全新历史阶段。与传统的统计数据相比，对大数据的利用更注重全部样本的包容性和统摄性分析。与过去注重科学数据精确性的范式不同，大数据的应用容许存在一定程度的不准确性，更倾向于利用大量中性数据反映现实的真实状态。此外，与传统科学范式关注因果关系的指向不同，大数据技术更倾向于通过关联性来探索自然和社会的变化规律，凸显了新的数据分析思维路径。因此，大数据的兴起标志着科学研究领域迎来了"第二次数据革命"，为科学知识的进一步挖掘和应用提供了巨大的机遇和挑战。

---

① C. Snijders, U. Matzat, and U. Reips, "Big Data: Big Gaps of Knowledge in the Field of Internet Science." *International Journal of Internet Science* 7 (2012): 1-5.
② 刘红：《大数据：第二次数据革命》，《中国社会科学报》2014 年 1 月 20 日。

二 大数据的基本特征

学术界围绕大数据的基本特性尚未达成一致的结论。最初，研究者主要关注"3V"和"4V"等基本特性，随后又逐渐引入了"Variety"和"Veracity"的特性，形成了多维大数据特征的相对固定表述。然而，给大数据下一个确切的定义并不在于明确界定哪些数据属于大数据，而在于指导如何进行大数据分析以及如何在应用中克服大数据的局限性。维克托·迈尔-舍恩伯格（Viktor Mayer-Schonberger）等学者在其论著中给出了大数据的"Value"定义[1]，马尔（B. Marr）则总结了大数据的"5V"特征，包括 Volume（大量）、Velocity（更新快）、Variety（多样）、Value（价值）、Veracity（真实性）[2]。大数据的产生主要源于传感器、网络和计算技术的突破，因此其无疑具有数据量大、更新快和种类多的特征。然而，大数据多源于传感器使用者的自发性上传或非目的性记录，因此，作为研究对象的大数据通常属于非目的性观测数据，含有大量"噪声"，导致其价值密度低、真实性差。实际上，"5V"描述的仅是大数据特征的表象，而非对大数据的真正定义[3]。

随后，伴随着在概念、应用和理论领域的不断外延，大数据的特征定义也发生了新的嬗变，笔者将目前学界较为认可的"6V"特征概括如下。

一是体量大（Volume），即生成和存储数据的数量较为庞大。数据的大小决定了其价值和潜在信息的获取，以及数据本身是否可被归为大数据的范畴。

---

[1] 维克托·迈尔-舍恩伯格、库克耶：《大数据时代》，浙江人民出版社，2013，第 102 页。
[2] B. Marr, *Big Data: Using SMART Big Data, Analytics and Metrics to Make Better Decisions and Improve Performance* (Chichester, UK: John Wiley & Sons), 2015.
[3] 裴韬、刘亚溪、郭思慧、舒华、杜云艳、马廷、周成虎：《地理大数据挖掘的本质》，《地理学报》2019 年第 3 期，第 586~598 页。

二是多样性（Variety），指数据的类型和性质更加丰富多样。传统的大数据技术主要应对的是结构化数据，例如关系型数据库管理系统（RDBMSs）。然而，随着半结构化和非结构化数据在生产和生活中的大量涌现，大数据在这一维度的属性边界得到了极大的扩展，其关键技术也更加倾向于捕获、存储和处理更多高速、大规模涌现的半结构化和非结构化数据，以实现不同类型数据的融合，获得创新性发现。

三是高速度（Veracity），指数据生成和处理的速度快，可以满足各个领域或细分行业的增长和发展需求。大数据通常是实时可用的，与一定意义上的小数据相比，大数据的产生更加连续。

四是真实性（Velocity），指数据的真实性或可靠性，涉及数据质量和数据价值。为了在分析中获得更高的价值和意义，大数据不仅必须具有体量上的优势，而且必须在一定规则下是高度可信的。在实际操作中，捕获数据的质量可能差异很大，这会在一定程度上影响分析的准确性。

五是高价值（Value），指通过处理和分析大型数据集获得的高价值信息。价值可以通过对大数据的其他特征进行评估来衡量，代表着从大数据分析中检索到的信息的可利用能力。

六是高可变（Variability），指大数据的格式、结构或来源的变化特征。大数据可能包含各种类型的数据，如结构化、非结构化或半结构化数据。大数据分析可以整合来自多个数据源的原始数据，并涉及将非结构化数据转换为结构化数据的处理过程。

总之，大数据的本质是针对研究对象的样本"超"覆盖。显然，此处并非指完全没有遗漏的样本覆盖，而是指超出目的性采样（也可称为"小数据"）范畴的、趋向于全集的信息获取。大数据的本质所带来的这种信息覆盖，突破了目的性和局部性传统采样的局限。

三　大数据与知识图谱的关系

知识图谱和大数据技术之间存在密切的关系，两者相辅相成，互为基

人文社科领域知识图谱研究引论——以中国神话人物大数据为例

础，共同推动了信息科技和交叉学科的创新发展。

首先，大数据是知识图谱构建的数据基础。知识图谱的构建需要大量的数据支撑，而大数据技术为知识图谱构建的实现提供了处理和管理大规模数据的能力。一方面，通用大数据关键技术涵盖数据存储、处理、分析乃至应用等多个环节，根据大数据的处理过程，可简单划分为数据获取、数据预处理、数据存储与管理、数据检索与分析、数据呈现与应用、数据安全等。上述环节的建构，可以实现海量数据的自动化处理，从而为知识图谱的构建提供直接高效的数据来源和资源基础。另一方面，知识图谱的构建涉及数据的清洗、整合和分析，而大数据技术提供了处理和管理海量数据的技术手段。大数据技术能够高效地处理各种类型和格式的数据，为知识图谱的构建提供了强大的数据处理能力。

其次，知识图谱是大数据的高阶应用范式。大数据技术的数据挖掘功能可以从庞大的数据集中提取出领域知识的组织结构、发展规律以及演变趋势，这种发现对于知识图谱的 Schema[①] 构建至关重要。换言之，知识图谱的知识体系构建，实质上源自对大数据的深入挖掘和分析。具体而言，数据挖掘技术能够通过对海量数据的分析，识别出其中的实体、关系和属性等关键要素，进而揭示出知识之间的潜在联系和内在规律。这种基于大数据的自下而上的知识体系构建方式，为知识图谱的建模和填充提供了数据驱动的有效方法，为知识图谱的完善和进一步发展奠定了坚实的基础。因此，知识图谱与大数据技术的结合不仅为知识的组织和智能化应用提供了新的途径，也为人类对于复杂知识领域的理解和探索带来了新的可能性。

最后，大数据技术与知识图谱具有应用层面的一致性和互补性。在具

[①] Schema 是知识图谱构建过程中的一个重要概念，它相当于该领域知识体系中的数据模型，以结构化的形式包含了该领域内有意义的概念类型以及这些类型的属性。其作用在于规范知识图谱中结构化数据的表达，即一条新的数据只有满足了 Schema 预先定义好的规则，才可被添加到相应知识图谱中。

体应用场景中，知识图谱技术往往嫁接在大数据服务平台之上，两者共同构成面向全领域科研和知识深度探索的智能应用系统。这些系统通常涵盖数据库存储、智能检索、智能推荐、智能问答、可视化呈现和关系推理等功能。在这些功能中，大数据技术主要实现检索、可视化呈现和统计分析等，而知识图谱技术则主要实现智能推荐、智能问答和关系推理等。两者相辅相成，以更好地满足社会和科研活动的具体需求，并为广泛的平台用户提供个性化的精准服务。通过这种应用层面的一致性和互补性，大数据技术和知识图谱共同为智能化科研与知识探索提供了坚实的基础和有效的手段。

综上所述，知识图谱和大数据技术相辅相成，二者共同推动了信息科技的发展。大数据技术为知识图谱构建提供了必要的数据基础和技术支持，通过数据挖掘技术发现知识的组织模式，为知识图谱的建模提供了数据驱动的方法。同时，在应用层面，两者共同构建智能应用系统，以满足社会和科研活动的需求。这种关系推动了信息科技的发展，并对交叉学科的创新和社会进步产生了积极而深远的影响。

第二节　人文社科领域大数据的基本概念

从严格意义上讲，人文社科领域大数据属于垂直领域大数据的概念范畴，是通用型大数据的一个行业（人文社科）分支和细分领域，其概念和特性既有通用型大数据的典型特点，又与之存在明显区别。

一　人文社科领域大数据的界定

人文社科领域大数据可被定义为在人文学科和社会科学研究中积累、获取、存储和处理的大规模、高度多样、异构化、实时性非结构化/半结

人文社科领域知识图谱研究引论——以中国神话人物大数据为例

构化数据集合。这些数据源涵盖了文学作品、历史文献、社会调查、网络内容、社交媒体信息、数字化档案、文化遗产等多个领域，反映了人类行为、社会关系、文化传承以及历史演变的多样性。人文社科领域大数据具有丰富的语义信息和深层次的人文社会意义，对其进行分析和研究有助于揭示人类社会的发展轨迹、文化演变模式以及社会现象的内在机理。从不同的维度考察其定义有不同的结果。

（一）从数据产生方式维度看

依循此视角，人文社科研究所涉及的数据可以划分为直接数据和间接数据，前者是指研究者通过访谈、直接观察、间接观察等方式首次亲自收集并经过加工处理的数据，后者指来源于他人调查和科学实验的数据[①]。不同人文社会学科所依赖的数据来源也有明显的差异。研究统计发现，社会学和法学的直接数据主要来自调查数据，经济学的直接数据主要来自实验数据；对于间接数据的来源，管理学、法学和经济学主要以政府公开数据为主，而社会学稍微偏向于管理机构的数据[②]。丰富的数据来源反映出人文社会学科数据所蕴藏的巨大价值。另有研究认为，人文社科大数据可以被定义为"基于数字化或者数字生成的、被认为是人文艺术范畴的大规模数据集"[③]，在这一含义中，人文社科大数据被天然划分为两类：一类是通过人文对象数字化（数据采集）的方式获取的各类数据，另一类则是数字技术出现以后不断生成的数字文本、图像、视频、音频以及3D模型等基于各类数字软件的多媒体数据，体现了更宽泛意义上的"数字文化"（Digital Culture）概念。

---

① J. J. Hox and H. R. Boeije, "Data Collection, Primary vs. Secondary." *Encyclopedia of Social Measurement* 1 (2005): 593-599.
② 沈婷婷：《人文社科领域科学数据使用特征分析——基于〈中国社会科学〉样本论文的实证研究》，《大学图书馆学报》2015年第3期，第101~107页。
③ 陈静：《人文大数据及其在数字人文领域中的应用》，《大数据》2022年第6期，第3~14页。

(二) 从数据应用范式维度看

"范式"一词最早由美国著名科学哲学家托马斯·库恩（Thomas Kuhn）于1962年在《科学革命的结构》一书中提出，用以描述常规科学所依赖的理论基础和实践规范。某一研究范式的提出，代表了科学家群体共同遵循的世界观和行为方式的集中涌现或统一转向，具有观念上的客观性和实践上的广泛性。21世纪以来，伴随着信息技术的迅速发展，新的问题不断涌现，不仅挑战了原有的科学研究范式，还深刻影响了数据应用范式的重塑。

图灵奖得主、关系型数据库奠基人吉姆·格雷（Jim Gray）在2007年的加州山景城NRC-CSTB大会上提出了科学研究的四类范式，分别为：用于描述自然现象的经验科学范式、使用模型或归纳法进行科学研究的理论科学范式、模拟复杂现象的计算科学范式和基于海量数据开展分析研究并推导结论的数据密集型科学范式。进而，米加宁教授等根据自然科学发展历史的四种范式提出了四种人文社会科学领域的数据范式，分别为：第一研究范式，社会科学的定性分析；第二研究范式，社会科学的定量研究；第三研究范式，社会科学的计算实验的仿真研究；第四研究范式，基于数据科学的大数据研究[①]。其中，第一范式所涉及的人文社科研究对象还不能被称为严格意义上的数据，或可称为"小数据"（Small Data），即个体资料，对应个案研究。第二研究范式中的人文社科领域数据一般涉及结构性比较好的经由人工处理的数据，如社会调查数据、经济学指标数据等，这类数据往往在数量和来源上比较有限，难以支撑起某一特定领域的整体性研究。第三研究范式中的数据开始呈现明显的大数据特性，在研究者有意识的"由数据推导结论"的研究路线指引下，数据本身逐渐升格为研究

---

① 米加宁等：《第四研究范式：大数据驱动的社会科学研究转型》，《学海》2018年第2期，第11~27页。

的主体，这一过程带有明显的自然科学研究印记，相关数据大多以实验过程性数据或结论性数据出现，但这一研究的短板在于需要契合特定的研究对象，严格的实验设计流程需耗费较高的实验成本，难以具备大规模推广的先决条件。第四类研究范式作为最为晚近的研究范式，代表了一般意义上的人文社科大数据概念，这种研究范式的出现使得研究本身与数据之间的关联性达到了前所未有的高度，正如《EPJ 数据科学》（*EPJ Data Science*）杂志所言，21 世纪面临的数据驱动科学已成为传统假说驱动科学方法的补充，这种进化伴随科学范式从还原主义（简化）到复杂系统科学转变的深刻变革，高度的资源数字化（Resource Digitization）为数据密集型研究范式的实现提供了可能。新研究范式对人文社科领域数据提出了广泛性、渗透性、支撑性、专业性和拟合性的新要求。

（三）从数据结构维度看

从广义的人文社科研究所涉及的数据类型来看，其可以划分为结构化数据、非结构化数据和半结构化数据。

结构化数据是指关系模型数据，如仪器直接生成的观测数据或可直接存储在数据库中的数据等，其特征在于数据具有严格的标准化结构，可用二维表结构逻辑进行表达。这种类型的数据通常具有明确的数据模式和数据字段，易于存储、管理和分析。举例来说，CNIK 中国知网的期刊文献数据库中的标题、作者、关键词、摘要等都属于结构化数据的范畴。

与之相对应的是非结构化数据，这类数据具有不规则或不完整的结构，没有预定义的数据模型。常见的非结构化数据包括文本文档、书籍、PDF 文件、各种格式的图片、音频、视频等。非结构化数据的特点在于其内容形式多样，难以用传统的结构化模型进行存储和分析。例如，文本文档中的文章内容、图片中的图像信息、视频中的音视频内容都属于非结构化数据，其数据格式和内容难以被机器直接理解和处理。

半结构化数据则介于结构化数据和非结构化数据之间，它不属于传统的关系模型，但具有基本固定的结构模式。常见的半结构化数据包括 XML 文档、HTML 页面、自描述的日志文件等。这类数据的特点在于其结构和内容有一定的规律性，但并非完全标准化的数据模型。例如，XML 文档中的标签和属性、HTML 页面中的网页结构和元素、自描述的日志文件中的字段和值都展现了半结构化数据的特征。

在人文社科领域，半结构化数据和非结构化数据往往占据主导地位。这些数据的特点是信息量大、结构性较弱、元数据不固定，无法直接对其进行分析和利用。因此，需要对其进行标准化统一和知识结构化处理，以便进一步挖掘和利用其中蕴含的知识和信息。这也是人文社科领域数据区别于自然科学领域数据的最大特征，也是后文所及"知识抽取"和"知识融合"两个关键流程的先决基础。

（四）从数据规模维度看

对于"多少数量的人文社科数据才可以被认定为大数据"这一问题，学界并未形成统一答案。由于人文社科领域存在由"小数据"至"大数据"历程的特殊性，对其数量规模的边界考察并不能完全参照自然科学领域的标准，更无法依循前文所言的 TB、PB、EB 等单位进行简单划分。通常认为，在人文社科领域，大数据的定义相对灵活，不仅仅基于数据的数量大小来界定，而是更注重遵从数据的多样性、复杂性和价值性标准。因此，即使数据量较小，但若具有高度多样性、复杂性以及对于特定研究问题的重要价值，也可以被认定为大数据。人文社科研究中的大数据往往不仅包含数据的数量，还包括数据的质量、深度和广度。

一方面，数据的多样性体现在不同类型的数据来源、不同领域的研究对象以及不同层次的数据维度中。例如，人文社科研究可能涉及文学作品、历史文献、艺术品、社会调查数据等多种类型的数据，这些数据来源的多样性使得数据集更加丰富和复杂。另一方面，人文社科研究往往关注于深入挖掘数据背后的内涵和意义，因此数据的深度和质量也是衡量大数

人文社科领域知识图谱研究引论——以中国神话人物大数据为例

据价值的重要因素。深度挖掘的数据集可能包含着丰富的文化、历史、社会和人类行为等方面的信息，对于推动人文社科研究的发展具有重要意义。在此前提下，即使数据量较小，但基于其上可以开展相应研究并取得发现，则依然可以归属本领域的大数据范畴。

此外，数据的广度也是人文社科研究中考量大数据的一个重要维度。广度指的是数据涵盖的研究范围和领域的广泛程度。在人文社科研究中，数据的广度可以体现为跨越不同时间、地域、文化和社会背景的数据收集和分析。这种跨学科、跨领域的数据整合和分析能够为人文社科研究提供更全面、更深入的理解和认识。例如，在全历史（Allhistory）知识图谱平台[①]上，以"文学家""人文社会学家"等与人文社科研究相关的人物关键词作为筛选条件，在3760BC～2500BC和1200BC～1468两个历史时间段中、相同地理区位范围和相同比例尺精度（1∶1000km）内分别可以得到1个和34个历史关键人物。所得数据虽然极少，却反映出早在铜石并用时代，在尼罗河流域就已出现了诸如医神印和阗（Ii-em-HotepImhotep）等关键历史人物，他们深刻推动了人类文明和文化发展进程，充分体现了人文社科数据高度时空化、关联化的显著特征。故而，在人文社科领域中，大数据的概念更多地与数据的质量、深度、广度以及对研究问题的价值联系在一起。这种灵活的定义方式能够更好地适应人文社科研究的特点和需求，推动人文社科研究数字化转型的发展和进步。

（五）从研究目的与价值维度看

人文社科领域所涉及的数据类型纷繁复杂，若将人文社科领域跨越亿万年的诸种类型的资源信息都加以数字化，对于科学研究而言无疑是天方夜谭。鉴于此，从功能角度而言，人文社科领域大数据的定义与边

[①] 全历史知识图谱平台，网址：https：//www.allhistory.com/。

第一章 人文社科领域大数据

界最终要以服务于研究目的和价值为第一要义，即凡是可被利用进行进一步研究的数据均可以纳入人文社科领域大数据的涵义范畴。在这一探讨前提下，数据规模因素的权重将被调低，数据本身对于揭示文化现象本质、掌握文化发展趋势和探讨文化与人类发展关系的功能价值权重进一步提高。这也深度契合了人文社科领域大数据作为研究基础资料的第一定义。

基于此，在目前大部分学术机构所设立的数字人文中心或数字人文实验室中，以中长期研究目标和功能性模块开发为牵引而非以高数字化资源累积为核心的研发措施并不鲜见，这些机构所涉及的数据规模并不庞大（甚至完全摒弃了数据存储功能），而是更多聚焦于解决具体的领域难题。例如，中国台湾大学建立的DocuSky数位人文学术研究平台中就完全没有包含数据或数据集，而是秉持着为人文学者提供个性化服务的初衷，兼具收纳多元媒材的标准性和研究的多样性，为研究者提供了基于平台建置的符合国际标准格式的个人云端资料库，同时提供包括文本格式转换、标记与建库、探勘与分析、视觉化观察、GIS整合等在内的线上分析工具，以更好地辅助科研活动的开展[1]。又如，被人文社科研究者广泛关注的DBpedia作为一个众包社区式的知识共享平台，更是舍弃了对数据规模和边界的限制，而是旨在从各种维基百科（Wikimedia）项目中提取结构化内容，从而构建了一个动态变化的、面向公众的开放知识图谱（Open Knowledge Graph，OKG）知识库——一种区别于传统数据库的特殊数据形式，为收集、组织、共享、搜索和利用人文社科信息提供了重要手段。这种新型知识组织模式深刻改写了研究者、应用程序和Web三者之间的传统交互方式：研究者可以通过通用Web浏览器、自动爬虫程序或SPARQL等查询语言在全网络化的知识网络中进行个性化的信息查询，如"告诉我世界范围

---

[1] DocuSky数位人文学术研究平台网址：https://docusky.org.tw/DocuSky/home/。

人文社科领域知识图谱研究引论——以中国神话人物大数据为例

内所有的低犯罪率、气候温暖且工作机会良好的宜居城市名录""告诉我所有 18 世纪的意大利音乐家",等等①。

此外,以研究内容为目的的数据项目还有很多。例如:武汉大学数字人文研究中心的研究涉及文化遗产、中国诗歌、敦煌壁画等内容,所使用的数据多聚焦于上述领域的数字化资源;天津大学"空间人文与场所计算实验室"(SHAPC Lab)面向以唐长安城市史为核心问题的唐传奇文本挖掘研究项目,通过挖掘古典文学作品,将其创造的场景、人物以及作者的信息作为一种媒介来透视城市;南京大学数字人文与超媒体 GIS 工作室以南京地区为研究区域,通过相应史料的系统收集与分析,全面考察了南京地区侵华日军所设立的 60 多所慰安所,结合 GIS 技术,研制了 AR 三维地图与专题数据库,形象展示与讲述了二战期间南京地区的慰安妇及慰安所发生的历史故事。这些带有明确价值引导性和研究目的的数据,为人文社科领域大数据的涵义和边界赋予了特殊的功能性属性。

二 人文社科领域大数据的发展沿革与特征

国内人文社科领域大数据研究的发展历程受到几方面因素的综合影响:一是受大数据技术发展的刺激和制约;二是受国外相关理论的影响;三是与数字人文研究在国内的逐步崛起关联密切;四是伴随着人文社科研究的多层次需求渐次发展,具有发展规律上的普遍性和具体实践上的特殊性。

(一) 引入—嵌入—转化:国内人文社科领域大数据的发展历程

从信息技术的应用到大数据概念的引入,再到大数据技术的广泛应用,人文社科领域大数据研究在我国的发展历程可以简单划分为如下几个阶段。

第一个阶段即起步阶段(2009 年之前)。早在 19 世纪,社会学者奥古

---

① DBpedia. 2024. "About DBpedia". https://www.dbpedia.org/about/.

斯特·孔德（Auguste Comte）就尝试将物理学研究方法引入社会研究中，这对社会科学研究摆脱哲学思辨起到了一定的推动作用[①]，但这种关联具有偶然性和散发性。在信息技术尚未普及的年代，人文社科研究主要依赖传统的研究方法，如文献查阅、实地调查和专家访谈等。这一时期，数字技术尚未成熟，研究数据获取受到限制，研究范围和研究深度有限，数据本身与人文社科研究的关联度较低。虽然随着互联网技术的发展，人文社科研究开始尝试引入一些数字技术，如数字化文献库、在线调查等，然而大数据概念尚未出现，数据规模有限，传统的研究方法依然占据主流。

第二个阶段即准备与形成阶段（2009~2015年）。社会科学的奠基人大卫·拉泽尔（David Lazer）等在2009年发表在《科学》杂志上的一篇论文中，首次提出利用移动互联网数据研究人类社会行为和社会运行规律等社会科学问题的学科思想框架[②]，"人文计算"概念在学术界被正式固定下来，随之，辅助研究的数据之于人文社科研究的重要价值也被越来越多的研究者所关注。大数据概念在这一时期进入中国，国内人文社科大数据研究迎来了新的发展契机。这一时期大致经历了数字化和文献计量的准备，并对数字技术在人文社科领域的应用进行了初步的探索。2009年，"数字人文"第一次以今天的含义出现在中国大陆学界。2011年，大陆首个数字人文研究中心落户武汉大学。大陆学者开始有意识地发表相关文章，对图书档案情报和信息管理学界而言，数字人文将成为超越数字图书馆的下一个"大趋势"。本时期，人文社科领域数据库和数据平台建设也迎来了一个爆发式发展的阶段，较有代表性的如"中国历代人物传记资料

[①] 俞立平等：《计算社会科学发展演变及学科框架与学科结构》，《重庆大学学报》（社会科学版）2023年第2期，第124~139页。

[②] Lazer D., Pentland A., Adamic L., et al., "Computational Social Science," *Science* 323 (2009): 721-723.

人文社科领域知识图谱研究引论——以中国神话人物大数据为例

库"项目，该项目由包弼德（Peter K. Bol）教授牵头，历经10余年的元数据标注，成为目前世界上最大的中国历史人物传记资料分析数据库。台湾地区在这一时期也经历了由"数位典藏"向"数位人文"的转型，由单纯的资料检索向更深入的文本挖掘思维进步。2012年"台湾大学数位人文研究中心"的成立亦标志着台湾地区数字人文学自主性的形成。学者开始关注如何利用大数据技术进行人文社科研究，尝试将大数据技术应用于文化、历史、社会等领域的研究中。

第三个阶段即契合与发展阶段（2016年至今）。随着大数据技术的日趋成熟和人工智能领域的迅速发展，人文社会科学领域的大数据研究进入了蓬勃发展的新阶段，研究项目和学术论文如雨后春笋般涌现，其研究范围已经扩展至文学、艺术、哲学、教育等多个领域。同时，国家和各级政府对这一领域的支持和投入也日益加大，极大地推动了该领域的持续繁荣。在这一时期，数据驱动的数字人文研究实现了长足发展，技术共同体和网络基础设施建设也迎来了一系列突破和飞跃。自2016年起，中国的数字人文领域进入了建制化发展的快车道，其基本内涵、应用实践和未来展望备受情报信息资源领域的高度关注，迅速成为当下最受欢迎的跨学科整合新方向。在这一过程中，"方法共同体"的学术理念逐渐显现，网络基础设施建设和以研究性问题为驱动的数字人文研究之间的分野也日益清晰。2016年北京大学始办"数字人文论坛"，2017年清华大学始办"数字人文与文学研究国际工作坊"，2018年"数字人文创研中心"在南京大学成立，2019年中国社会科学院文学研究所着手开设"数字人文时代的中国文史研究"工作坊①，同年清华大学《数字人文》创刊，中国人民大学信息管理系牵头建立校级数字人文研究中心，等等。2023年4月6日，数字

---

① 第一期以"数字人文时代的中国文史研究"为主题，邀请了一批青年数字人文研究者，从文学研究的内部需求出发，对目前具有前瞻性和代表性的研究个案和思路作集中汇报和研讨。之后，笔者没有从公开的网络资料中获取后续的沙龙开展情况。

人文正式纳入最新版《普通高等学校本科专业目录》，并于同年开始招收本科生，标志着我国"数字人文"研究走上了更加专业化和规范化的道路。

伴随着人文社科领域大数据的全方位发展，相关研究方法也实现了量和质的突破。有观点认为，人文社科研究范式的发展历程即大数据思维理念与工具方法不断"嵌入"的过程，海量人文社科数据依托空间和技术支持得以持续生成与整合分析，遵循"定性研究—定量研究—仿真研究"的发展脉络演进[①]。另一种观点认为，人文社科研究范式具备从观念到实践、从教学到科研、从学术到知识的逻辑一致性，基于这种认知逻辑体系，可以把正在开展的文科范式发展历程划分为"素材像素化—像素数据化—数据理论化—理论智能化"四个阶段[②]，给出偏重实践的具象化划分思路。从上述研究结论不难看出，国内人文社科研究正在经历由"泛在的"大数据概念与思维的引入，到"通用型"技术与方法的逐步嵌入，再到当下的"内生的"以实际研究需求为导向的人文社科大数据研究能力的本土化转化阶段。

当前，人文社科领域大数据研究在中国正处于快速发展的阶段。大数据技术的广泛应用为人文社科研究带来了新的思路和方法，加速了研究过程，丰富了研究内容。未来，随着技术的不断进步和研究方法的不断创新，人文社科领域大数据研究有望迎来更加广阔的发展空间，不断为中国的人文社科研究注入新的活力和动力。

（二）创新—分化—合作：国内人文社科领域大数据平台建置特性

本书选取了14个具有代表性的人文社科领域大数据机构/平台进行统一标准下的对比分析，其基本信息如表1-1所示。

[①] 李阳、孙建军：《人文社科大数据研究的价值追寻》，《图书与情报》2019年第1期，第1~7页。

[②] 邱泽奇：《数字化与文科范式革命》，《大学与学科》2023年第2期，第1~13页。

表1-1 国内人文社科领域大数据机构（研究中心）基本情况一览

序号	名称	依托单位	创建时间	机构特色	主要研究方向	外部协作
1	数位人文研究中心	台湾大学	1996年	• 国内史料数据最丰富的机构之一 • 全世界台湾研究数量最多 • 在人文社科领域实现多场景应用	数据库建设、技术工具研发	UCL数字人文研究中心、台湾中研院史语所数位文化研究中心、中国敦煌研究院、北京快手科技有限公司、掌阅科技、中国知网
2	武汉大学数字人文研究中心	武汉大学	2011年	• 中国大陆首个数字人文研究中心 • centerNet亚太联盟5大创始成员之一	跨学科研究平台建设、数字信息技术在人文学科创新性应用路径与方法探索、人文社科研究范式创新	
3	南京农业大学数字人文研究中心	南京农业大学	2018年	• 农史研究领域较早开展数字人文的科研机构之一	农史文献数字化	
4	南京大学人文社会科学高级研究院数字人文创研中心	南京大学	2018年1月6日	• 南京大学人文社会科学高级研究院下属跨学科国际研究平台	数字时代焦点问题研究，以"数字人文"为驱动促进跨学科合作，构建国际化交流与合作平台、人文社会科学知识生产与传播转型	哈佛大学圣贝尔人文数字研究中心、哈佛大学CBDB项目、牛津大学
5	《数字人文》期刊	清华大学	2019年底	• 国内正式出版的第一本数字人文期刊	运用数字资源、方法和思维解决人文问题的优秀成果和资讯集合	哈佛大学包弼德教授
6	中国人民大学数字人文研究中心	中国人民大学	2019年12月19日		数字人文理论研究、实践探索、人才培养和学术交流的综合性创新平台	牛津大学
7	北京大学数字人文研究中心	北京大学	2020年5月	• 中国古籍保护协会"古籍智能"专业委员会牵头组织单位 • 2022年3月成立"北京大学—字节跳动数字人文开放实验室"	古籍资智能开发与利用	字节跳动

第一章 人文社科领域大数据

续表

序号	名称	依托单位	创建时间	机构特色	主要研究方向	外部协作
8	上海师范大学数字人文研究中心	上海师范大学	2020年11月23日	• 数字人研研究计划、会议、研修班、课程等高层次学术交流与合作 • 定期学术会议、沙龙、工作坊、讲座等		
9	门户网站：中国数字人文	清华大学	2021年4月20日	• 综合性数字人文门户网站 • 世界首家中文数字人文门户网站		中华书局、中国知网、国学网、中文在线等
10	浙江大学数字人文研究中心	浙江大学	2022年6月18日	2022年5月首批入选的浙江大学哲学社会科学实验室	依托海量中国文史大数据，开展空间分布可视化分析与智慧化古籍数据库建设	哈佛大学包弼德教授
11	山西大学数字人文研究院	山西大学	2022年7月18日		数字出版	山西大学、山西出版传媒集团
12	辽宁大学东北数字人文研究中心	辽宁大学	2022年8月1日		中国历史文献数字化研究，整理和出版	
13	山东大学人文数字实验室	山东大学	2022年12月	山东省高等学校文科实验室（A类）立项建设	历史学科与计算机科学融合，实现人文研究的数字化、科学化发展	
14	中国人民大学人文数字研究院	中国人民大学	2023年4月2日		文理学科交叉融合研究	

· 35 ·

人文社科领域知识图谱研究引论——以中国神话人物大数据为例

1. 国内人文社科领域大数据平台建设的几个特征

通过对表1-1的简单分析可以发现，相关研究机构的创建与发展具有以下几个特征。

第一，依托机构自身优势与前期积淀，寻求交叉学科契合与创新。例如，中国人民大学数字人文研究中心（Research Center for Digital Humanities of RUC）以本校图书情报与档案管理、文学、历史学、艺术学、国学、哲学、新闻学等领域优势资源为依托和出发点开展数字人文理论研究、实践探索、人才培养和学术交流；南京农业大学人文与社会发展学院成立了数字人文研究中心，紧密围绕以农业史为核心的科学技术史研究，开辟了农史文献数字化的主要研究方向，形成了一批在国际国内独具特色的农业方志典籍数字人文成果。上述机构对自身优势学科的深耕细作成功实现了"学术引流"，在短研发周期内实现了交叉研究成果的快速积累和学界关注度的飞跃式提升。

第二，数字人文网站平台多为各研究机构和团队自建站点，在结构上多为高校或研究机构内部的研究个人、团体和学院（研究科室）之间的非强制性缔结。但是，清华大学"中国数字人文"门户网站等个别机构已开始了综合性门户站点的尝试与摸索，伴随着信息技术的不断突破和共享资源的不断开放，综合性门户网站或将逐步实现对全网资源的大规模整合，数字人文知识服务平台未来将通向多头并举的细分专业时代，还是终将步入寡头垄断世界，目前已迈入亟待分化的关键时期。

第三，以积极寻求内外部合作作为促进长久发展的重要选择。伴随着信息全球化和数据共享模式的逐步深化，传统研究过程中的数据孤岛、人员壁垒和管理桎梏将被一一打破，跨机构、跨领域乃至跨国别的合作样态已成为众多研究机构的主要模式。这种合作的重要意义体现在：一是延续了国际数字人文以合作项目为核心的一贯做法。据统计，在谢菲尔德大学数字人文研究所[①]（The Digital Humanities Institute，DHI）已完成的112项数字人文项目中，近90%的项目由包括哲学、历史、文学、艺术、人物、法律、考古等在内两个至多个领域的研究者共同完成，既体现了数字人文研究的跨学科多样化特点，又保障了学生能够通过不同领域的项目实践提升理论和应用相关知识技能。二是完成了机构与机构之间的长短板互补。国内数字人文研究机构普遍成立时间较短，在成立之初多通过战略合作框架签订、项目合作、工作坊联办、研修班、跨校课程、访问学者计划等灵活方式有效弥补经验储备的不足。三是构建起以创新研究为技术牵引和以项目资助为物质基础的长线发展机制。数字人文教学培训和项目开发研究是数字人文研究机构的重要着力点，外部合作机构、企业和平台的资金资助以及项目数据长期管理与维护为研究提供源源不断资金保障的同时，相关研究成果也可为企业带来实际收益，实现共赢。再以谢菲尔德大学数字人文研究所为例，该研究所的项目大多获得了各类组织的资金资助，如美国国家科学基金会（National Science Foundation of America）资助的飞马座（Pegasus）项目，艺术与人文研究会（Arts and Humanities Research Council，AHRC）资助的数字民谣（Digital Folk）项目、维多利亚中期插图数据库（Database of Mid-Victorian Illustrations）项目、锡兰方言（Scillonian Dialect Project）项目等。这些基金资助为谢菲尔德大学数字人文项目的规划、开发、研究、运行和维护等提供了重要支持。此外，该研究所约有50%的项目与英国和国际其他高校、企业、图书馆、档案馆等机构合作开展，在保障项目长期顺利开展的同时，也在多个领域和行业产生了较大影响力。

2. 国内人文社科领域大数据平台建设存在的问题与机遇

在充分关注到相关平台机构高速发展的同时，一些隐藏的问题和现实

[①] 谢菲尔德大学数字人文研究所于1994年成立，是英国领先的数字人文中心之一，致力于数字文化以及数字人文发展、分析和传播，采用创新数字技术开展研究和开发活动，为艺术和人文学科的跨学科研究提供服务。

人文社科领域知识图谱研究引论——以中国神话人物大数据为例

压力也逐步显现。

第一,优势与短板并存。基于当今社会科学发展的实际需求,目前大数据驱动的社会科学研究整体呈现积极的发展态势,但技术上依然存在着一些现实短板,如研究对象彼此孤立、数据分散、样本有限、质量不一、共享不畅等,在整体积极的态势下,整体性研究、前沿性研究和应用性研究相对薄弱,未来仍具有广阔的发展空间。

第二,机遇与挑战并存。在实践中,随着大数据的持续深入影响,数字人文、社会计算等领域活力绽放,很多以大数据为逻辑的人文社科数据(服务)平台、人文社科数据研究中心等如雨后春笋般涌现。然而,新范式在一定程度上冲击了传统人文社科研究的基本认知,由数据驱动带来的人文社科科学性、人文性、伦理性、价值性等问题仍然存在较多争议。在新的语境、场景和业态中,它仍然面临着基本问题和方向定位的再定义与再出发,这也需要我们人文社科及信息科学研究者进一步探索。

第三,资源分配问题或成为制约进一步发展的关键因素。中国的数字人文学术进展到今天,摇旗呐喊者居多,但真正投身实践的并不多。很多研究机构的创建缺乏规范,数字人文的标准和共识亟待形成,已发表的量化成果也面临严重的评价问题(问题定义、数据集建构、技术实现、问题求解、结果评价)[1]。上述现实问题,更加需要来自国家、社会的决策和支撑体系的机制创新,以实现领域的规范和活力的持续迸发。

---

[1] 赵薇:《数字时代人文学研究的变革与超越——数字人文在中国》,《社会科学文摘》2022年第2期,第11~14页。

第二章
人文社科领域知识图谱

知识图谱作为一种信息组织和语义表达方式，已经在人文社科领域展现出巨大的潜力。本章梳理了知识图谱的通识性概念，包括其定义、发展沿革以及关键技术，以全面探讨知识图谱的基本特征和发展脉络。同时，特别关注人文社科领域知识图谱的概念界定、发展历程、国内外研究进展、相关工具、平台以及未来展望，探讨其在促进跨学科研究、知识服务平台建设和推动文化创新等多领域的应用潜力。通过对知识图谱在人文社科领域的系统性研究，为读者提供深入了解该领域的研究现状和发展趋势的理论指导，促进人文社科领域与知识图谱技术的深度融合，为相关研究的持续深入发展提供理论和实践参考。

第一节 关于知识图谱的几个基本问题

一 知识图谱概念的界定与构成

从广义角度，知识图谱可以被看作一种用图网络将不同语义符号进行关联所形成的符号网络。在过去几十年中，人们一直试图通过各种方法将

人文社科领域知识图谱研究引论——以中国神话人物大数据为例

知识组织起来，以便计算机能够更好地理解和处理信息。然而，这些方法往往仅停留在人工分类的基本阶段，并没有涉及真正的语义信息，这导致了信息处理的限制和挑战。知识图谱的出现解决了这个问题，根据不同的使用场景和需求，知识图谱的组成元素会有属性、属性值、概念、上下位词、时间等扩展或细分定义。从结构功能角度讲，知识图谱可以被理解成一种通过图链接的抽象符号来表示世界和认知世界的方式，并作为不同个体认识世界、交换信息的桥梁。它将信息表达为更贴近人类认知的形式，提供了一种组织、管理和认知理解海量信息的能力[1]。作为一个近年来兴起的知识工程概念，知识图谱代表了一种新的知识组织方式，即将知识解构、重组成一种结构化、语义化的形式并加以呈现，这一新形式在帮助计算机更好地理解和处理人类信息的同时，也会为使用者带来更加直观、有深度、有创见的探索体验。

从当今人文社科研究的发展看，研究历时逐渐拉长、学科内容不断积累、研究领域不断细化、知识分支更加复杂、发展规律演变模糊、未来趋势越发难以把控，亟须通过大规模数据和有效的科学方法来实现全学科的梳理和辅助创新。正如研究者提出的，"科学数据在科学研究中的作用日益显著，数据密集型知识发现方法受到科学界的普遍关注：科学家不仅通过对大量数据实时、动态地监测与分析来解决科学问题，更基于数据来思考、设计和实施科学研究。数据不仅是科学研究的结果，且成为科学研究的基础"[2]。

特别是，基于人文社科研究对象的复杂性和数据的多源异构性，知识和信息往往以文本形式存在，且内容丰富多样，相互关联性强，应用知识图谱的重要性体现在其能够将这些复杂的概念、事件、人物、地理位置和

---

[1] 肖仰华：《知识图谱：概念与技术》，电子工业出版社，2020，第2~3页。
[2] 孙建军：《大数据时代人文社会科学如何发展》，《光明日报》2014年7月7日，第11版。

时间线等以"实体—关系—实体"或"实体—属性—属性值"的结构化形式组织起来，进而形成庞大而统一的知识网络。如图 2-1 所示，这是一个基本的知识图谱结构单元组合，其中"八卦""伏羲""女娲""太昊"等均属于"实体"的范畴，中间的连线是"关系"，"儿子""妻子""创造"等表示两个实体之间的具体关系，表示了"伏羲的儿子是少典""伏羲创造八卦"等具体含义。

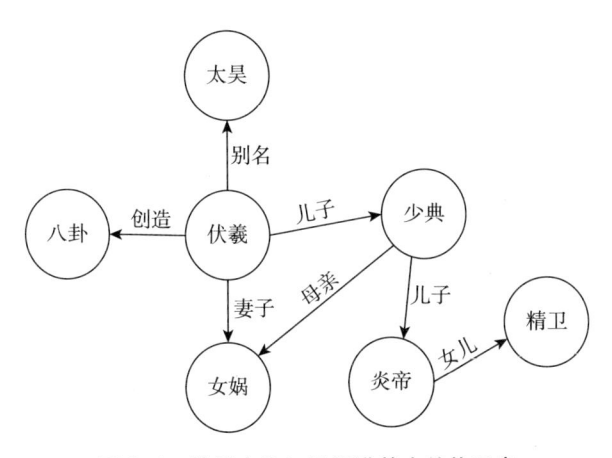

图 2-1 神话人物知识图谱基本结构示意

该神话人物知识图谱的基本组成结构如下。

实体（Entity）。实体是知识图谱中表示具体对象的基本单元，它可以是现实世界中的人、地点、组织、事件等，也可以是抽象概念。每个实体都具有唯一的标识（如 ID 或 URI）。在知识图谱中，实体通常以节点的形式出现，如图 2-1 所示的"八卦""伏羲""女娲""太昊"等均为实体。

属性（Attribute）。属性是附加在实体上的信息，用以描述实体的特定特征或状态。例如，图 2-1 中的"伏羲""女娲"等实体，其属性可以是神性人物、人物、女神、男神，乃至体貌特征等更加具体的人物属性。属性为实体提供了更详细的描述，帮助理解实体的本质和特性。

关系（Relationship）。关系是表示实体之间相互联系的信息，如"伏羲"与"八卦"之间的"创造"关系。每个关系都有一个唯一的名称和一组属性，属性描述了关系的特征，如关系的强度、方向、时间等。在知识图谱中，关系用边来表示，箭头方向表示关系的指向。

综上，知识图谱通过将这些离散的信息点连接起来，一方面可以引导研究者更好地理解单个实体和概念，另一方面可以揭示它们之间的复杂关系和模式，为理解领域知识本身或在此之上展开高阶研究提供全新的路径。鉴于数据采集与分析的专业要求，本书后续章节将以人文社科代表性领域神话学科作为切入点，全面阐述特定人文社科领域学科引入知识图谱技术的重要战略价值、科研意义和实践探索。

二 知识图谱的发展历史沿革

知识图谱的起源可以追溯到20世纪初期的逻辑学研究。当时，人们开始研究如何将人类的知识以结构化的形式表达出来，其中最重要的进展是建立了描述逻辑、归纳逻辑和谓词逻辑等基础性逻辑学理论。这些理论奠定了计算机科学和人工智能的基础，也为知识图谱的发展提供了理论基础。20世纪末至21世纪初，随着互联网的发展，人们开始意识到互联网上的信息无法被有效地管理和利用。在此背景下，人们开始研究知识图谱的构建和管理技术。最初，知识图谱主要被应用于语义网领域。2001年，蒂姆·伯纳斯·李（Tim Berners-Lee）提出了"语义网"的概念，他认为将互联网上的信息结构化并与语义相连，可以帮助计算机更好地理解信息。"语义网"的基本思想是将信息进行标注和分类，以便计算机能够理解和处理它们。为了实现这个目标，人们开始研究知识表示和知识推理技术，这些技术被广泛应用于知识图谱的构建和管理中。

伴随着语义网的发展，人们逐渐意识到知识图谱在知识组织方面的重要价值和潜力。正如前文所言，谷歌发布于2012年的知识图谱开启了对互联网开放共享知识结构化整合的知识应用新纪元。随后，知识图谱这一全新概念迅速在学界和工业领域引起广泛关注，随着人工智能、大数据和云计算等技术的发展，知识图谱与领域知识之间实现了双向激励和快速发展。如今，知识图谱已经成为人工智能和大数据领域的一个重要研究方向，面向不同领域知识图谱理论和应用的探索也在不断深入。

知识图谱是知识工程在大数据环境下技术的主要落地方式，但其并不是突然出现的新技术，而是历史上很多相关技术相互影响和继承发展的结果，包括语义网络、知识表示、本体论、语义互联网（Semantic Web）、自然语言处理等，有着来自互联网、人工智能和自然语言处理等多方面的技术基因。回顾知识工程和知识图谱的发展历程，可以将其简单划分为5个时期。

1950~1970年的前知识工程时期。在人工智能发展初期，学者们的研究重点主要是如何构造一个理想的推理模型，在这个模型中求解问题。这一时期主要分为符号主义和连接主义两个流派，连接派侧重于模拟人脑的生理结构，即人工神经网络；符号派侧重于模拟人的心智，研究怎样用计算机符号表示人脑中的知识并模拟心智的推理过程。1959年，赫伯特·西蒙（Herbert Simon）和艾伦·纽厄尔（Allen Newell）等根据心理学实验发现的人类思维的某些共同规律编制了通用问题求解程序（General Problem Solver，GPS）：将问题进行形式化表达，从问题的初始状态，结合表示和规则搜索得到目标状态。1968年，J.R. 奎林（J.R. Quillian）提出"语义网络"（Semantic Network）的概念，以网络格式表达人类知识构造。这一时期的知识表示方法主要有符号逻辑、产生式规则、语义网络等。

1970~1990年的专家系统时期。这一时期的主要特征是在知识图谱构建过程中引入专家参与的决策机制，其基本思路是：专家是基于大脑中的先验知识来进行决策的，因此人工智能的核心应该是用计算机符号表示这些知识，并通过推理机模仿人脑对知识进行处理。本时期，人工智能开始转向建立基于知识的系统，并希望通过知识库和推理机实现深度智能。

人文社科领域知识图谱研究引论——以中国神话人物大数据为例

1977年，E. A. 费根鲍姆（E. A. Feigenbaum）最早提出了"知识工程"的概念，把知识作为智能系统的核心；1974年，马文·明斯基（Marvin Minsky）提出了框架表示法；1978年，西尔万·汤姆金斯（Silvan Tomkins）提出脚本表示法；1980年，哲学概念"本体"被引入人工智能领域，用来刻画知识；以一阶谓词逻辑（First Order Logic）为代表的逻辑表示方法也在这一时期被提出。这一时期的专家系统最常用的知识表示方法有基于框架的语言和产生式规则等，而框架语言则主要用于描述客观世界的类别、个体、属性及关系等，较多地被应用于辅助自然语言理解。上述知识表示方法对后来知识图谱的诞生产生了深远影响。

1990~2000年的万维网和统计机器学习时期。1989年，蒂姆·伯纳斯·李在欧洲高能物理研究中心发明了万维网（Web）。万维网1.0的产生为人们提供了一个开放平台，使用HTML定义文本的内容，通过超链接把文本链接起来，可供大众共享信息。W3C提出的可扩展标记语言XML，实现了通过定义标签对互联网文档内容的结构标记，为互联网环境下大规模的知识表示和共享奠定了基础。万维网1.0的出现使知识从封闭知识走向开放知识、从集成知识成为分布知识。这是文本数据爆炸性增长的开始，此后，以统计机器学习为核心的人工智能技术逐步占据主流，人们开始将注意力从人工构建知识库和推理规则转变为如何自动获取、学习并利用知识。

2000~2006年的群体智能时期。群体智能的出现使得互联网数据爆炸性增长，为更好地理解互联网上的内容、对多源内容进行整合，1998年，蒂姆·伯纳斯·李在书中首次提出了语义互联网（Semantic Web）的概念。2001年，他和詹姆斯·亨德勒（James Hendler）等人发表文章再次强调了这一概念，并提出语义标识语言资源描述框架（Resource Description Framework，RDF）和万维网本体表述语言（Ontology Wed Language，OWL），为知识图谱的出现奠定了基础。通过多人协作机制，知识的建立变得相对容易，互联网大众使用者均可为世界性知识做出贡献并加以共享。

2006年至今的大规模知识获取和知识图谱应用时期。2006年起，大规模维基百科类富结构知识资源的出现和网络规模信息提取方法的进步使得大规模知识的获取方法取得了巨大进展，以维基百科的Infobox为数据来源，出现了DBpedia和Freebase两个代表性知识库。2012年，为提升搜索质量，谷歌公司在Freebase的基础之上提出了知识图谱，试图通过事实性知识对网页内容进行语义理解，提取非结构化文本中实体及实体之间的关系结构，提高搜索的准确度。随着知识图谱嵌入式表示的发展，知识图谱计算与深度学习、增强学习自然结合，符号主义与连接主义开始相互融合、促进，进一步提升了语义理解的能力。

现代的通用知识图谱通常包含数以千万级或亿级规模的实体，以及数十亿或百亿条事实，这些实体被组织到成千上万的由语义体现的客观世界的概念结构中。除通用知识图谱外，各行业的领域知识图谱也在各种真实的场景中体现出广泛的应用价值[①]。

三 知识图谱构建的关键技术

当前，知识图谱涵盖了实体识别、实体消歧、关系抽取、关系推断和知识表示等核心技术，这些技术环节构成了知识图谱构建的基本框架。通过对特定领域的结构化、半结构化和非结构化数据进行处理，知识图谱实现了对多源知识的最大化整合，将其融合于一个统一的知识网络之中。这一过程使得领域知识图谱具备了更广泛的信息覆盖面、更大的知识容量以及更接近真实的知识结构。

（一）实体识别

实体识别是构建知识图谱的重要步骤之一，其基本技术原理是从文本

---

① 刘燕等：《知识图谱研究综述》，《赤峰学院学报》（自然科学版）2021年第4期，第33~36页。

人文社科领域知识图谱研究引论——以中国神话人物大数据为例

中识别出实体，并将其进行相应类型的划分。作为自然语言处理领域的一个重要任务，其重要意义在于可以通过相应技术路线将自然语言文本转换为结构化数据，从而使计算机更好地理解文本的含义和信息。

近年来，深度学习方法呈现井喷式发展态势，主要的原因是其在实体识别效果上比传统算法表现更为优异，据此逐步成为知识抽取环节中的主流技术选型。同基于特征的监督学习方法相比，深度学习方法不仅在文本潜在语义特征表示的自动发现方面表现优异，同时在表征学习能力，以及由向量表征和神经网络处理共同赋予的语义组合能力等方面具备更高的实用性。这使得模型可以通过原始数据自动学习文本的语义潜在表示。其中，基于深度学习的 NER 方法作为研究中更为常用的技术亚型，具有以下几个重要的优势：一是此方法得益于深度网络激活函数的非线性变换，打破了神经网络仅由线性层组成的结构，使得网络可以学习到非线性的复杂模式，从而提高对输入数据的建模能力；二是深度学习方法可以更好地节约针对 NER 特性进行设计的工作，进而有效地从原始数据中自动学习有用的潜在知识；三是深度学习方法可以通过梯度下降等优化算法实现端到端的训练，该特性使研究者能专注于设计更加复杂有效的 NER 模型。

具体而言，基于深度学习的 NER 模型通常以词作为基本的标记单元，即为目标文本中的每个词预测一个标签，连接相应的标签就可得出该文本中实体的边界及类型。其一般框架如图 2-2（a）所示：输入层用于把词相关的信息表示为向量；编码层学习融合上下文信息的词的向量表示，该表示可以认为是特定于任务的特征；解码层用于预测文本中每个词对应的标签。如图 2-2（b）所示，该模型的输入层仅使用预训练的词向量，不使用任何人工特征。编码层使用 BiLSTM（Bidirectional Long Short Term Memory）依循两个方向建模词的上下文信息，前向 LSTM 从左至右学习词在上文中的表示，后向 LSTM 从右至左学习词在下文中的表示。解码时使用一个CRF层（Conditional Random Field，CRF），利用标签之间的依赖关系搜索最优的标签序列。例如，表示姓名开头的标签B-Per后面不可能出现表示地名的标签I-Loc。

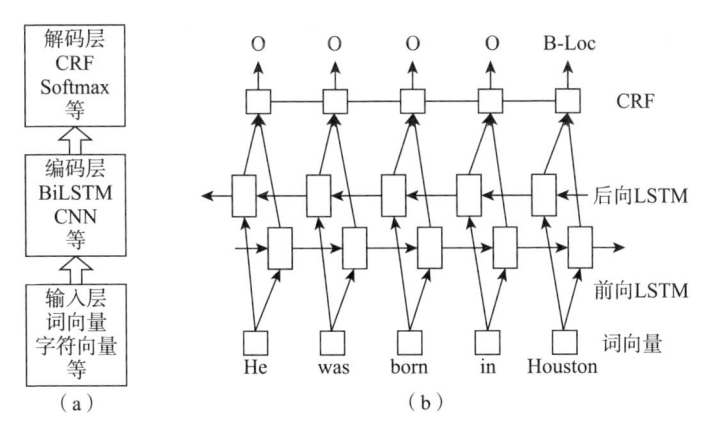

图2-2 实体识别的一般框架

近些年，面向人文社科领域的实体识别与抽取研究应用有了不少技术成果和应用突破。例如：魏静等提出了一种基于指代消解的实体关系联合抽取方法CR_RSAN，使用指代消解获取指示代词和对应实体的位置信息，从而很好地解决了民间文学文本中指示代词多、实体关系重叠等现实难题[1]；王昊等针对当前非遗领域实体关系抽取与图谱构建研究所面临的标注数据缺乏的问题，提出了一种基于SREP模型的轻标注关系抽取方案，通过主动学习方式进行关系实例拓展，进而在降低标注数据依赖的基础上有效提取非遗文本中的实体关系，实现非遗结构化文本的语义挖掘和利用[2]；王欢等针对金融文本语义特征难以准确提取的问题，提出一种使用预训练模型FinBERT的实体关系抽取方法，进而对输入金融文本进行字、

---

[1] 魏静等：《基于指代消解的民间文学文本实体关系抽取》，《河南师范大学学报》（自然科学版）2024年第1期，第84~92页。

[2] 王昊等：《面向知识图谱生成的非遗丝织领域实体关系抽取研究》，《数据分析与知识发现》2024年第Z1期。

词粒度特征提取，取得了较好的效果①。相关研究的推进，为知识图谱构建过程中的实体抽取步骤提供了更多有价值的实践参考。

（二）实体消歧

实体消歧（Entity Disambiguation）是自然语言处理（Natural Language Processing，NLP）领域中的一项重要任务，旨在明确目标文本中提及的实体在知识库或知识图谱中的确切身份，解决同名实体存在的一词多义的歧义问题。这个过程涉及确定一个单词或短语在特定上下文中的确切含义，因为同一个词在上下文中的含义和语义可能会发生变化，进而存在不同的表述形式指代相同实体的情况。鉴于此，便需要将实体在不同情况中的表述进行统一，以实现语义对齐。

实体消歧的步骤可以简单分为三步：一是上文提到的实体识别，即对目标文本中的实体进行识别，并将其转换为知识库中可用的形式，这一步通常涉及将文本中的实体转换为向量表示，并计算这些向量与知识库中实体描述的相似度；二是实体链接，该环节是实体识别的后置环节，目的是在其基础上进一步确定捕获的实体是否指向知识库中的同一个实体，这一过程通常涉及使用别名表（Alias Table）或映射表来处理候选实体间的不同，并选择最佳匹配实体，如对某几个常见神话人物在不同文本中的姓名做一别名表，见表2-1；三是对没有对应实体的提及进行处理，此处不再展开。

表 2-1　不同神话文本中的神话人物别名现象示例

序号	人物名称	名号/称谓/别称
1	布洛陀	布洛朵；抱洛朵；保洛陀；黼洛陀；布碌陀；布罗托；陆陀公公

① 王欢等：《面向金融文本的实体关系抽取方法》，《计算机工程与设计》2023年第11期，第3345~3351页。

续表

序号	人物名称	名号/称谓/别称
2	嫦娥	姮娥；药奶奶；宓妃；常仪；常羲；虚上夫人；素娥；常娥；嫦娥仙子
3	大禹	禹；夏禹；帝禹；神禹；夏后禹；文命；戎禹；大禹王；高密；夏伯
4	二郎神	司门天；罗和二王；杨戬；二郎圣君；额勒勒大腾格里
5	伏羲	牺；必羲；宓羲；庖牺；包牺；炮牺；牺皇；皇羲；太昊；太皞；瓠系；虙戏；虙羲；伏义；伏依；伏希；伏戏；伏牛羲；人祖爷

注：同一个神话人物由于讲述人、采录者或翻译者的原因，会在形成的文本中出现不同的名称，这些名称都应该作为有效数据。

如上表所示，依循此映射表，同一神话人物散布于不同文本中的丰富表述均可被无差别捕获，在实现信息最大化获取的同时形成统一的知识关联库，为后续图谱构建奠定高质量数据基础。

同时，实体消歧也存在一些较为突出的技术挑战，主要体现在：①对同名实体的区分，即基于上下文语义，对文本中存在的语义不同的多个同名实体加以区分；②对不同级别实体的区分，即对可能存在不同级别的同一实体进行区分，常见如需要对行政区划、语系语支、个人身份等进行以研究目标为导向的级别划分；③对语言表达多样性的识别，同样以口传神话为例，不同讲述人或文本可能使用不同的语言或表达方式进行表述，从而导致同一实体的指称存在多样性，因此需要进行进一步的识别和归类。

随着以神经网络为代表的人工智能算法的不断发展，针对上述挑战，大多数研究者更加倾向于使用深度学习算法来开展实体消歧工作。其主要优点是可以自动学习文本中的特征，避免手工特征设计的繁琐，进而更好地处理语义信息。在实际应用过程中，较为常用的基于深度学习算法的实体消歧方法有以下几种。

神经网络方法。神经网络是一种广泛应用于深度学习领域的模型，可以用于实体消歧任务中。这种方法的基本思想是利用前馈神经网络模型，将文本特征转换成实体的概率分布。常见的模型包括双向长短时记忆网络

（BiLSTM）、卷积神经网络（CNN）等。

基于词向量的方法。这种方法是将实体和上下文文本表示为向量，并计算它们之间的相似度，然后选取相似度最高的实体作为消歧结果。其中，Word2Vec、GloVe等模型可以用于生成实体和上下文的词向量表示。

基于注意力机制的方法。这种方法主要是利用注意力机制来选择最相关的实体。具体来说，即计算每个实体与上下文的相似度，然后使用注意力机制来动态地选择最相关的实体。常见的模型有Transformer、BERT等。

基于图神经网络的方法。这种方法利用图神经网络来建立实体之间的关系，并通过图卷积神经网络（GCN）来进行实体消歧。这种方法可以将实体之间的语义信息结合到模型中，从而提高实体消歧的性能。

尽管基于深度学习算法的实体消歧算法在提高实体消歧精度上有不俗的表现，但仍存在一些缺点，例如：需消耗大量训练数据、模型可解释性较差、对硬件需求较高，等等。在实际的应用中需要综合考虑上述因素，特别是针对人文社科研究的复杂性和灵活性，往往选择复合技术路径开展相应工作。

（三）关系抽取

所谓关系，指的是两个或多个实体之间的确定联系。实体关系抽取即检测和识别出实体之间具有的某种语义关系，并将结果以结构化的形式储存。我们可以使用如下"盘古"神话文本作为关系抽取案例。

在很古很古的时候，没有天，也没有地，只是混沌一团。有一位盘古爷，长得五大三粗，力气大得没边儿，脑袋顶上长着两个肉犄角，手拿一把大斧子，使足了力气，一斧子一斧子地砍，一气砍了七七四十九天，天和地就分开了。接着又用斧子把天顶得老高老高。从这，天和地再也合不到一起了。盘古爷开天辟地累得倒在地上就睡着了，一睡睡了三年。醒来后，看这天底下地头上就他盘古一个人，这咋行呢！[1]

通过实体关系抽取可以得到上述文本片段的三元组关系示意，如表 2-2 所示。

表 2-2 示例文本三元组关系抽取示例

实体 A	关系/属性	实体 B
很古很古的时候	没有	天
很古很古的时候	没有	地
盘古爷	体貌特征	五大三粗
盘古爷	体貌特征	肉犄角
盘古爷	工具	斧子
斧子	顶	天

实体关系抽取是信息抽取中的一个关键环节，具有重要的理论意义和广阔的应用前景。在理论方面，实体关系抽取涉及自然语言处理、机器学习、逻辑推理、数据挖掘等多个学科的理论和方法，通过实体关系抽取不仅能得到结构化知识，而且对相关学科理论的完善和发展也将产生积极的促进作用；在应用方面，实体关系抽取可以为大规模知识图谱的构建提供核心技术，是实现文本从语法分析到语义分析的关键环节，同时也是智能信息服务的关键支撑，将促进以知识为核心的信息检索、智能问答、人机交互和海量数据管理等多个研究方向的快速发展。基于深度学习的关系抽取方法通常可以分为以下几种。

基于卷积神经网络的方法。基于卷积神经网络的关系抽取方法将文本序列作为输入，使用卷积层来提取局部特征，并将多个卷积层的输出级连

---

[1] 中国民间文学集成全国编辑委员会《中国民间故事集成·河北卷》编辑委员会：《中国民间故事集成·河北卷》，2003，中国 ISBN 中心，第 4 页。

起来作为最终的特征表示。最后使用全连接层进行分类。这种方法能够捕捉到实体之间的局部关系,如陈玉红和刘晓静提出了一种改进的基于卷积神经网络基本结构的唐卡尊像自动分类方法,在传统卷积神经网络结构每组的隐藏层中加入批量归一化层,有效改善了模型的训练效率,为以唐卡图像为代表的非物质文化遗产的数字化保护提供了一条有效的技术路线[①]。

基于循环神经网络的方法。基于循环神经网络的关系抽取方法可以处理序列数据,并且能够捕捉到实体之间的长距离依赖关系。这种方法通常使用长短时记忆网络(LSTM)或门控循环单元(GRU)等循环神经网络模型来学习文本序列中实体之间的关系。该方法的主要缺点是不能处理全局语义信息,容易受到上下文限制。

基于注意力机制的方法。基于注意力机制的关系抽取方法将文本序列作为输入,并使用注意力机制来捕捉实体之间的关系。该方法首先使用卷积或循环神经网络模型来提取特征,然后使用注意力机制来计算实体之间的权重,最后使用加权平均或加权求和来获得关系表示。该方法能够捕捉全局语义信息,适用于处理长文本序列。

基于预训练模型的方法。基于预训练模型的关系抽取方法使用预训练模型如 BERT、GPT 等来学习文本序列的表示,然后使用特定的分类器进行关系分类。该方法的优点在于可以利用大规模的未标注数据进行训练,并且能够自适应地学习各种类型的关系;缺点在于需要大量的计算资源和标注数据。

综上,基于深度学习的关系抽取方法在处理复杂的语义关系时具有较好的性能和泛化能力。然而,这些方法需要大量地标注数据和计算资源,并且对于不同类型的关系需要设计不同的模型,因此在领域研究实际应用

---

① 陈玉红、刘晓静:《基于卷积神经网络的唐卡尊像自动分类研究》,《计算机技术与发展》2021 年第 12 期,第 167~174 页。

中需要综合考虑。

（四）关系推断

关系推断是指在知识图谱中，通过已有的实体关系和属性，用逻辑推理、统计学习等方法，推断出新的实体关系和属性的过程。它是知识图谱构建过程中的一项核心技术，可以进一步完善知识图谱中实体之间的关联，并发掘更深层次的语义信息，从而适配更多的实际应用场景。近年来，随着深度学习技术的发展，基于深度学习的关系推断方法逐渐成为关系推断领域的主流方法。以下将简要分析基于深度学习算法的关系推断在人文社科领域的研究与应用进展。

神经网络模型。在人文社科领域，神经网络模型是最广泛应用于文本关系抽取任务中的一种技术选型。利用神经网络模型可从大规模文本数据中抽取出确切的实体之间的关系，如作者和作品之间的关系、历史人物之间的关系，等等，通过训练神经网络模型，可以实现对于不同实体和不同类型的关联性查找和分析。

图卷积神经网络模型（GCN）。在人文社科领域，GCN较多应用于社交网络实体间关系挖掘和分析。例如，有研究利用GCN模型分析社交网络中不同个体之间的关系，从而揭示社会网络中的社群结构和影响力传播路径。通过该模型，研究者可以更全面地了解社会网络中个体之间的联系和信息传播的机制。

可解释性关系推断模型。在人文社科领域，可解释性关系推断模型较多应用于历史事件关系分析。例如，利用该模型分析历史文献中不同事件之间的因果关系和影响路径。通过提高模型的可解释性，研究者可以更清晰地理解历史事件之间的关系，并从中发现隐藏的历史规律。

多模态关系推断模型。在人文社科领域，多模态关系推断模型被尝试应用于文化遗产的保护和传承。例如，可以同时利用图像、文本和音频等多种数据源来分析文化遗产中不同元素之间的关系，从而实现对于文化遗产的全面理解和保护，等等。

基于关系推断的知识推理，是在已有的知识库基础上进一步挖掘隐含的知识，从而丰富、扩展知识库。在推理的过程中，往往需要关联规则的支持。知识推理是知识图谱构建的重要手段和关键环节，能够辅助研究者基于现有知识探索新的发现。知识推理方法可以分为基于逻辑的推理、基于统计的推理和基于图的推理。

基于逻辑的推理方法主要包括一阶谓词逻辑、描述逻辑（Description Logic）以及规则等。一阶谓词逻辑推理是以命题为基础进行推理，而命题又包含个体和谓词。逻辑中的个体对应知识库中的实体对象，具有客观独立性，可以是具体一个或泛指一类，例如中国、广西壮族自治区等；谓词则描述了个体的性质或个体间的关系。描述逻辑在命题逻辑与一阶谓词逻辑上发展而来，目的是在表示能力与推理复杂度之间追求一种平衡。

基于统计的推理方法指通过统计规律从知识图谱中学习到隐含的实体关系。基于统计的推理可以分为：基于实体关系的推理、基于类型的推理和模式归纳方法。基于实体关系的推理通过统计方法学习知识图谱中实例和实例之间的隐含关系。基于类型的推理学习知识图谱中实体和概念之间的 IS-A[①] 关系。模式归纳方法主要学习概念之间的关系。目前应用得较为广泛的模式归纳方法包括基于归纳逻辑编程（Inductive Logic Programming, ILP）的方法和基于关联规则挖掘（Association Rule Mining, ARM）的方法。

（五）知识表示

知识表示的有效性直接影响知识图谱构建的质量和效率。在知识表示的演化过程中，最主要的变化是从基于数理逻辑的知识表示过渡到基于向

[①] IS-A 关系，即一个类是另一个类的子类，在面向对象程序设计和知识表示中指的是"类"的父子继承关系。

量空间学习的分布式知识表示。基于数理逻辑的知识表示是以符号逻辑为基础的表示方法，这些方法易于表达显性、离散的知识，但在计算效率、数据稀疏性等方面存在一些问题。基于向量空间学习的分布式知识表示将知识图谱中的实体和关系嵌入低维连续的向量空间，并且在该向量空间中完成语义计算。这种表示方法可以有效地挖掘隐性知识，缓解数据稀疏性带来的问题，对知识库的构建、推理、融合以及应用具有重要意义。

1. 简单关系代表模型

按照模型提出的时间先后顺序，知识表示学习的简单关系代表模型主要包括距离模型、矩阵分解模型、单层神经网络模型、TransE 模型和双线性模型。

距离模型是安托万·博德斯（Antoine Bordes）等提出的一种基于神经网络架构的学习过程，该模型将知识库中的实体和关系嵌入连续向量空间中。在该空间中可以通过计算向量之间的距离来表示实体之间的相关度，距离越小说明两个实体的语义相关度越高，存在某种语义关系。这种嵌入式的表示学习方法可用于实现实体预测和信息检索。

矩阵分解模型是一种关系潜在特征模型，该模型通过张量分解来考虑二元关系数据的固有结构，用于预测两个实体之间的关系。RESACL 模型将知识库中的三元组表示为一个张量。如果该三元组在知识图谱中存在，则张量中对应位置的元素置 1，否则置 0。

单层神经网络模型通过一个标准的单层神经网络，采用非线性操作隐式连接实体向量，用于解决距离模型无法精准描述实体与关系的语义联系的问题。虽然这是对距离模型的改进，但单层神经网络的非线性操作只提供两个实体向量之间的弱相互作用，增加了计算开销，并且引入了更高的计算复杂度。

TransE 模型一般应用于在低维向量空间中嵌入实体和多关系数据，利用较少量的参数训练一个规范模型并将其扩展到大规模数据库。对于每一个三元组（h, r, t），将其关系 r 看作从头实体 h 到尾实体 t 的翻译。TransE 被成功应用在大规模数据集中，但无法表达复杂关系。

双线性模型通过实体间关系的双线性变换来刻画实体和关系的语义联系，其中实体是从神经网络中学习到的低维向量，关系是双线性或线性映射函数，该框架可以从双线性目标中学习嵌入表示关系语义。

2. 复杂关系代表模型

复杂关系模型主要针对 1-N、N-1 和 N-N 这三种复杂关系，其代表包括 TransH 模型、TransR 模型、CTransR 模型、TransD 模型、TransG 模型，这几种模型在人文社科领域知识图谱构建过程中的主要特点和优缺点如表 2-3 所示。

表 2-3 人文社科领域知识图谱构建复杂关系代表模型选型优缺点一览

模型	主要特点	优点	缺点
TransH	在 TransE 基础上增加关系超平面，保证一个实体在涉及不同的关系时有不同的表示	利用关系超平面增强模型的灵活性，解决 TransE 一对多、多对一、多对多建模的难题	在一个共同的语义空间中表示实体和关系
TransR	在两个不同的语言空间建模实体和关系	保证相同关系的头尾实体在嵌入空间中接近	关系关联的头尾实体共享相同的投影矩阵，未考虑头尾实体类型的差异
CTransR	在 TransR 基础上通过把关系对应的实体对的内量差值进行聚类，将该关系细分为多个关系	将关系细分成子关系，把每一个子关系用向量进行表示	相比 TransR，计算复杂度更高
TransD	分别定义头实体和尾实体在关系空间上的投影矩阵	解决 TransR 模型参数过多的问题	未考虑不同关系的复杂程度差异
TransG	一种关系对应多种语义，每一种语义可以用高斯分布表示	通过考虑关系的不同语义，形成多个高斯分布，具有较高的区分度	未考虑知识库中的关系和实体的语义本身的不确定性

现有的复杂关系模型对所有的三元组都一视同仁，均将三元组视为关系三元组，不能有效实现实体到属性值的翻译。针对上述局限性，有学者

提出了改进提升路径，如表示学习模型KR-EAR（Knowledge Representation model with Entities, Attributes and Relations），它不仅可以表示实体以及实体之间的关系，还可以表示实体的属性，将实体、关系、属性映射到低维空间中，这一做法将有效提高知识表示的精度。

四 知识图谱的典型应用场景

知识图谱于2012年被谷歌正式提出的初衷是改善搜索，基于谷歌的知识图谱的搜索不是简单地返回网页的超链接，而是真正理解使用者请求并将其链接到现实世界认知概念的指代，大幅提升了使用者的搜索体验。目前，谷歌的知识图谱涵盖了广泛的主题，包括超过19亿个实体和700亿条事实。与之同时期的微软必应（Bing）知识图谱则侧重于丰富搜索场景，涵盖了物理世界的海量知识，如任务、地点、事务、组织、位置等类型的实体，以及用户可能采用的行为实体。当用户输入搜索文本时，如果知识图谱中存在相关知识，必应搜索引擎将显示来自必应知识图谱的知识面板，以全面展示用户感兴趣的内容。国内外知识图谱的搜索及社交应用场景基本相似，均由大型互联网厂商推出相应的知识图谱，如表2-4所示的百度、搜狗等面向搜索的知识图谱，以及面向社交场景的微博图谱，等等。

表2-4 国内代表性知识图谱通用平台

开发公司	平台名称	平台简介	主要业务特点
百度	知识图谱开放平台	基于知识图谱、自然语言、搜索与推荐等核心技术。依托高效生产、灵活组织、便捷获取的智能应用知识的全链条能力，提供企业知识应用全生命周期一站式解决方案，助力企业提升效率、提高决策智能水平	数据引入、服务引入。知识生产与组织，平台化综合管理

人文社科领域知识图谱研究引论——以中国神话人物大数据为例

续表

开发公司	平台名称	平台简介	主要业务特点
腾讯	腾讯知识图谱一站式平台	腾讯知识图谱是一个集成图数据库、图计算引擎和图可视化分析的一站式平台。腾讯知识图谱用于构建和分析包含千亿级节点关系的知识图谱,并在知识图谱上搭建企业级别的应用服务	知识图谱自动构建,图谱在线查询,提供多种图计算模型,图数据可视化展现,图查询语言独立部署
阿里巴巴	藏经阁阿里巴巴知识图谱服务、平台	以多源大规模数据为对象,研究从大数据向通用、领域知识转化的共性关键技术,研发并推出知识建模、知识获取、知识融合、知识推理计算和知识赋能的平台服务	通过知识建模、知识获取、知识融合、知识推理计算和知识赋能五个模块,提供从数据、信息、知识到知识服务一整套技术的平台化服务。同时,特定领域知识图谱可插拔,特定领域知识图谱加载后,可以提供特定领域的知识服务
华为	华为云知识图谱 KG	华为知识图谱是一款知识图谱构建工具,提供一站式知识图谱构建平台,提供本体设计、信息抽取、知识映射、多源融合以及增量更新等功能	本体设计,信息抽取,知识映射,知识融合,知识服务(知识图谱问答、智能文案系统、行业知识图谱解决方案、智能知识推荐)

经过十余年的发展,当前知识图谱的应用已然远超其最初的搜索场景,并完成了由相对通用的搜索、问答、推荐场景向核心业务决策过程的转变。在行业应用方面,随着面向不同行业的知识图谱应用落地,以信息系统为载体的知识图谱典型应用(智能问答、推荐系统、个人助手等)也逐渐走进各个细分领域。例如,IBM Watson 最早被研发应用于医疗领域,随着产品的不断延伸,也逐步应用于金融等其他领域中。Palantir 相关产品已经分别应用于国防安全与金融领域,形成反欺诈、网络安全、国防安全、危机应对,以及保险分析、疾病控制、智能化决策等解决方案。国内人工智能及知识图谱在产业中的落地也呈现井喷态势,在金融、情报分析、能源电力、医疗、工业、教育、政务、公安、营销和客服等场景均得到了广泛应用。其中较有代表性的领域如下。

金融领域。在金融领域，数据增长迅速且在各行业交叉程度深是其基本特征。这些数据以多种形式存储，如文字、表格和图形等，格式不统一，碎片化严重。传统的风险控制方法难以满足这一领域数据的应用需求。借助知识图谱强大的统一知识表示和数据存储能力构建面向金融领域的知识图谱（企业图谱、专利图谱、产业链图谱等），可以更好地实现多源异构数据的知识整合。例如，某科技公司采用深度语义分析技术，将非结构化金融文档转换为知识图谱，并基于推理机和知识库管理系统，成功地实现了在上交所、北交所、投行、评级、资产管理等多个场景的大规模金融知识建模和流程机器人应用。

医药大健康领域。在医药大健康领域，及时获取国内外行业的最新动态、情报和技术等信息至关重要。然而，该行业存在大量未结构化的医学文献、论文、指南以及内部资料等，无法高效检索和关联这些信息，也就无法智能地发现关键知识以辅助医务人员作出决策。例如，某科技公司基于行业知识图谱认知智能引擎技术提供了一种解决方案，该方案可以快速构建复杂的全科或领域内知识图谱，以实现医药大健康领域的智能专家虚拟助理、专家智能推荐、医学信息推广、患者健康管理和疾病用药专业知识咨询等功能，大幅提升了工作效率和智能化水平。

电信领域。随着电网信息化、智能化水平的不断提升，电力设备的功能较以往更加复杂，其日常的运行维护包括故障诊断也更加依赖于专业的电力知识。由于缺乏有效的电力知识提取、组织、管理、展示等技术，运维人员不得不依靠自身经验去诊断电力设备故障，不仅效率低，准确率也难以保障。某知识服务平台将知识图谱技术应用于电力能源领域，从已有电力技术文献中提取知识并建立知识库，辅助运维人员开展电力设备故障诊断，最终大幅提高了其工作效率，保障了电网安全。

第二节 人文社科领域知识图谱的界定与发展

一 人文社科领域知识图谱的基本概念

人文社科领域知识图谱概念的兴起源于数字技术的发展和社会大众对文化研究的重视。数字技术和计算机技术的进步打破了自然科学和社会科学的界限，为人文社会学科开辟了新的研究空间。大量的书籍、报刊、图像、音乐、录像等资料数字化后供给研究人员使用，数字技术和方法已成为人文学科研究不可或缺的工具。中华优秀传统文化作为国家生存和发展的精神养分和力量源泉，既是人文社科领域的重要组成部分，也是主要研究对象。随着"文博热"、"非遗热"和"中华文明探源"的广泛开展，关于中华优秀传统文化的研究成果和信息呈现爆发式增长。然而，理解长期跨度和广泛文化知识的挑战仍然存在，系统性的文化数据整合体系尚未形成。因此，如何利用技术手段将这些知识体系化、直观地呈现给社会大众并更好地支持科学研究，是推动人文社科研究和传承中华优秀传统文化的重要课题。

（一）人文社科领域知识图谱的概念与定义

人文社科领域知识图谱的概念，一般意义上可以理解为对人文社会科学领域知识体系的一种抽象和形式化表达，其核心在于将人文社科领域的丰富知识资源转化为计算机可理解和处理的结构化形式，从而实现对本领域知识的高效管理、智能推理和创新应用。这一概念的提出源于对人文社会科学领域知识组织和运用方式的创新性思考，旨在利用信息技术手段对人文社会科学领域的复杂知识网络进行抽象和建模。

如前文所言，在人文社科领域知识图谱中，实体是指各种人文社科领域的具体对象或抽象概念，如人物、地点、文化事件、理论概念等，而关系则代表这些实体之间的各种关联和联系，如相关性、从属关系、因果关系等。通过对实体和关系的建模，人文社科领域知识图谱可以呈现出复杂的知识网络，揭示出本领域知识的内在结构和关联关系，从而为跨学科研究和跨领域应用提供理论和技术支持。人文社科领域知识图谱的构建不仅仅是传统意义上对知识的静态展示，更是对知识的动态演化和应用的探索。通过不断地更新和完善知识图谱，可以实现对子学科领域知识的深度挖掘和跨学科融合，为相关研究提供全新考察视角。

同时，在理解知识图谱技术之于人文社科领域的研究价值时，应依循辩证的眼光去看待这一发展现状。从当下历史发展阶段来看，算法和技术是不可能最终取代人类的，尤其对于数字人文这一强调人类认知和文化积累的领域来说更是如此。人文社会学科特有的属性使其不会凭借固定统一的标准和模式进行信息处理，而且在处理过程中也离不开人对现象本身的主观理解与灵活感知。可以说，未来人文社科研究与以知识图谱为代表的信息化和大数据技术的结合，势必要走向一种"人+机器"的智能化协作模式，通过协作智能（Collaborative Intelligence，CI）充分结合人类智慧和机器智能，实现本领域知识图谱的高效、优质构建与导向性应用。

（二）人文社科领域知识图谱的特点

人文社科领域知识图谱旨在利用知识图谱这一先进的组织架构，对海量、无序的数据进行整合，最终形成基于人文社科领域的知识库，满足人文社科领域学者的研究需求，并实现知识服务。不同于通用领域的知识图谱，人文社科领域知识图谱具有以下几个特点。

数据方面。研究者已经认识到了传统资源利用与开发模式的局限性，开始有意识地将数字人文社科领域普通的数字化资源转为智慧化资源。人文社科领域知识图谱从以往只具有检索功能的数据库形式逐渐转变为具有推理分析功能的智能平台形式，充分利用新的信息技术深入挖掘知识。

导向方面。人文社科领域知识图谱的构建旨在充分满足该领域学者的研究需求，其目标与通用知识图谱有所不同。它并非旨在涵盖各个范围的知识以实现全方位的知识检索，而是在尽可能广泛囊括领域知识的基础上建立更为全面的知识体系，以构建支持智慧化的领域知识服务平台。

构建方法方面。人文社科领域知识图谱所涉及的数据类型、范围较为广泛，在具体构建过程中，需充分考虑不同子领域和组成板块之间的相互影响。例如，周莉娜在构建唐诗知识图谱时提出，由于唐诗知识涉及诗学、文献学、史学三大领域，需充分分析三大领域现存的未决问题，才能够较为全面地发掘出唐诗知识图谱的构建需求。[①] 因此，数字人文社科领域知识图谱与通用知识图谱在构建方法上也存在诸多不同，尤其体现在本体构建、知识抽取、知识推理等构建技术中，具体将在本书第二章第三节中作详细阐释。

二 人文社科领域知识图谱的发展沿革

人文社科领域知识图谱是数字人文的重要范畴之一，其作为一种基于语义关系的知识表示模型，辅助数字人文领域学者组织、分析和理解大规模的历史文献、文物数据和文化遗产信息，极大促进了数字人文研究的发展和应用。其演进历程与数字人文的发展历程密切相关，可以将两者的发展进程一并进行考察。

一般意义上，数字人文（或计算人文）被认为是计算机科学和人文学科交叉的新兴研究领域，其产生的背景是计算机技术和网络技术成为泛在的信息基础设施，形成了数字化的媒体环境，以及由数字化文本积累形成的大数据环境。数字人文的研究技术主要包括文本挖掘、自然语言处理、

---

① 周莉娜：《面向领域知识服务的唐诗本体构建与智能应用研究》，硕士学位论文，武汉大学，2020，第3页。

语料库构建等。在数字人文的发展历程中,有学者以数字人文的研究技术为主线,将其发展历程追溯到1949年的语料库检索。到20世纪90年代,人文学术研究档案数字化制度形成并逐渐发展稳固。21世纪初期,数字人文在文献与技术的物质文化中重叠创新,在广度与深度上增强了对人文学科研究内容的认知。随着新的数字技术不断涌现,数字人文已经快速演化为一个较为宽泛的概念。它不仅涉及语言学、文学、历史学、计算机科学等传统学科领域,还涉及艺术、考古、图书馆、博物馆等领域。由此,数字人文的内涵正在变得更加广泛。

数字人文和人文社会学科之间的关系是相互促进、相辅相成的。数字人文的发展为人文社科研究提供了新的思路和方法。通过数字技术的应用,人文社科研究可以更加深入地挖掘数据,并从中发现更多有价值的信息。同时,人文社会学科的知识和理论也为数字人文提供了广阔的研究领域和深厚的学术积淀。因此,数字人文和人文社会学科之间的密切关系将会进一步加强,既推动数字人文的发展,也为人文社科研究带来新的活力。[1]

与之相对应的,人文社科领域的知识图谱发展是多个学科领域的综合成果,它是人文学科、知识库、自然语言处理、语义网技术、机器学习和数据挖掘等众多知识领域的交叉融合。其产生时序比较晚近,距今仅10余年时间。尽管人文社科领域知识图谱研究起步较晚,但发展速度迅猛,为人文社科领域带来了重要的机遇和挑战。目前,学术界对可迁移至人文社科领域的知识图谱概念的理解还比较混乱,主要有三种认知,即"知识图谱"、"知识地图"和"图数据库"。这些概念在不同的学科领域中被解释和运用的方式也存在差异。由于缺乏共识,学术研究者对人文社科领域知识图谱的研究还存在一定的困难和挑战。

---

[1] 王雪梅:《数字人文领域中知识图谱的研究与应用》,《山西科技》2020年第6期,第94~98页。

人文社科领域知识图谱研究引论——以中国神话人物大数据为例

与早期工业和科技领域集中于构建知识图谱知识库的学术趋势不同，人文社科领域和图书情报领域的知识图谱经历了从"中文通用知识图谱"到"语义知识图谱"的研究转向。这种转向反映出人文社科领域对知识图谱研究的需求和方向发生了变化。语义知识图谱更加注重对语义信息的挖掘和应用，为人文社科领域的知识管理和应用提供了更好的解决方案。其发展主要经历了以下两个阶段。

（1）以中文通用知识图谱构建为主的研究时期

2010年前后，随着DBpedia、Freebase、Yago等大规模知识图谱的逐步建成，知识图谱逐渐成为各类知识库链接的首选目标。国内也涌现出了颇具代表性的中文通用型知识图谱，如CN-DBpedia、PKUBase、zh-ishi.me、Belief Engine等。这一时期的知识图谱平台是百科全书式的（Encyclopedia Knowledge Graph），因此可以将其看作广义知识图谱。这些知识图谱可用作自动问答系统的知识来源，从而诞生了多种成熟的自动问答系统和聊天机器人。

同时，知识图谱在学界同样收获了广泛关注，逐步成为众多学者研究的热点。除研究各种自动问答系统外，知识图谱还被广泛用于构建学术图谱，如清华大学和微软研究院联合发布的全球最大学术图谱"开放学术图谱"（Open Academic Graph，OAG）[1]、上海交通大学AceMap团队知识图谱小组采用RDF进行数据描述所发布的学术知识图谱AceKG[2]，等等。

（2）以语义知识图谱构建为主的研究时期

伴随着通用型中文知识图谱的发展，"全能型知识图谱"在知识精准度、专业性和时效性方面的不足逐渐显露，特别是人文社科领域知识来源

---

[1] 王宏宇、王晓光：《基于大规模开放学术图谱的研究前沿分析框架》，《情报理论与实践》2021年第1期，第102~109页。

[2] 张晔等：《AceMap学术地图与AceKG学术知识图谱——学术数据可视化》，《上海交通大学学报》2018年第10期，第1357~1362页。

第二章 人文社科领域知识图谱

多为语义层面的非结构化数据，在更加专业的垂直领域，知识图谱构建方面的需求逐渐凸显。在图情界和人文社科领域，越来越多的学者开始聚焦语义知识图谱的研究工作。本时期，较有代表性的成果有欧洲数字图书馆Europeana、Getty数字博物馆、威尼斯时光机器项目[①]、芬兰数字人文关联开放数据基础设施（LODI4DH）等。本时期的研究特点在于，研究者大多使用关联数据技术来进行元数据层面的知识组织和发布，极少使用知识图谱的理念对资源之间的关系进行揭示和知识推理。语义技术及其应用成为此时期人文社科领域知识图谱研究的重点。

三 人文社科领域知识图谱在国内外的研究进展

知识图谱一经提出便迅速成为工业界和学术界的研究热点，涌现出大量的知识图谱应用和知识库。目前，微软和谷歌拥有全世界最大的通用知识图谱，Facebook拥有全世界最大的社交知识图谱，阿里巴巴和亚马逊则分别构建了庞大的商品知识图谱，百度致力于构建最大最全的中文知识图谱，美团NLP中心正在构建全世界最大的餐饮娱乐知识图谱。此外，DBpedia、Freebase、Yago等大规模链接数据库（知识图谱）已成为众多知识库链接的首选目标，国内也出现了多个百科全书式知识图谱。其中，CN-DBpedia和PKUBase使用了三元组而非RDF标准，因此可看成是广义知识图谱。这些知识图谱可作为自动问答系统的知识来源，由此产生了诸如Siri、IBMWaston、微软小冰、GoogleAllo、公子小白等多种成熟的自动问答系统和聊天机器人。在学术界，知识图谱也成为众多学者的研究重点。

除被用于研究各种自动问答系统外，知识图谱还被深度应用于学术图

[①] Abbott A.，"The 'Time Machine' Reconstructing Ancient Venice's Social Networks," *Nature* 546（2017）：341-344.

人文社科领域知识图谱研究引论——以中国神话人物大数据为例

谱的构建研究中，如清华大学和微软研究院联合发布的全球最大学术图谱"开放学术图谱"目前已包含 7 亿多条实体数据和 20 亿条关系。此外，清华大学还发布了知识计算开放平台（THUKC），该平台涵盖语言知识、常识知识、世界知识、认知知识等大规模知识图谱以及典型行业知识图谱。上海交通大学 Acemap 团队知识图谱小组则采用 RDF 进行数据描述，发布了包含超过 1 亿个学术实体、22 亿条三元组信息的学术知识图谱 AceKG。截至 2024 年 9 月，中文开放知识图谱联盟（OpenKG.CN）已有 126 家成员共 293 个数据集，其中包括语义知识图谱和广义知识图谱。

人文社科领域知识图谱的研究开发工作更多聚焦于语义知识图谱，即关联数据技术的应用方面。2015 年 6 月 18 日，大英图书馆、新西兰国家图书馆、牛津大学图书馆、哈佛大学等 29 个非营利性图像资源存储机构共同成立国际图像互操作（IIIF）组织[①]，旨在确保全球图像存储的互操作性和可获取性，对以图像为载体的书籍、地图、卷轴、手稿、乐谱、档案资料等在线资源进行统一展示和使用。IIIF 中的一系列 API 都以 JSONLD 格式进行定义，关联数据和 IIIF 这两项开放共享标准已成为艺术馆、图书馆、档案馆和博物馆的研究热点，并将开启数字人文研究的新时代。基于此项技术，由全世界 100 多个国家的千万个图书馆成员组成的全球性图书馆组织 OCLC 现已全面支持 IIIF。使用 CONTENTdm 的图书馆和博物馆可以通过一组常用 API 在不同平台间共享和呈现数字内容，凭借共享的 Worldcat 数据、联合项目及合作伙伴关系构建起一个关联图书馆社区内外的知识网络，包括威尔士报纸在线、伏尔泰书信、达·芬奇手稿等在内的多个项目都采用这两项技术对其图像资源进行了语义组织和发布。[②]

在国内，上海图书馆推出的家谱知识库、古籍循证平台、名人手稿知

[①] 曾蕾、王晓光、范炜：《图档博领域的智慧数据及其在数字人文研究中的角色》，《中国图书馆学报》2018 年第 1 期，第 17~34 页。

[②] OCLC 网址：https://www.oclc.org/zh-Hans/home.html。

识库等一系列数字人文项目也将关联数据技术和 IIIF 作为核心技术[①]；北京大学严承希、王军通过符号分析法对 CBDB 数据集中的宋代人物政治关系进行可视化分析[②]；武汉大学曾子明等将关联数据技术应用于敦煌视觉资源关联展示[③]；侯西龙等将关联数据技术用于非物质文化遗产知识管理研究中[④]。这些研究大多使用关联数据技术来进行元数据层面的知识组织和发布，极少使用知识图谱的理念对资源之间的关系进行揭示和知识推理。

此外，近年基于大数据和知识图谱技术的研究理论也伴随着技术和实践的演进不断推陈出新，这里仅列举其中一二。

1. 文化组学理论的提出

2011 年，让-巴蒂斯特·米歇尔（Jean-Baptiste Michel）等在《科学》杂志上发表了名为"基于百万电子化图书对文化进行量化分析"的论文，通过对全球超 1500 万本书籍的数字化和一系列计量研究，提出了文化组学（Culturomics）的概念，将严格计量研究的范围扩展到社会科学和人文学科的一系列新现象上，同时挖掘出 1800~2000 年的英文语言中所反映出的语言学和文化现象[⑤]。

米歇尔所在的谷歌电子图书馆项目（Google Books Library Project）团队自 2004 年起，陆续对哈佛、牛津等 40 多所顶级大学的图书馆藏书及出版社赠书进行了浩大的数字化工程。到 2013 年，该团队已对超过 3000 万

---

① 夏翠娟、林海青、刘炜：《面向循证实践的中文古籍数据模型研究与设计》，《中国图书馆学报》2017 年第 6 期，第 16~34 页。

② 严承希、王军：《数字人文视角：基于符号分析法的宋代政治网络可视化研究》，《中国图书馆学报》2018 年第 5 期，第 87~103 页。

③ 曾子明等：《基于关联数据的数字人文视觉资源组织研究》，《情报资料工作》2018 年第 6 期，第 6~12 页。

④ 侯西龙等：《基于关联数据的非物质文化遗产知识管理研究》，《中国图书馆学报》2019 年第 2 期，第 87~103 页。

⑤ Jean-Baptiste Michel, et al., "Quantitative Analysis of Culture using Millions of Digitized Books," Science 331 (2011).

本书籍进行了扫描识别，约占人类自古登堡印刷术发明以来出版图书的四分之一，其中数字化质量较好、可供全文检索的达 800 多万本，词汇量 8613 亿，最终形成了一个包含超 5000 亿单词的语料库。团队基于该语料库对不同的文化现象进行了计量分析，基本研究路径如图 2-3 所示。

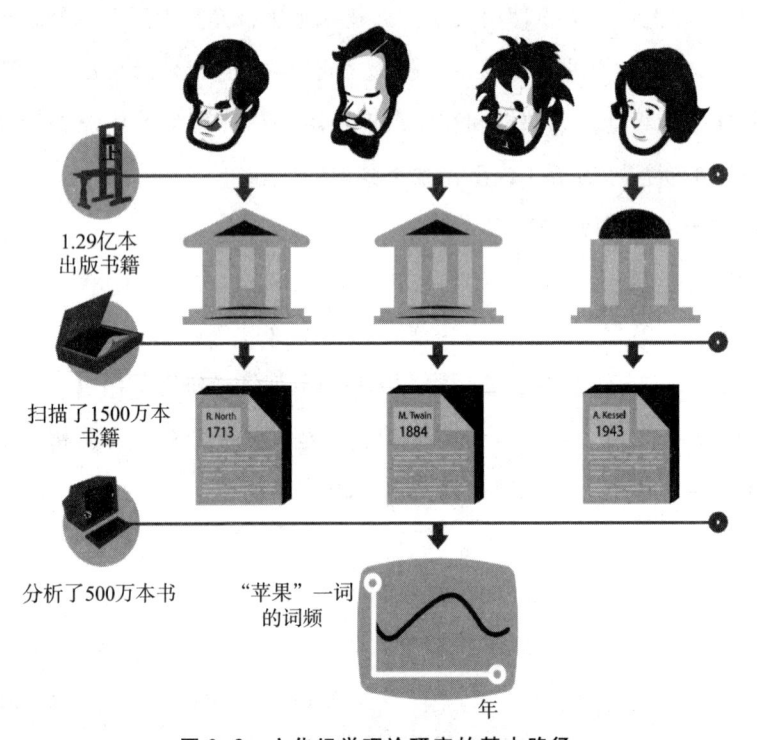

图 2-3　文化组学理论研究的基本路径

资料来源：Jean-Baptiste Michel, et al., "Quantitative Analysis of Culture using Millions of Digitized Books," Science 331 (2011).

依循该理论方法，研究得出了一些不同于传统文本研究的惊人发现。

①通过"词频+时间轴"的基本范式，完成了文化现象关注度变化趋势预测，包括词典编纂过程中对词汇总量变化趋势的预测，同时可为词典编纂者找到未来大概率"用不到的低频词"，以减少词汇变化和词典变化之间的滞后。

②得到长时间跨度中的语法演变规律。例如，通过对不规则动词演变

规律的分析，得到"美国是世界上规则动词和不规则动词的主要出口国"的重要结论，同时发现了如"sneaked"等不规则动词正以每年1%的递减速率变化为"snuck"，等等。

③得到了群体记忆更迭速率（遗忘规律）。发明、名人、时间等出现的频率随时间消退——文化更迭速率逐渐加快。

④审查制度（刺激/抑制）分析。研究得出了"对特定文化现象的压制会留下可量化的痕迹"的重要结论，如纳粹对犹太作家的迫害或相关书籍的焚毁阶段性地引发了"犹太""朱迪亚""犹太教"等相关词语在世界范围内的急速衰减，从而提出了"抑制指数"的概念。

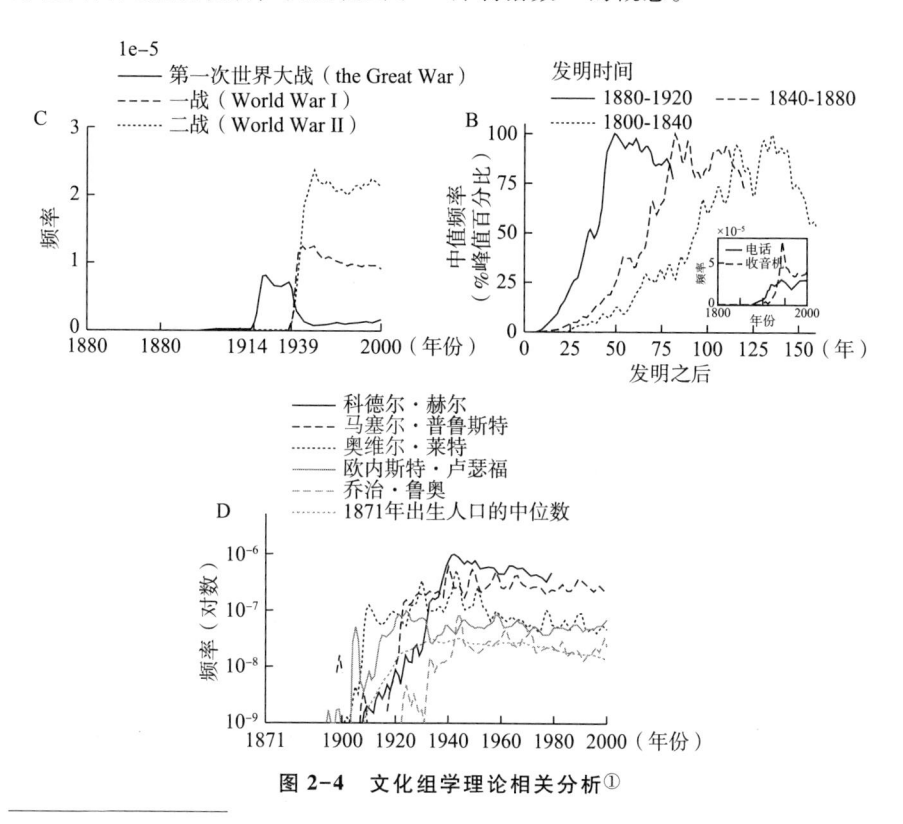

图 2-4 文化组学理论相关分析①

---

① Jean-Baptiste Michel, et al., "Quantitative Analysis of Culture using Millions of Digitized Books," Science 331（2011）.

人文社科领域知识图谱研究引论——以中国神话人物大数据为例

研究的重要意义在于，文章问世之后，文化组学成为人文学科中与古生物化石一样的科学的、严谨的、可量化的新证据，一定程度上打破了传统意义上"人文研究不能量化"的区囿。

2. 从社会学指标量化到欧洲思想文化中心的变迁

2014年M.希克（M. Schich）等在《科学》杂志上发表了名为《定量社会科学：基于文化历史的网络框架》的论文，利用超过15万名人的出生地点和死亡地点信息，建立了跨度为2000年的迁徙网络，用网络科学的手段印证了欧洲文化中心的变迁。①

其研究要点在于：一是提出了"文化历史进程的推进"与"一定数量名人的出生—死亡地点"之间存在一定关系；二是在数据来源与分析工具方面，利用了超15万著名个体的出生和死亡地点信息②，并通过网络和复杂理论工具来进行特征识别与统计。

上述由名人"出生—死亡"地点社会网络推断欧洲思想文化中心变迁的研究路径，与社会学家兰德尔·柯林斯（Randall Collins）基于社会微观、宏观相互转化理论的欧洲思想中心更迭研究结论有异曲同工之处，但两者在研究方法上大相径庭。前者主要运用数字人文的创新研究路径，后者则采用了经典文献和社会学研究方式。两者的对比性研究，实现了一次极具代表性的跨研究范式的隔空对话。

希克等的研究在数字人文理论和应用方面的大胆创新在于，尝试探索和解决了人文社会科学中定量分析与定性分析之间的关系与矛盾，并基于此提出了"定量方法识别统计规律/定性方法解释局部偏差"的通用模型。在具体模型搭建过程中，敏锐捕捉到名人更倾向于选择在罗马、巴黎等地走完生命的最后旅程（死亡因子），进而通过单个文化中心的迁徙验证，

---

① M. Schich, Song C., Ahn Y. Y., et al., "Quantitative Social Science. A Network Framework of Cultural History," Science 345 (2014): 558-562.

② Freebase.com / General Artist / the Getty Union List of Artist Names.

得出该关联和方法可适用于相关领域研究的普适结论。

上述两个案例代表了知识图谱理念和技术在人文社科领域的创新性尝试，其重大意义在于一定程度上突破了传统单一研究对象或"小数据"分析对象的研究模式，转而采用大数据挖掘和关联网络构建的思路开展普遍性研究。这一背景下，人文社科研究的规模无疑将更加宏大，研究对象的主体性将更加突出（往往聚焦于传统理念的颠覆革新、重大社会历史问题的发现等），研究方法的客观性将更加具有说服力，或将积极助推人文社科研究范式实现根本性变革。

第三节　人文社科领域知识图谱研究工具与平台建设

一　人文社科领域知识图谱研究相关工具

人文社科领域知识图谱的构建遵循通用大数据知识图谱的构建方法，主要包括需求分析和领域建模、数据抽取和预处理、实体识别和关系提取、知识表示和存储、知识推理和补充、知识应用和更新等。相应的，为完成知识图谱的构建，过程中需要用到多种工具或系统，来分别完成相应功能。本节将简要介绍具有代表性的常用工具和系统。

（一）数据源获取工具

数据获取是知识图谱构建的重要环节，其目的在于获取和补充知识图谱中的数据和关系。领域数据实体、实体属性以及特定实体间的关系是知识图谱构建的基础，而这些实体及关系需要从数据源中进行获取。选择构建知识图谱的数据源时，需要考虑如下几个方面。

数据源的质量。数据源的质量直接影响知识图谱的准确性和可用性。数据应该来自可靠的、有信誉的来源，包括官方网站、学术论文、专业数

人文社科领域知识图谱研究引论——以中国神话人物大数据为例

据库等。

数据源的覆盖面。知识图谱需要覆盖的领域和主题不同，所以需要选择覆盖面广、内容丰富的数据源，以满足知识图谱构建的需要。

数据源的格式。知识图谱需要的数据源应该是结构化数据，这样才能方便地进行处理和分析。同时，数据源的格式应该符合知识图谱的标准，以便整合和融合。

数据源的更新频率。知识图谱需要不断地更新和完善，所以需要选择能够定期更新的数据源。此外，数据源的更新应该及时、准确，以确保知识图谱的时效性和准确性。

数据源的可访问性和可用性。数据源的访问和使用应该方便、快捷，并且不违反相关法律法规和伦理标准。

因此，在人文社科领域知识图谱构建过程中，依循上述对数据源的基本诉求，常采用以下几种工具进行相应数据的获取。

数字化工具　这是人文社科领域数据研究的主要途径和方式，利用数字技术和相关工具（OCR等）对传统非数字化信息进行转换、处理和管理。这主要由人文社科领域以非结构化数据为主的特征决定。

网络爬虫　这是一种自动化数据获取工具，主要通过模拟浏览器行为访问网页并提取其中的结构化数据，如文本、链接、图像等。

API接口　基于数据共享机制，许多网站和服务提供了应用程序接口（API），允许开发者通过编程方式获取相应数据。该方式可直接从数据提供者那里获取一定规模的数据，而无须通过网页抓取，有效避免了因数据抓取导致的标准不统一、格式错乱等问题。

数据库查询　如果数据源是结构化的数据库，可以使用数据库查询语言（如SQL）来检索数据。这种方法通常用于获取来自企业数据库或其他结构化数据存储的信息。

（二）自然语言处理工具

构建人文社科领域大数据知识图谱的过程中涉及的自然语言处理步骤主要包括文本清洗、分词、实体识别、词性标注、关系及属性抽取、同义词消歧、信息链接等，常用工具和系统如下。

Apache OpenNLP 开源的自然语言处理工具包，提供了一系列工具和库，支持多种NLP任务的处理，包括文本分类、命名实体识别、词性标注、句法分析、情感分析、机器翻译等。采用Java编写，具有高度的可扩展性和灵活性，可以轻松地与其他Java应用程序集成，是一个功能强大的自然语言处理工具包。

Gensim 用于文本处理和自然语言处理的Python库，其主要功能是实现语料库建模和建立向量空间模型。它提供了一系列工具，如文本处理、语料预处理、主题建模、相似度计算、聚类等，是一个功能丰富的自然语言处理库，适用于各种文本数据分析和挖掘任务。

Jieba 采用Python编写的开源的中文分词库，可以对中文文本进行分词，是自然语言处理领域中的常用工具之一，支持用户自定义词典，支持并行处理，语言模型轻量级，对于大规模文本处理效率比较高。

Natural Language Toolkit（NLTK） 这是一个Python库，提供丰富的处理自然语言文本的工具和算法，主要功能包括分词和词性标注、词干提取和词形还原、命名实体识别和句法分析、语义角色标注和关系提取、机器学习分类和聚类等。

OpenRefine 这是一个免费的开源工具，可以用于数据清洗、转换和整理。它可以帮助用户处理大量文本数据，并提供许多有用的清洗功能，如合并、拆分、替换和过滤。

SpaCy 工业级自然语言处理工具，支持多种自然语言处理基本功能，主要功能包括分词、词性标注、命名实体识别、依存句法分析、文本分类、名词短语提取等。

Stanford NER 由斯坦福大学开发的命名实体识别工具，它能够自动从文本中识别出人名、地名、组织机构等实体，并对其进行分类。支持多种语言，用户可以选择不同的模型来适应不同的语言和应用场景。此外还提供一些其他功能，如词性标注、句法分析等。由于其高准确率和可扩展性，Stanford NER被广泛应用于文本挖掘、信息抽取、机器翻译等领域。

Stanford OpenIE 由斯坦福大学自然语言处理小组开发的一个开源的信息抽取工具，主要功能是从自然语言文本中提取出关系三元组（Subject, Predicate, Object），其中Subject是关系的主语，Predicate是关系的谓语，Object是关系的宾语。它还具有一些高级功能，如关系类型识别、同义词识别和共指消解，使其能够在各种复杂的自然语言文本中提取出有用的信息。支持多种语言，可以通过命令行工具或API接口进行使用。

Stanford CoreNLP 斯坦福大学自然语言处理组开发的一个自然语言处理工具集，它能够提供多种自然语言处理功能，包括分词、词性标注、命名实体识别、依存句法分析、语义角色标注、情感分析、关系提取、事件提取、中文分词等，其他功能还包括短语结构分析、共指消解、时间表达式识别、数词和金额识别等。支持多种编程语言的接口，如Java、Python、Perl等。

TextBlob 基于NLTK和Pattern库构建的Python库，用于进行文本处理和自然语言处理任务，并且提供了一组简单的API，使得文本处理更加容易，主要功能包括词性标注、名词短语提取、情感分析、文本分类、文本摘要等。

WordNet 英语词汇数据库，以语义为基础组织单词，并为单词提供定义、同义词、反义词、上位词和下位词等信息。WordNet中的单词被组织成若干个同义词集合（synset），每个同义词集合表示一组具有相似意义的单词。WordNet被广泛应用于自然语言处理领域，如信息检索、文本分类、情感分析、机器翻译等任务。它也被用作其他NLP工具和库的基础，如 NLTK 和 SpaCy。WordNet 已经成为自然语言处理中最受欢迎的词汇资源之一，它的数据质量和丰富性得到了广泛的认可。

（三）实体链接工具

实体链接工具可用于将自然语言文本中识别出的实体与特定的知识库中的实体相关联，以辅助研究者更好地理解文本，并为自然语言处理任务提供更准确的数据。适用于人文知识图谱构建的实体链接类工具主要有以下几种。

DBpedia Spotlight 这是一个基于 DBpedia 知识库的处理工具，其功能是自动标注输入的自然语言文本中的实体，并将它们与 DBpedia 知识库中的相应实体相链接，此外还提供诸如信息抽取、文本分类、信息检索等功能。DBpedia Spotlight 提供 REST API 接口和 Java 库，可以轻松地将其集成到自己的应用程序中。

Google Knowledge Graph API 这是谷歌推出的一个知识图谱，包含了大量的结构化和非结构化数据，包括人物、地点、组织、事件、艺术作品等，其信息来源包括维基百科、Freebase、DBpedia 等。Google Knowledge Graph API 允许开发人员通过调用 Google 知识图谱的 API，方便地在应用程序中实现实体链接功能。

OpenTapioca 用于实体链接的 Python 工具包，可以将输入的自然语言文本中的实体链接到一个预定义的知识库中。它使用了一种基于规则和机器学习的混合方法进行实体链接，同时充分利用规则和统计信息，提高实体链接的准确性和效率。它支持将实体链接到不同的知识库，同时具备可扩展性，支持用户添加自定义知识库进行实体链接，易于使用，并提供多语言支持。

TagMe 它采用了一种被称为"分布式语义相似性"的算法来确定文本中实体与知识库中实体之间的相似性，然后选择最相关的实体进行链接。通过其提供的 API，可以将其集成到自己的应用程序中。

（四）本体编辑器工具

本体编辑器即用于创建、编辑和管理本体的工具，常见的本体编辑器有如下几种。

Protégé 由斯坦福大学基于Java语言开发的本体建模工具软件，广泛应用于学术界和工业界，它提供了用户友好的图形用户界面，允许用户轻松地创建和编辑本体。用户可以使用多种本体语言，如OWL、RDF和XML等。支持本体的导入和导出，可以与其他本体编辑器和知识工具进行集成。此外，它还提供许多扩展插件，可用于增强编辑和查询功能。

TopBraid Composer 一款用于本体建模、数据集成和知识管理的集成开发环境平台，提供丰富的工具和功能，使用户可以轻松地创建和管理复杂的本体及语义数据模型。支持多种本体语言，如OWL、RDFS、SKOS、SPARQL等，并提供图形用户界面和基于Web的编辑器，使用户可以使用可视化工具来创建、编辑和调试本体。此外，它还提供了强大的数据集成功能，可以将不同来源的数据集成到一个统一的数据模型中，并支持许多数据源和协议，如RDF、JSON、CSV、XML、SOAP、REST等。此外，TopBraid Composer提供了一些高级特性，如规则引擎、本体推理和本体验证等。并且，它还支持与其他知识工具的集成，如SPARQL端点、OWL RL推理器、OpenRefine数据清洗等。

WebProtégé 由斯坦福大学、曼彻斯特大学和麻省理工学院等共同开发，是Protégé本体编辑器的一个分支，提供了一个基于Web的用户界面，支持多种本体语言，如OWL和RDF等，并提供了许多功能，如本体构建、实体和属性的创建和编辑、本体推理、版本控制等。它还提供了一个协作平台，使多个用户可以同时编辑同一个本体。此外，WebProtégé支持本体的导入和导出，可与其他本体编辑器和知识工具进行集成。

（五）RDF数据编辑器工具

用于创建、编辑和管理RDF数据的工具，如RDFLib。它是基于Python 的 RDF 库，用于处理 RDF 图和 Linked Data 的工具集，支持 RDF 的各种格式，如 RDF/XML、N3、NTriples、Turtle 等，同时也支持 SPARQL 查询。使用 RDFLib，可以方便地创建、操作、序列化和存储 RDF 图。

（六）知识图谱框架构建工具

用于构建知识图谱模式和实例，包括概念、属性、关系等。此类工具/平台主要包括以下构件。

KGtools 一种知识图谱工具，用于构建、管理和查询知识图谱。它提供了一系列 API 和工具，可以用于从不同的数据源中提取实体、属性和关系，将其转换成图谱的节点、边和标签，并提供一组查询接口，支持根据实体、属性或关系进行复杂的图谱查询。KGtools 可以用于许多应用程序，如自然语言处理、信息检索、推荐系统等。它还支持自定义扩展和插件，以满足特定领域的需求。

OpenKG 开源的知识图谱构建平台，旨在为知识图谱的创建和共享提供一站式服务。它提供了一个易于使用的 Web 界面，可以帮助用户创建和管理知识图谱的不同方面，如实体、属性、关系和分类等。它还支持从多个数据源中导入数据，并提供自然语言处理和机器学习技术来帮助自动标记和链接实体。此外，OpenKG 还提供了一些基于图形和表格的可视化工具，以便用户使用 SPARQL 或其他查询语言对知识图谱进行查询和分析，理解和探索知识图谱的结构和内容。

PoolParty Semantic Suite 一种语义技术平台，可用于创建和管理知识图谱、分类和语义搜索，提供了一个直观的 Web 界面，以及一个用于创建、编辑和维护本体库的本体编辑器。此外，它还包括自然语言处理、文本分析和数据连接等功能，以便用户可以从不同来源中收集和整合数据。

（七）图数据库

用于存储、管理和查询大规模的知识图谱，常用的图数据库如下。

AllegroGraph 高性能、可伸缩的图形数据库管理系统，使用语义网络的方式来表示和存储数据，具有非常强大的查询和推理能力，支持 SPARQL 和 Prolog 等查询语言，并提供了一些高级的推理和分析功能，如图形遍历、路径分析、相似性计算和语义搜索等。它还支持分布式部署，可以在多台服务器上进行数据存储和处理，并提供高可用性和数据恢复等功能，被广泛应用于知识图谱、智能搜索、自然语言处理、机器学习等领域。

GraphDB 高性能的图形数据库，用于存储、管理和查询大规模的知识图谱。它支持 RDF、OWL 和 SPARQL 等技术，并提供了一组强大的工具，用于构建、管理和探索知识图谱。此外，它还提供了多语言支持、本地和远程访问、数据导入和导出等功能。

gStore 具有高效、可扩展和高度可定制化的特点，使用基于谓词逻辑的数据模型来表示知识图谱，支持 RDF、OWL 等标准格式，同时还支持自定义的谓词逻辑格式。它采用了一些高效的数据结构和算法，如谓词表、倒排索引和预处理技术，以实现快速查询和推理。它还支持分布式部署和数据分片，以实现高可用性和可扩展性。它提供了多种查询接口，包括 Web 接口、SPARQL 接口和 C++API 等，以便用户查询和管理知识图谱。gStore 在许多领域都有广泛的应用，如生物医学、金融、文化遗产保护等领域。

Neo4j 开源的图形数据库管理系统，使用节点和关系的图形结构来表示和存储数据。它的图形结构使得它非常适合处理高度互联和复杂的数据，并提供了一种非常灵活的方式来查询和分析这些数据。它支持用 Java、Python 及 .NET 等语言编写的客户端驱动程序，并提供一个丰富的查询语言（Cypher）来查询和更新图形数据库。它也提供了一些高级功能，如事务支持、复制和高可用性等。由于它的高性能、可扩展性和灵活性，Neo4j 在许多领域都有广泛的应用，如社交网络、推荐系统、网络安全、医疗保健等领域。

OrientDB 一种开源的多模型图形数据库管理系统。它采用一种名为"记录级别"的数据模型，其中每个记录可以是一个关系型表、一个文档或一个图形元素，可以同时处理关系型数据、文档型数据和图形数据。OrientDB 使用 SQL 语言来查询和更新关系型数据，同时也支持类似 MongoDB 的文档数据库和类似 Neo4j 的图形数据库的查询语言。它具有高可扩展性和高性能的特点，支持分布式部署和数据分片，并提供了一些高级功能，如 ACID 事务、索引和权限管理等。OrientDB 在许多领域都有广泛的应用，如社交网络、电信、金融和物联网等领域。

Stardog 一种语义图形数据库管理系统，它具有高性能、可扩展性和强大的查询推理能力，使用 RDF 数据模型来表示和存储数据，并支持 SPARQL 查询语言和 OWL 推理规则。Stardog 还支持多模型数据，包括关系型数据、文档型数据和图形数据。它具有分布式部署和数据分片的能力，可以在多个节点上存储和处理大规模数据，并支持高可用性和数据恢复等功能。Stardog 还提供了一些高级功能，如自动推理、相似性计算和图形可视化等。它被广泛应用于知识图谱、智能搜索、自然语言处理、机器学习等领域。

Titan 一种分布式图形数据库管理系统，是 Apache TinkerPop 图形计算框架的一部分。它支持多种存储后端，如 Cassandra、HBase 和 BerkeleyDB 等，可以在大规模数据集上进行高效的图形处理和分析。Titan 使用基于属性的数据模型来表示图形数据，其中每个节点和边都可以具有多个属性。支持基于 Gremlin 和 SPARQL 语言的查询，并具有强大的图形分析和遍历功能，如关系抽取、图形聚合和路径分析等。Titan 还支持分布式部署和数据分片，可以在多个节点上存储和处理数据，并提供高可用性和数据恢复等功能。它被广泛应用于社交网络、推荐系统、金融风险管理等领域。

Virtuoso 一种高性能的开源图形数据库管理系统，支持 RDF、XML

和SQL等多种数据格式和语言。它使用RDF三元组数据模型来表示和存储图形数据，并提供了SPARQL查询语言和RDF规则语言的支持。Virtuoso还支持多模型数据，包括关系型数据、文档型数据和图形数据，并提供了可扩展的存储后端，如MySQL、PostgreSQL和Oracle等。Virtuoso具有高性能和高可扩展性的特点，支持分布式部署和数据分片，并提供了一些高级功能，如ACID事务、复制和安全等。它被广泛应用于大规模语义Web应用程序、知识图谱、数据集成和数据管理等领域。

（八）可视化工具

用于可视化和交互式探索知识图谱的工具。

Cytoscape 一种开源的图形可视化和分析工具，用于生物学及其他领域的网络、图形数据的可视化和分析。它支持多种网络数据格式，如SIF、GML和XGMML等，并提供许多可视化和分析工具，如布局算法、网络比较、图形过滤和网络聚类等。Cytoscape还支持插件机制，用户可以通过插件实现自定义的可视化和分析功能。

Gephi 一种开源的图形可视化和分析软件，用于探索和分析大规模网络和图形数据，支持多种数据格式，如GEXF、GraphML和CSV等，并提供了许多可视化和分析工具，如布局算法、网络度量和网络分区等。它还支持插件机制，用户可以通过插件实现自定义的可视化和分析功能，被广泛应用于社交网络分析、知识图谱、网络安全和市场营销等领域。

Graphileon 一种基于Web的图形数据管理和可视化工具，用户可以方便地浏览、查询和修改图形数据。支持多种图形数据库管理系统，如Neo4j、JanusGraph和DSE Graph等。它还提供了许多可视化和分析工具，如节点度量、网络过滤和节点聚类等。Graphileon还支持插件机制，用户可以通过插件实现自定义的可视化和分析功能。它被广泛应用于金融、医疗和科学等领域，可用于数据集成、知识图谱和大数据分析等应用程序。

（九）评估分析工具软件

较为成熟的评估分析类工具，提供较为丰富的知识图谱分析功能，以帮助人文社科领域研究人员减少数据挖掘过程中损耗的时间和精力，推进研究工作，此类典型工具有以下几种。

CiteSpace　由美国德雷塞尔大学陈超美教授开发的用于文献数据分析和可视化的软件，通过将某一特定领域的文献进行计量和可视化，以期探求出学科领域演化的关键路径和知识拐点，再结合绘制的一系列可视化知识图谱，对学科领域内潜在的演化动力机制进行分析，以及对学科发展前沿进行探测。CiteSpace 支持中文数据库在内的多个数据库，可以构建常见的关系网络，采用多种文献计量学分析方法定量分析可视化结果，从多个角度展示某领域的演变历程，但其无法实现数据的去重。

VOSviewer　由荷兰莱顿大学科学元勘中心（CWTS）的凡·艾克（Ness Jan van Eck）和瓦特曼（Ludo Waltman）博士在 2009 年推出的一款用于文献计量网络构建和可视化的工具。它将引文分析、文献耦合、文献共被引、共词分析、聚类分析等文献计量学方法集成到软件当中，并可以分析用户从 Web of Science、Scopus、Dimensions 和 PubMed 等文献数据库中获取的数据。与 CiteSpace 相比，VOSviewer 更加侧重不同的密度分析，是一款很强大的科学知识图谱分析工具。与其他文献计量软件相比，VOSviewer 软件的优势是为读者提供更具有冲击力的展示画面，能从多个视图对结果进行展示，可构建多种矩阵，并支持文本挖掘，但其无法实现数据的去重，不能通过时间演变展示一个领域的演进路径。

SCI2　由印第安纳大学伯明顿分校的图书情报专家凯蒂·博尔内（Katy Borner）及其团队在 CIShell 的基础上开发的一款知识图谱分析软件。SCI2 的一大优势是拥有丰富多样的插件可供使用，为绘制各类知识图谱提供了强力支持。SCI2 不仅支持多种数据格式的输入，还拥有强大的数据分析统计能力，同时集成了多种通用的算法来自动化地构建各种网络，如共词分析网络、文献引文耦合网络等。除软件本身自带的功能外，SCI2还有强大的扩展功能，目前软件已经集成了GUESS、Cytoscape、Gephi等可视化工具。

UCINET（University of California at Irvine NETwork） 这是一款功能强大的社会网络分析软件，内置大量的网络指标计算模块，最初由社会网络研究的开创者、加州大学欧文分校的林顿·弗里曼（L. Freeman）等网络分析者编写，之后由斯蒂芬·博加提（S. Bor-gatti）、马丁·埃弗里特（M. Everett）等进行扩展和维护，历经Basic语言、Dos程序、Windows系统的升级换代，2002年升为6.0版本并一直持续更新。该软件安装简单，菜单操作直观方便。UCINET可导入矩阵，也可自行创建，具有网络分析功能，内置可视化软件。

Pajek 一个网络分析和可视化程序，专门为处理大型数据集而设计。它能够同时处理若干网络，包括双模式网络以及时间事件网络。Pajek提供纵向网络分析功能。在特定的观察过程中，角色在网络中存在的时间标志可以包含在数据文件中。另外，用户能够生成一系列局部交叉的网络。在这些网络中可以进行分析，网络的发展也能够研究出来（例如网络中平衡性的发展）。Pajek有强大的图像处理能力，能够支持二维和三维网络的可视化，绘图窗口给用户很多选项来处理图表。

二 典型人文社科领域知识图谱平台

人文社科领域的知识体系非常复杂，需要将各种信息和概念有机地联系起来，以便更好地理解和研究人文社科领域的各种现象。与此同时，知识图谱平台作为一种基于图论的、半结构化的数据存储和查询方式，旨在将各种信息和概念组织成一个大规模的、可查询的知识网络，以便更好地理解和探索各种知识关系。通过将知识图谱平台引入人文社科领域的研究，可以帮助研究人员发现人文社科领域中的各种知识关联和规律，从而加深对人文社科领域的理解和认识。以下将介绍一些典型的人文社科领域知识图谱平台，以便读者更好地了解和掌握这些工具的应用和意义。这些知识图谱平台大都是基于开放的数据源构建的，可以帮助人文社科领域的研究者、教育者和学生更加高效地进行信息获取、知识挖掘和研究分析。

（1）CN-DBpedia

CN-DBpedia 是由复旦大学知识工场实验室研发并维护的大规模通用领域结构化百科，其前身是复旦 GDM 中文知识图谱，是国内最早推出的也是目前最大规模的开放百科中文知识图谱，涵盖数千万实体和数亿级的关系，相关知识服务 API 累计调用量已达 6 亿次。CN-DBpedia 以通用百科知识沉淀为主线，以垂直纵深领域图谱积累为支线，致力于为机器语义理解提供丰富的背景知识，为实现机器语言认知提供必要支撑。CN-DBpedia 具有体量巨大、质量精良、实时更新等特色，并且提供全套的 API 免费开放使用。CN-DBpedia 已经从百科领域延伸至法律、工商、金融、文娱、科技、军事、教育、医疗等十多个垂直领域，为各类行业智能化应用提供支撑性知识服务。

（2）ConceptNet

ConceptNet 是一个基于知识图谱的开源常识知识库，旨在为自然语言处理和人工智能研究提供支持。它由美国麻省理工学院人工智能实验室开发，目前已经成为自然语言处理领域中应用最广泛的常识知识库之一。ConceptNet 包含了大量的常识知识，如概念、实体、事件、关系等，并通过定义它们之间的语义关系来构建知识图谱。这些语义关系包括 is-a、part-of、at-location、used-for、causes，等等。

ConceptNet 通过定义常识知识之间的语义关系来构建知识图谱，这些语义关系可以为人文社科领域研究提供有价值的数据支持，典型案例如：在文学研究领域，ConceptNet 可以被用于自动化的文学分析。通过将小说、诗歌等文本输入到 ConceptNet 中，可以提取出小说中的人物、地点、事件

人文社科领域知识图谱研究引论——以中国神话人物大数据为例

等概念，并通过定义的语义关系来探索这些概念之间的关联。这可以帮助研究人员更加深入地了解文学作品的情节、人物关系等，为文学研究提供有力的数据支持。在语言学研究领域，ConceptNet 也可以被用于分析自然语言中的语义关系。例如，通过将一些常见的词语输入到 ConceptNet 中，可以分析这些词语之间的关系，如同义词、反义词、上下位关系等。这可以帮助研究人员更好地理解语言中的语义关系，并为语言学研究提供数据支持。除了以上两个领域，ConceptNet 还可以被应用于文化研究、人文社会科学、哲学等多个领域。因此，ConceptNet 是一个与人文社科领域研究交叉的有价值的研究工具。

ConceptNet 还提供了简单而有效的查询接口，使得开发人员和研究人员可以方便地访问和利用这些知识。此外，ConceptNet 还具有一些常识推理功能，如关系推断、类比推理等。这些功能可以帮助机器更好地理解人类语言，从而在自然语言处理任务中取得更好的效果。

（3）Cyc

Cyc 是一个基于知识的推理系统，由道格·莱纳特（Doug Lenat）于1984 年创立。Cyc 的目标是将人类的常识知识存储到一个计算机可读的形式中，并利用这些知识进行推理和理解。它包括一个知识库，其中包含成千上万条关于世界的事实、概念和规则的语句，以及一个推理引擎，可以使用这些语句推导出新的结论。

在人文研究领域中，Cyc 的应用包括自然语言理解、智能搜索、自动推理等。例如：在文学研究领域，Cyc 可以用来分析文本并从中推断出隐藏的意义；在哲学领域，Cyc 可以用来理解哲学概念，并通过推理得出新的结论；在文化遗产保护领域，Cyc 可以用来管理和解释文化遗产信息；在语言学领域，Cyc 可以用来分析语言结构，并推断出句子的含义；在历史学领域，Cyc 可以用来分析历史事件，并推断出不同事件之间的联系。

Cyc 的另一个重要应用是帮助人类专家解决复杂问题。Cyc 可以作为一个辅助工具，帮助专家快速访问和分析大量的知识，并从中得出结论。总的来说，Cyc 在人文社科领域的应用非常广泛。虽然 Cyc 的知识库包含了丰富的常识知识，但它仍然存在一些限制，例如它无法理解抽象的概念、无法适应新的知识、无法进行深度推理，因此在实际应用中需要考虑其局限性。

（4）DBpedia

DBpedia 是一个基于维基百科的开放式知识图谱。它是由德国的柏林自由大学、莱比锡大学和 RDF 数据管理公司联合开发的项目。DBpedia 旨在将维基百科中的信息转化为机器可读的形式，从而构建一个结构化的知识图谱，为人工智能和其他技术应用提供支持。DBpedia 的工作方式是从维基百科中抽取出结构化的数据，并将其存储在一个 RDF 格式的知识库中。DBpedia 的知识库包含了维基百科中的信息，如人物、地点、组织、事件、艺术作品等，这些信息都被标记为 RDF 三元组，其中包括主题、属性和值。

DBpedia 的知识库不仅包含了维基百科中的信息，还与其他开放式知识库和数据集集成，例如 Freebase、GeoNames 和 YAGO。这些数据集集成使得 DBpedia 的知识库更加完整和丰富，可以为人工智能和其他技术应用提供更多的支持和数据来源。其在人文社科领域的应用非常广泛，如：文学研究方面，DBpedia 中包含了大量的文学作品和作者的信息，可以为文学研究提供直接或间接的知识；历史研究方面，DBpedia 中包含了许多历史事件、人物、地点等信息，可以为研究历史事件的发生过程、相关人物生平和事迹以及历史事件的地理位置和文化背景等提供直接帮助；文化遗产保护方面，DBpedia 中包含了大量的文化遗产信息，如古迹、博物馆、文化机构等，可以为文化遗产保护和管理提供支持；社会科学研究方面，DBpedia 中包含了许多社会科学领域的信息，例如政治、经济、教育等，可以辅助考察不同国家和地区的政治制度、经济结构、教育体系等，为社会科学研究提供数据来源和分析工具。

（5）DocuSky

DocuSky是由台湾"中央研究院"数字人文中心开发的一款网络研究分析平台。它旨在帮助研究人员从各种来源（如在线数据库、社交媒体平台和数字档案等）收集、管理和分析数字资源。

DocuSky为用户提供了一系列工具来辅助研究过程，包括高级搜索功能、数据可视化工具和注释功能。DocuSky能够搜索和管理多种类型的数字资源，例如文本、图片和视频。它还提供了一系列高级搜索功能，如布尔搜索、通配符搜索和近义词搜索，帮助用户更轻松地找到他们需要的信息。同时，该平台还提供数据分析和可视化工具，以帮助用户更好地理解和呈现他们的研究结果。

DocuSky特别适用于社会科学、人文学科和数字人文社科领域的研究，它可以作为构建人文知识图谱的数据来源之一。通过DocuSky进行文献的收集、管理和分析，可以得到文本中的实体、关系和属性等信息，这些信息可以进一步用于构建人文知识图谱。具体来说，通过DocuSky可以将文献中的实体、关系和属性等信息进行提取和标注，然后将这些信息转换为知识图谱中的节点、边和属性等元素，从而构建人文社科领域的知识图谱。例如，在历史研究领域，可以通过DocuSky对历史文献进行分析，得到历史事件、人物、时间、地点等实体，以及它们之间的关系，然后将这些信息转换为人文知识图谱中的节点、边和属性，构建一个可视化的知识图谱。

（6）GeoNames

作为一个开放式地理数据库和地名数据库，GeoNames提供了全球各地的地理数据和地名信息。它由Marc Wick提出的地名信息项目演变而来，目前由一群志愿者和开发人员维护。该数据库包含超过1000万个地名，覆盖了全球的国家、地区、城市、村庄、山脉、河流、岛屿等各种地理实体，并且提供了位置、海拔、人口、时区、邮政编码、周边景点、地理特征等地理实体的丰富信息。此外，GeoNames 数据库还提供了多种方式访问和使用这些地理数据，包括 Web 服务 API、下载数据集、实时查询等。GeoNames 数据的应用范围广泛，包括地图制作、旅游规划、社交网络、科学研究等。基于丰富的地理信息数据，该平台支持丰富的人文社科研究，如历史地理学研究、文化地图梳理、文化遗产保护、地理语言学研究，等等。

（7）Google Knowledge Graph

Google Knowledge Graph 是 Google 在搜索引擎中推出的一种知识图谱技术，旨在通过整合不同来源的信息，将搜索结果以可视化的方式呈现给用户。它可以被看作一种大规模的语义网络，通过识别搜索关键词、理解用户的意图和搜索历史，将相关信息（可以包括实体、事实、概念、事件等）有机地联系起来，提供更加全面和准确的搜索结果。

Google Knowledge Graph 的信息来源包括来自维基百科、Freebase、Google Books、Google Maps 等数百万个网站的信息，还包括 Google 自身的知识库和爬虫抓取的信息。这些信息会被整合成一个结构化的知识库，以获得更加智能化的搜索结果。谷歌知识图谱的应用非常广泛，既可以用于搜索引擎中，也可以应用于其他领域，例如自然语言处理、机器学习等。它可以提供更加准确和全面的信息，使得用户能够更加快速地获得所需的信息，同时也帮助企业、机构和组织等更好地展示自己的信息和知识库。

Google Knowledge Graph 在人文社科领域的应用也非常广泛。它可以帮助人文学者、历史学家、文化研究者等更加便捷地获取相关的信息和知识。例如，在文化研究领域，Google Knowledge Graph 可以帮助研究人员了解不同文化之间的联系和差异，同时也可以帮助他们找到相关的历史事件、文化符号和人物等信息。在语言学领域，Google Knowledge Graph 可以帮助研究人员分析不同语言之间的关系和相似性，并探究语言背后的文化因素。

人文社科领域知识图谱研究引论——以中国神话人物大数据为例

此外，Google Knowledge Graph 还可以应用于数字人文学、数字图书馆等领域，帮助进行数字化文献的索引和分类。它也可以用于博物馆、图书馆和档案馆等机构，帮助这些机构更加便捷地管理和展示自己的文化遗产和历史文献。

（8）HowNet

HowNet 是一个基于概念关系网络的中文词语知识库，由南京大学计算机科学与技术系的李群教授和他的研究团队开发，旨在为自然语言处理任务提供词汇层面的语义信息。

HowNet 中包含大量的词语和词语之间的语义关系，如上下位关系、关联关系、反义关系等。这些关系被组织成一个概念网络，使得词语可以表示为与其他词语的关系，而不是孤立的字符串。因此，HowNet 可以用于词汇语义相似度计算、词语情感分析、词语关系推理等多种自然语言处理任务。HowNet 目前已经被广泛应用于自然语言处理和人工智能领域，尤其是在中文文本处理方面，被认为是一种非常有价值的资源。

除了在自然语言处理和人工智能领域的应用，HowNet 还有一些在人文社科领域的应用。

①汉语词汇研究：通过分析 HowNet 中词语之间的概念关系，可以探究汉语词汇系统的结构和演变规律。例如，可以研究不同概念间的相似度和差异性，从而分析汉语词汇的语义分类。

②文学研究：通过将文本中的词语映射到 HowNet 中的概念网络上，可以计算文本中不同词语之间的语义相似度，从而揭示文学作品中的主题和情感。

③文本分类和聚类：通过 HowNet 对文本进行分类和聚类，以便对大量文学作品进行分析和比较。

④文化研究：通过分析 HowNet 中不同概念之间的关系，可以揭示不同文化中的价值观和认知方式。例如，可以研究不同文化中的人际关系、

道德观念等，从而深入理解不同文化之间的差异和联系。

(9) Knowledge Vault

Knowledge Vault 是谷歌公司推出的一个开放的知识图谱平台，可以通过谷歌云平台访问。它基于互联网上的大量结构化和非结构化数据，使用机器学习技术自动提取出实体、关系和属性，构建出一个庞大的知识库。Knowledge Vault 支持各种应用程序，包括自然语言处理、语义网、搜索引擎优化、知识图谱构建等。

与其他知识图谱不同，Knowledge Vault 使用了一种叫作"三元组稀疏编码"的技术，将知识库中的数据进行压缩和优化，以提高知识库的效率和准确性。除了从网络中自动提取知识，Knowledge Vault 还允许用户手动添加和修改知识，以进一步完善知识库。它还提供了一些工具和 API，方便开发人员和研究人员对知识库进行查询和分析。

具体到知识图谱在人文社科领域研究中的应用，由于 Knowledge Vault 是一个大规模的知识库，其中包含了各种类型的实体、关系和属性，包括人物、事件、组织、地点等，因此可以借助 Knowledge Vault 提供的这些信息对历史事件、文化现象、社会趋势等进行分析和研究。研究人员可以使用 Knowledge Vault 来构建一个关于某个文化现象的知识图谱，如流行文化、文学作品、电影等。研究人员可以使用 Knowledge Vault 中的实体和关系来发现文化现象的演化历史、流行趋势、文化交流等，还可以使用 Knowledge Vault 中的工具和 API 来查询和分析知识库中的数据，以便更好地理解文化现象和社会趋势。

(10) NELL

NELL（Never-Ending Language Learning）是由美国卡内基梅隆大学的汤姆·M. 米切尔（Tom M. Mitchell）教授领导的一个自动化的知识图谱构建系统。该系统旨在从大规模的未标记文本数据中学习概念和关系，以构建一个全面的知识图谱，从而使计算机能够更好地理解人类语言和世界。

人文社科领域知识图谱研究引论——以中国神话人物大数据为例

  NELL的核心技术是一种基于机器学习的方法，可以从大量未标记的文本数据中自动抽取出实体、属性和关系，并且可以通过不断地学习和更新知识来不断完善知识图谱，这种方法不需要人为干预或手动标注，因此具有高效性和可扩展性。

  NELL的应用领域非常广泛，包括自然语言处理、计算机视觉、机器人、智能搜索、智能问答等，也可以应用于人文社科领域的研究。以下是一些使用NELL进行人文社科领域研究的方法。

  ①历史研究：利用NELL学习历史事件和人物之间的关系，可以帮助历史学家构建更全面的历史事件和人物的知识图谱，从而更好地理解历史事件和人物之间的关系。

  ②文化研究：利用NELL学习文化中的概念和关系，可以帮助文化学家更好地理解文化之间的关系，并为文化之间的比较研究提供基础。

  ③语言学研究：利用NELL学习不同语言之间的相似性和差异性，可以帮助语言学家更好地理解语言之间的关系，并为语言翻译和跨文化交流提供支持。

  ④社会科学研究：利用NELL学习社会科学中的概念和关系，可以帮助社会科学家更好地理解社会现象和社会关系，并为社会科学研究提供基础。

  ⑤文学研究：利用NELL学习文学作品中的概念和关系，可以帮助文学研究者更好地理解文学作品的内涵和外延，从而更好地解释文学作品的意义和价值。

  需要注意的是，使用NELL进行人文社科领域研究需要大量的未标记文本数据以及领域专家的支持和参与，以确保学习到的知识准确和可信。总体来说，NELL是一个具有前瞻性和创新性的知识图谱构建系统，其不断学习和更新的特点使其在人文社科领域的知识获取方面具有潜在的重要意义。

（11）Wikidata

Wikidata是一个由维基媒体基金会（Wikimedia Foundation）运营的免费和开放的知识图谱数据库，于2012年推出。它的目标是为全球知识提供一个结构化的、多语言的知识库，允许用户通过语义链接将知识进行连接，并使用查询语言进行高级搜索。

Wikidata的基本单位是实体，它可以是任何具体或抽象的事物，例如人、地点、事件、作品，等等。每个实体有一个唯一的标识符（称为QID）标识和一组属性（例如名称、描述、类别等），这些属性可以包括其他实体或文字值。Wikidata可以被视为维基百科的结构化数据存储库，包含了几乎所有领域的事物的实体和属性，实体和属性之间的关系形成了一个庞大的知识图谱网络。

Wikidata的内容可以由任何人编辑和更新，并且可以被其他网站、应用程序和平台重复使用。它已经成为人工智能、自然语言处理和其他计算机科学领域的重要资源，帮助构建更智能、更高效的计算机系统。

在人文社科领域，Wikidata的应用主要包括以下几个方面。

①文化遗产管理：Wikidata收集并存储了大量有关文化遗产的信息，例如博物馆、文化机构、历史事件和人物等，这些数据可用于数字化文化遗产和博物馆藏品，并为文化遗产保护和管理提供支持。

②历史研究：Wikidata为历史研究人员提供了一个平台，可以收集和共享历史事件、时间轴、地点和人物等方面的数据，这些数据可用于构建历史地图、时间轴和事件之间的关系图，帮助研究人员更好地理解历史事件。

③语言学研究：Wikidata收集了各种语言的信息，例如词语、语法和发音等。这些数据可用于研究语言之间的联系，如翻译、语言演化和语言学习等。

④文学研究：Wikidata收集了有关作家、书籍、文学流派、文学作品

人文社科领域知识图谱研究引论——以中国神话人物大数据为例

等的信息，这些数据可用于构建文学家系图、文学流派演化图和文学作品之间的联系图等。

⑤社会科学研究：Wikidata收集了有关人口统计、经济、政治、教育和社会问题等的信息，这些数据可用于社会科学研究，如社会调查、社会经济分析和社会政策分析等。

（12）YAGO

YAGO是一个开源的知识图谱，由德国马普计算机科学研究所开发，旨在收集和整理世界各地的知识，并将其表示为一组实体和关系的图谱。YAGO使用机器学习和自然语言处理技术自动从各种知识源中提取实体和关系，并将它们组织成一个有向无环图。

YAGO的主要特点是它使用了多语言知识，可以处理多种语言的知识，并将它们统一到一个知识图谱中。此外，YAGO的知识量非常丰富，包含数百万个实体和数十亿个关系。YAGO还包含丰富的元数据，例如实体的属性和分类信息，这些信息可以用于更深入的分析和探索。YAGO在人文社科领域的应用主要包括文化遗产保护、文学研究和历史研究等，此处不再展开。

（13）台湾数位人文研究平台

台湾数位人文研究平台是台湾中山大学数字人文中心建立的一个数字人文研究平台，旨在提供一个跨领域、跨机构的协作环境，帮助研究者分享资源、交流思想、合作研究。该平台聚焦于数字人文方法和技术，包括文本挖掘、自然语言处理、数据可视化等，这些方法和技术可以用来支持人文学科的研究，例如历史、文学、语言学、艺术等。台湾数位人文研究平台还提供了各种工具和资源。

①数字人文方法和技术培训：提供数字人文的基本知识和方法培训，帮助研究者掌握数字人文的核心技术和工具。

②数据库和文献资源：提供各种人文学科的数据库和文献资源，包括

历史文献、古籍、艺术作品等。

③研究协作平台：提供一个协作环境，让研究者可以在平台上分享资源、交流思想、合作研究。

④数字人文项目支持：支持数字人文项目的申请和实施，包括资金支持、技术支持等。

台湾数位人文研究平台的目标是将数字人文技术应用于人文学科的研究中，促进数字人文在台湾的发展，并为全球数字人文研究提供一个可示范和借鉴的平台。在人文知识图谱领域，台湾数位人文研究平台也有着重要的应用，主要包括以下几个方面。

①文本挖掘和语义分析：在数字人文研究中，文本挖掘和语义分析是非常重要的技术，可以用于识别文本中的实体、关系和概念，从而构建人文知识图谱。台湾数位人文研究平台提供了各种文本挖掘和语义分析的工具和技术，帮助研究者构建和分析人文知识图谱。

②数据可视化和交互式分析：人文知识图谱通常是非常复杂的，需要用数据可视化和交互式分析的方式来展示和探索。台湾数位人文研究平台提供了各种数据可视化和交互式分析的工具和技术，帮助研究者理解和分析人文知识图谱。

③人文学科研究：人文知识图谱可以用于支持各种人文学科的研究，例如历史、文学、语言学、艺术等。在台湾数位人文研究平台中，人文知识图谱被广泛应用于各种人文学科研究中，帮助研究者理解和分析人文学科领域的知识。

（14）LoGaRT（Local Gazetteers Research Tools）

这是一款由马克斯普朗克科学史研究所（MPIWG）研发的用于从数字化方志库的搜索、分析和收集数据的软件。该工具可为历史学家提供一系列地名词典的鸟瞰图，其理念是将所有数字化地名词典视为历史查询的概念数据库。它帮助研究者打破时间、地理和个人的限制进行专题研究，通过探索、分析和可视化的方式解决更大范围内的中国历史地理问题。其数据来源包括哈佛燕京图书馆稀有地方志（Rare Local Gazetteers at Harvard-Yenching Library）中的410本地方志和中国方志库。其使用案例之一，便是可以对数据库中的任意关键词进行检索和基于地图的可视化统计，如检索"蝗神庙+虫王庙+八蝗庙"，便可按照不同历史分期呈现相关庙宇的空间分布图示（含数量）。基于历史上发生蝗灾的地方多会建造"蝗神庙"的经验判断，则可完成对各历史时期的蝗灾发生概率的推断，从而建立起"旧方志"与"中国历史特定灾害"之间的数据学关联。

针对未来的应用思考，虽然利用全文检索可以很快从现有的数字化方志中搜集数据，但对于数据整体呈现模式的解读不应该简化为对量化数字的解读，后续的阅读与验证还需要研究者做进一步深入探究。

第四节 人文社科领域知识图谱的展望与挑战

人文社科领域知识图谱作为一个新兴领域，尽管已经有一些研究和应用，但整体而言仍处于发展初期阶段。近年来，一些学者在人文社科领域知识图谱的构建、表示、推理等方面进行了基础研究。这些研究主要聚焦于人文社科领域数据源建设、知识表示和推理、知识融合等方面，为该领域的知识图谱应用奠定了基础。此外，人文社科领域知识图谱的应用实践也在逐步展开。一些研究者将其应用于文化遗产保护、文化产业发展、文化旅游规划等领域，并取得了一定成果。同时，一些企业和机构开始关注人文社科领域知识图谱的应用，如百度文库、中国国家图书馆等。未来，人文社科领域知识图谱的发展前景仍有广阔的空间。然而，其同时也面临着诸多挑战，例如数据质量和完整性、知识表示的语义一致性、跨学科知识融合等。要征服这些挑战需要更深入的研究和创新，以推动人文社科领域知识图谱的进一步发展。

一 人文社科领域知识图谱的发展展望

基于人文社科领域知识体系构建的知识图谱，为跨领域研究、信息检索与领域规律发现、文化创新和数字化转型提供了重要基础。未来，随着知识图谱技术的不断发展和普及，人文社科领域知识图谱的应用前景也将更加广泛。技术方面可能的发展方向包括多源数据融合、传统和非传统数据来源的深度结合、多模态融合、深度学习技术的革新以及知识图谱可视化，等等。在具体实践应用方面，人文社科领域知识图谱的不断演进将在促进人文社科跨领域研究、推动基于知识图谱的人文知识服务平台建设、持续优化信息检索与领域规律发现、推动文化创新和数字化转型方面持续发力。

（一）促进人文社科跨领域研究

人文社科领域知识图谱通过整合多个学科领域的知识并提供一个可视化的结构来展示它们之间的关系，为研究人员提供了一个有力工具。这一工具不仅有助于更好地理解不同学科领域之间的相互作用，还能够帮助研究人员将这些领域结合，以提出更有趣的研究问题和更综合、更全面的解决方案。在文学研究领域，知识图谱可以帮助研究人员识别不同文学作品之间的联系，如作家、主题、文化背景等，从而更深入地理解文学作品的含义和影响，并探索它们与其他领域（如历史、哲学、社会学等）之间的关系。而在艺术研究领域，知识图谱则可以整合不同类型的艺术作品，如绘画、雕塑、建筑等，进而探索它们之间的相似性和差异性，有助于研究人员更好地理解艺术作品的文化和历史背景，以及它们在不同领域之中的影响。

人文社科领域知识图谱的持续构建能从多维度促进人文社科领域跨领域研究的发展，不断拓宽本领域研究的深度和广度，并推动学科之间的交

人文社科领域知识图谱研究引论——以中国神话人物大数据为例

流与融合。

辅助发现隐性知识关联。人文社科领域知识图谱可以将相关领域的知识和概念联系起来，通过全领域知识网络的构建，全面呈现知识的结构和内在联系。通过图谱中的节点和边，研究人员可以追溯某个概念或事件的发展历程，了解它们之间的相互关系，从而发现潜在的跨领域研究的可能性。

促进知识的共享与交流。人文社科领域知识图谱将不同学科领域的知识联系起来，可以促进知识的共享和交流。对于一个研究领域的专家，人文社科领域知识图谱可以帮助其更好地了解该领域的知识结构和内在联系，并能够从其他学科领域中获取新的研究思路和方法。

激发新的研究思路和创新。人文社科领域知识图谱可以启发人们发现新的研究问题和思路。通过图谱的可视化展示和交互式操作，人们可以更加清晰地看到知识之间的联系和演化，从而发现新的研究角度和创新点。

促进学科交叉融合。人文社科领域知识图谱可以将不同学科领域的知识相互联系起来，促进学科之间的交叉融合。通过跨领域的研究，可以更好地解决现实问题，并推动学科之间的相互发展。

总之，人文社科领域知识图谱可以为研究人员提供一个跨学科、跨领域的框架，通过以人文社科领域相关的概念、事件、人物、作品等为实体进行的知识网络构建，全面整合特定领域的知识结构，更加直观、系统地展示不同学科领域之间的关系和内在联系，从而促进不同学科领域之间的交流和融合，推动人文社科研究的全面提升。

（二）推动基于知识图谱的人文知识服务平台建设

基于知识图谱的人文知识服务平台建设将在未来发挥重要的作用，这类平台能够整合和链接人文社科领域的丰富知识资源，包括文学、历史、哲学、艺术等多个领域的知识。基于知识图谱的人文知识服务平台将借助自然语言处理和语义分析等技术，实现对人文文本的深度理解和语义解析，使平台能够提供更精准、个性化的文本搜索、文献推荐和智能问答等功能，帮助用户更好地探索和理解人文知识。人文知识服务平台还可以促进人文社科领域的学术交流和合作，通过提供学术资源共享、学者社交和协作平台等功能，可以连接更大范围的人文学者和研究机构，促进知识交流、合作研究和学术互动，推动人文学科的发展和创新。此外，人文知识服务平台可以为文化遗产保护和传承提供支持，通过整合文化遗产的相关知识和数据，可以提供虚拟展览、文化遗产保护指南、文化遗产数字化等功能，帮助保护和传承人类宝贵的文化遗产。

随着人工智能技术的进一步发展，人文知识服务平台将更加智能化和个性化。通过深度学习和推荐系统等技术的应用，平台可以根据用户的兴趣、学习偏好和需求，为其提供定制化的知识服务，提升用户的学习体验和知识获取效率。基于知识图谱的人文知识服务平台的建设将为人文学科的发展和普及提供新的机遇和挑战。通过整合和利用人文社科领域的丰富知识资源，借助先进的技术手段，平台将为用户提供更丰富、准确和个性化的人文知识服务，推动人文学科的传承、创新和跨领域交流。

但值得关注的是，基于知识图谱的人文知识服务平台在建设过程中也面临一些挑战。因为人文社科领域的知识具有复杂性和主观性，涉及语言、文化、价值观等方面的多样性，如何准确地抽取和表示这些主观性知识是一个不容回避的巨大挑战，需要克服语义解释的困难，以及在知识图谱中表达不同文化和语境下的含义。人文社科领域的知识资源分散且碎片化，包括文献、专家知识、历史档案等，如何有效地整合和链接这些分散的资源、构建起完整和丰富的知识图谱是一个复杂而耗时的任务。知识图谱的构建还需要解决数据质量、数据标准化和数据完整性等问题，因为人文社科领域的知识通常是非结构化和半结构化的，如何将这些非结构化的知识转化为结构化的知识图谱，需要进行文本挖掘、实体识别、关系抽取等技术的研究和应用。知识图谱的人文知识服务平台建设面临着知识的复杂性、资源的碎片化、多语言和跨文化、非结构化知识的处理等挑战。要应对这些挑战，需要综合运用自然语言处理、机器学习、数据挖掘等技术手段，同时加强跨学科的合作与交流，以提高人文知识服务平台的可靠性、准确性和智能性。

（三）持续优化信息检索与领域规律发现

人文社科领域知识图谱的建设具有广阔的发展前景，可以为优化信息检索和领域规律发现提供重要的支持。人文社科领域知识图谱可以整合和链接丰富的人文资源，包括文献、艺术作品、历史文物等，形成一个全面而准确的知识网络。通过知识图谱的构建，用户可以进行更精准和全面的信息检索，从而提高知识获取的效率和准确性。

人文社科领域的知识图谱可以帮助发现、揭示领域的规律和模式，通过知识图谱中实体和关系的分析，可以挖掘人文社科领域的隐藏规律和关联，发现不同领域之间的联系和相互影响，这有助于人文学科研究者和从业者更好地理解人文现象和文化背后的本质，推动人文学科的发展和创新。同时，基于人文社科领域知识图谱的信息检索和领域规律发现将人工智能个性化和智能化的特点最大限度放大了。通过深度学习和推荐系统等技术的应用，知识图谱可以根据用户的需求和兴趣提供定制化的搜索结果和推荐内容，实现个性化的知识服务。同时，基于知识图谱的智能分析和推理能力，可以从大规模的人文数据中发现新的领域规律和洞见，为学者和研究者提供更深入和全面的领域认知。

质言之，人文社科领域知识图谱研究与应用将为信息检索和领域规律发现带来与时俱进的方法创新甚至是革命性的改变。通过整合丰富的人文知识资源，实现个性化和智能化的信息检索，发现领域规律和模式，人文社会科学的研究者和从业者将能够更好地进行学术研究和文化探索。

（四）推动文化创新和数字化转型

知识图谱可以整合和链接人文社科领域的丰富知识资源，包括文学、历史、艺术等多个领域的知识。通过将这些知识资源数字化并组织成知识图谱，可以更好地保护和传承人类宝贵的文化遗产，推动文化的创新和发展。

人文社科领域知识图谱的文化创新和数字化转型对促进文化产业的发展和融合具有深远的影响。通过将文化创意、文化产业和科技创新相结合并构建知识网络的途径可以为文化创意产业提供更精准的市场定位和产品推广，切实推进文化产业与数字技术的深度融合，创造出更多具有文化价值和市场竞争力的数字化产品和服务。这一意旨也深度契合了数字中国建设的宏伟目标，是以文化数字化推动中华优秀传统文化在数字全球化时代背景中创新发展的必由之路。

同时，人文社科领域知识图谱的建设也会推动学术研究由传统信息采集向更加高效的数字分析转型。知识图谱可以整合学术资源、学者信息和研究成果等，构建起一个全面而准确的学术知识网络，为学术界提供更便捷、高效的学术交流和合作平台，推动学科的跨领域研究和创新，促进学术成果的共享和传播。

此外，人文社科领域知识图谱在促进文化教育创新和普及方面同样拥有广阔发展空间。通过将教育资源与知识图谱相结合，可以为学生和大众提供更丰富、个性化的文化教育内容、科普方式和学习体验。知识图谱可以为用户提供个性化的学习路径和资源推荐，帮助他们更好地了解和探索人文知识，促进文化素养的提升和传承。

在推动社会文化的数字化转型和智能化发展方面，人文社科领域知识图谱通过整合人文社科领域的知识资源和应用先进的技术手段，可以为用户提供更智能、个性化的文化服务和体验，进而推动社会文化的数字化转型，促进社会文化的创新和发展。通过整合和链接人文知识资源、推动文化创新和产业发展、促进学术研究和文化教育的创新、推动社会文化的数字化转型和智能化发展，人文社科领域知识图谱将为构建富有创意和多元文化的数字社会做出重要贡献。

总之，可以预见，大数据技术和知识图谱应用将为人文社科领域的知识发现和利用提供新视角与新方法，在鼓励研究人员使用数字化技术对信息资源进行分析的同时，强调保持人文研究中对于事物共同性总结及特殊性分析的能力，意图从内容角度对数字化技术的应用方向进行引导。依据信息资源结构特征选择能够最大限度揭示其内容的数字化技术方法，将成为人文社科类信息资源利用的新路径。

二 人文社科领域知识图谱的未来挑战

尽管人文社科领域知识图谱已经取得了一些进展，但是仍然面临一些挑战和问题。例如，人文社科领域知识图谱的数据源缺乏统一的标准和规范，知识图谱的构建和维护需要消耗大量的人力和物力，同时也需要解决知识表示和推理的复杂性等问题。本小节将从上述几方面对人文社科领域知识图谱在未来可能面对的挑战进行说明。

（一）数据获取和处理问题

在人文社科领域知识图谱的数据获取和处理过程中，或将面临以下问题和挑战。

数据来源多样性。人文社科领域的知识涉及多个学科领域，如文学、历史、艺术、哲学等。这些领域的数据来源非常广泛且多样化，既可能来自于传统的书籍、期刊论文、档案文件，也可能来自于在线资源、数字化文献、社交媒体等，不同数据来源的结构和格式各异，导致数据收集和整合过程复杂。

数据质量和可靠性。人文社科领域的数据常常具有主观性和不确定性，而且往往存在多样的观点和解释，不同的学者可能对同一事件、文本或艺术品有不同的解读和评价，导致在构建人文社科领域知识图谱时，如何确保数据的质量和可靠性是一个重要挑战，需要进行数据的验证、校对和标注，以保证知识图谱中的相关信息的适用性、准确性与可信度。

知识表示和语义表达。人文社科领域的知识涵盖大量的概念、实体和关系，而这些知识往往具有复杂的语义关系和上下文依赖，如何对人文社科领域的知识进行有效的表示和语义表达是一个挑战。准确地表示人文社科领域的知识并支持语义推理，需要考虑到知识的多义性、歧义性以及隐含的语义信息。

数据规模和可扩展性。人文社科领域的知识包含大量的实体和关系，而且随着知识的不断积累和更新，知识图谱的规模也会不断增长。如何有效地处理和管理大规模的人文社科领域知识图谱数据，以及如何保证知识图谱的可扩展性是一个具有挑战性的问题，需要考虑数据存储、索引和查询等方面的技术和策略，以支持高效的数据处理和访问。

语言和文化多样性。人文社科领域涉及不同语言和文化的知识，而且不同语言和文化之间存在着差异和难以对齐的问题，如何处理和整合多语言和跨文化的人文知识，以及如何面对语言理解和跨文化理解的挑战，是人文社科领域知识图谱面临的重要问题。

应对这些挑战需要综合运用多种技术和方法，例如：利用自然语言处理和文本挖掘技术处理不同来源的文本数据，使用知识表示学习和图神经网络等方法建模复杂的语义关系，应用数据质量控制和验证策略确保知识的准确性和可信度，以及开发适应多语言和跨文化的知识图谱构建和查询工具。通过持续研究和创新，可以不断改进人文社科领域知识图谱的数据获取和处理能力，为人文研究和文化领域的数字化转型提供有力支持。

（二）知识表示和表达问题

在人文社科领域知识图谱的知识表示和表达方面同样存在一些问题和挑战，需要在具体分析中加以注意。

多义性和歧义性。人文社科领域的知识往往具有多义性和歧义性，同一个词语或概念可能在不同上下文中有不同的含义，甚至存在相互冲突的

人文社科领域知识图谱研究引论——以中国神话人物大数据为例

解释。例如，一个文学作品的标题可以有多种解读，或者同一个人物在历史事件中扮演不同的角色。如何在知识图谱中准确地表示和处理这种多义性和歧义性，是一个具有挑战性的问题。

上下文依赖性。人文社科领域的知识往往具有强烈的上下文依赖性，一个实体或关系的含义和语义关联可能取决于其所处的文本、事件或艺术作品的特定上下文。因此，更准确的语义推理和信息检索面临的一个挑战，即如何在知识图谱中准确地表示和捕捉上下文依赖性。

主观性和价值观。人文社科领域的知识涉及文学、艺术、哲学等主观性和价值观强烈的领域，不同的学者、艺术家或批评家可能对同一主题或作品有不同的观点和解释。如何在知识图谱中表示和呈现这种主观性和价值观的差异，以及如何处理相关的争议和不一致性是一个复杂的问题。

隐含知识的表示。人文社科领域的知识往往包含大量的隐含信息和文化背景，这些知识可能没有直接明确地表达，而是通过文本的隐喻、象征或其他艺术手法传达。如何在知识图谱中有效地表示和捕捉这些隐含知识，以便更深入地理解人文社科领域的知识，是一个具有挑战性的任务。

知识更新和演化。人文社科领域的知识是不断更新和演化的，随着新的研究成果出现、文化变迁和社会进步，知识图谱也需要具备动态更新和演化的能力，以保持与最新的人文社科领域知识同步。如何有效地保障知识图谱的更新，以及如何应对知识变迁和知识演化带来的挑战，是人文社科领域知识图谱面临的问题之一。

要解决以上这些问题，需要结合语义建模、上下文理解、主观性建模等技术和方法，不断推动人文社科领域知识图谱的研究和创新，以更好地支持人文社科领域的知识分析和应用。

（三）知识更新和维护问题

在人文社科领域知识图谱的知识更新和维护方面，目前存在以下问题和挑战。

高速知识更新。人文社科领域的知识是不断更新和演化的，包括新的研究成果、文化事件和社会变迁等。这意味着知识图谱需要及时地捕捉和整合最新的知识，以保持其准确性和实用性。然而，人文社科领域的知识更新速度往往较快，需要建立高效的机制来快速更新知识图谱，以应对高速变化的知识更新需求。

知识来源的多样性。人文社科领域的知识涉及多个学科和领域，来源广泛且多样化，包括书籍、期刊、报纸、博物馆收藏、社交媒体等。不同来源的知识可能有不同的结构和表达方式，甚至存在冲突和争议。在知识更新和维护过程中，需要整合和协调不同来源的知识，解决冲突和一致性问题，确保知识图谱的一致性和完整性。

知识演化的建模。人文社科领域的知识往往是动态演化的，包括概念的重新定义、观点的变化、新的研究方法的出现等。在知识图谱中准确地反映知识的演化和变迁是一项挑战，需要设计合适的模型和算法来捕捉知识的变化和演化过程，并更新知识图谱的相应部分。

知识质量控制。知识图谱的质量对于其有效应用至关重要。人文社科领域的知识可能涉及主观性和价值观，不同学者、研究者或评论家之间可能存在不同的观点和解释。在知识更新和维护过程中，需要进行知识质量控制，包括验证和校对知识的准确性、可信度和一致性，以确保知识图谱的质量和可靠性。

社区参与和协作。人文社科领域的知识更新往往需要多方共同参与和贡献，包括学者、专家、艺术家和社区成员等。在知识更新和维护过程中，需要建立社区参与和协作的机制，促进知识共享和知识贡献。

为了有效解决人文社科领域知识图谱在知识更新和维护方面面临的问题和挑战，可以采取的策略和方法有：建立自动化的知识抽取和整合工具，利用自然语言处理和机器学习等技术快速更新知识图谱；引入专家和领域知识人员参与知识质量控制和校对；建立社区参与和协作平台，促进知识共享和贡献；与相关机构和组织合作，共享数据资源。这些方法可以有效地解决人文社科领域知识图谱在知识更新和维护方面面临的问题和挑战。

综上所述，本章旨在揭示在人文社科领域知识图谱构建和应用过程中存在的潜在机遇和挑战，要应对这些挑战需要跨学科的合作和创新，结合智能技术和人文社科领域专业知识，推动知识图谱在人文社科领域的深入应用，为人们提供更丰富、深入的人文知识资源。面向未来，随着技术的进步和研究的不断深入，人文社科领域知识图谱有望为人文研究和社会发展带来新的突破和机遇，并为人类的文化生产乃至人类现代文明的建设做出应有的贡献。

第三章
人文社科领域知识图谱构建：以神话人物大数据为例

知识图谱作为典型的大数据知识工程产物，以自动化知识获取与应用的便捷性为突出特征。这些特征在很大程度上与知识图谱的构建原则和整体设计密不可分。本章将以神话人物大数据为例，探讨人文社科领域知识图谱构建的一般性问题。

第一节 神话人物知识图谱的设计原则

区别于通用型中文知识图谱的设计原则，针对垂直领域的神话人物知识图谱构建，一方面要充分兼顾通用型图谱在多源数据、建设流程、基本应用和关键技术等方面的普遍优势，另一方面要更加凸显面向人文社科研究本身的、功能更加聚焦的特点与特性。下面是一些可能的设计原则与策略。

一 数据覆盖的全面性

垂直领域知识图谱的重要特征之一便是对本领域全部知识的解构与表达。神话人物知识图谱作为领域知识图谱的典型代表，在设计过程中需要

人文社科领域知识图谱研究引论——以中国神话人物大数据为例

指向非常明确的应用背景。Schema 层的构建是对整个神话人物知识图谱框架的构建,Schema 对类及类之间的关系进行定义,也就是对知识图谱中的概念与概念之间的语义关系进行定义。设计出一个面向神话研究实际场景应用的、覆盖全面的 Schema,是进行后续工作的重要前提,也是合理规划数据流线的重要手段。

在神话人物知识体系的具体设计中,会考虑到每一类实体的诸多具体属性、关系需求。但从实操来看,神话人物领域的知识来源有限,如果知识体系设计得过于复杂,可能导致出现很多知识无法获取、数据支撑跟不上的情况。因此,在具体操作中首先应本着应用牵引原则,重点考虑应用特别需要的知识框架。其次,要充分考虑可能掌握的文献古籍、口传文本等知识来源,合理设计知识细粒度。最后,鉴于神话人物知识图谱区别于一般通用知识图谱的特殊性,Schema 的设计应充分参照高可信度的模式原型,所以本研究在结构设计中参考了王宪昭《中国神话人物母题(W0)数据目录》[①] 中的各级人物母题结构,以保证 Schema 整体设计的合理性。本书 Schema 层的构建主要采用自顶向下的方式构建神话人物系统知识图谱的概念层,遵循"依据专家先验知识构建实体、实体属性和关系—非结构化数据源中命名实体识别和抽取—验证神话人物知识表示"的基本路径。

为充分保障数据的全面覆盖,研究预先定义了包括神话人物、人物名称、人物属性、民族信息、地理信息、文本信息等在内的一级类型。一级分类之下细分出相应的二级类型,如神话人物又分为始祖型神话人物、与方位相关的神话人物、与自然现象有关的神话人物、与具体的物(动物、植物、无生命物)有关的神话人物、文化英雄、巨人、祖先、妖魔鬼怪,等等,充分体现了本领域知识的完备性。此外,在节点与节点之间和节点自身方面,也应充分考虑关联的多种可能性。

---

① 王宪昭:《中国神话人物母题(W0)数据目录》,中国社会科学出版社,2019。

第三章 人文社科领域知识图谱构建：以神话人物大数据为例

在神话人物知识图谱 Schema 结构设计的关联性方面，除了通用的三元组关联形式，在整体上还体现了跨类别、跨级别的交互关系，进而利用知识图谱快速构建实体三元组，定义实体、事件、事理等语义网络，并且结合使用神经网络的智能检索和智能问答等拓展功能辅助科研人员挖掘神话人物数据中的重要信息。同时，基于三元组结构之图结构的知识存储管理模式可最大限度突破关系型数据库的局限性，实现面向人文社科领域复杂信息的结构搭建，并提供更加清晰的关系路径，达到跨领域快速关联探究的目的。

二 数据梳理的多维度

知识图谱在人文社科研究领域还是一项较为新颖的技术，其主要作用在于分析关系，尤其是深度关系。知识图谱与传统的知识表示不同，以三元组作为统一的表达形式，不仅更加容易被人接受，而且在储存、推理和搜索方面也更加高效。目前来看，许多比较先进的知识推理方法普遍关注于利用结构和文本信息，忽略了知识图谱中丰富的属性信息，而神话人物的名称、异名、产生、特征、生活、地位、性质、职能、能力、工具、寿命、死亡等基本属性，恰恰能够很好地描述神话人物知识图谱中的人物实体本身。基于以上考量，本研究将在神话人物知识图谱构建的设计中充分考量这一实际问题，广泛采集图谱涉及的文档和相关实体属性，并存储在相应的数据池中，有效实现对于神话人物实体属性的多维梳理。

数据多维梳理的神话人物知识图谱在提升本领域研究创新方面的优势主要体现在以下两方面。

一是可以实现语义层面的神话知识关联。以自然语言为主的神话事象关联的基本任务是根据主题、形式、人物属性、时间等链接相关信息，其本质是对各种实体的自然属性和社会属性之间的复杂关系进行建模。在各种实体关联类型中最关键的是关联数据模型。传统的数据模型着重解决的

人文社科领域知识图谱研究引论——以中国神话人物大数据为例

是数据个体的存储组织与管理问题，而关联数据模型不仅要能够存储组织和管理 PB 级的非结构化实时情报数据，还要能够存储组织和管理数据之间的逻辑关联，能够存储组织和管理每个数据的多维属性以及每个关联的多维属性，能够反映数据及其关联的时空属性、语义涵义、权重、概率等特性[①]。以知识图谱为基础构建数据模型，在此基础上，才能够更好地实现传统数据模型所不能支持的多种智能分析，如时空关联分析、逻辑关联分析、语义相似性搜索、数据世系管理与分析、数据溯源与核查等，提升分析研究的能力水平。

二是可以辅助挖掘数据信息中的新问题与新知识。挖掘知识的基本任务是洞察真相、因果推理和规律探寻，其本质是对目标或事件的来龙去脉、前因后果、特点规律进行建模和表现。例如：目标人物画像，即对目标神话人物属性和特征的真实情况、行为模式、属性关系等进行"全景成像"；规律探寻，即通过模式识别、可视化分析等揭示潜在规律或行为模式，从而提升大规模知识在神话研究领域的价值和利用率。

数据的多维梳理与上面提出的"数据全面覆盖"原则具有相辅相成的关系，要做到数据的最大限度覆盖，就要从不同的维度去考察数据；同样的，讲求数据采集与梳理的"多维"，主要目的就是要尽可能从不同的视角实现数据的全覆盖。对此，以一个特定的神话人物的基础数据采集为例，我们可以发现所采集的神话人物的各项数据的不同维度、内在的关联，以及该人物的立体式全方位的数据信息。

例如，不同神话文本在具体文献或演述过程中所讲的有关"尧"的神话，虽然在特定的地区或特定群体中具有相对统一的讲述"程式"，但具体情节与细节并不稳定，并非一成不变，因此在选择"尧"的事迹时，就

---

① 葛斌、谭真、张翀、肖卫东：《军事知识图谱构建技术》，《指挥与控制学报》2016 年第 4 期，第 302~308 页。

第三章 人文社科领域知识图谱构建：以神话人物大数据为例

会提取出许多中华民族人文祖先身上共有的"元素"。如表3-1所示，神话人物"尧"的事迹包括以下基本的维度类型。

表3-1 神话人物"尧"的事迹类数据多维度构成①

	尧的创造
WTY041	尧创造物质文化
WTY041.1	尧发明特定生产方式
WTY041.1.1	尧发明采集
WTY041.1.2	尧发明渔猎
WTY041.1.2.1	尧发明狩猎陷阱
WTY041.1.3	尧发明耕种
WTY041.1.3.1	尧发明耕种规则
WTY041.1.4	尧发明饲养
WTY041.1.4.1	饲养家禽始于尧
WTY041.1.5	尧发明贸易
WTY041.1.5.1	尧定贸易时间
WTY041.1.6	尧发明陶窑
WTY041.1.7	尧发明制陶
WTY041.1.8	尧发明灌溉
WTY041.1.9	尧发明驯牛
WTY041.2	尧发明生产工具
WTY041.2.1	尧造车
WTY041.2.1.1	尧造马车
WTY041.2.2	尧发明农具
WTY041.2.2.1	尧发明天犁
WTY041.3	尧发明生活用品
WTY041.3.1	尧发明衣服
WTY041.3.2	尧发明食物
WTY041.3.3	尧发明特定生活用品
WTY041.4	尧发明其他特定物
WTY041.4.1	尧发明火

① 具体数据来源参见王京、熊慧《尧舜神话基本数据辑录》，上海人民出版社、上海书店出版社，2022。

续表

	尧的创造
WTY041.4.2	尧发明医药
WTY041.4.3	尧发明器物
WTY041.4.4	尧发明围棋
WTY041.4.5	尧发明度量衡
WTY042	尧创造非物质文化
WTY042.1	尧发明语言文字
WTY042.2	尧发明音乐
WTY042.2.1	尧作舞乐
WTY042.2.2	尧发明乐器
WTY042.2.2.1	尧制琴
WTY042.2.2.2	尧发明十五弦之瑟
WTY042.3	尧发明礼仪
WTY042.4	尧发明典章制度
WTY042.4.1	尧发明律法
WTY042.5	尧建立社会秩序
WTY042.5.1	尧厘定九族
WTY042.5.2	尧定婚姻
WTY042.6	尧发明伦理道德
WTY042.7	尧发明民俗
WTY042.8	尧发明其他非物质文化
WTY042.8.1	尧定历法
WTY042.8.2	尧发明节气
WTY042.9	尧命名
WTY042.9.1	尧为人命名
WTY042.9.2	尧器物命名
……	……
WTY044	尧教人（尧的技能）
WTY044.1	尧教人制造
WTY044.2	尧教人衣食住行
WTY044.2.1	尧教人织布
WTY044.2.2	尧教人制衣
WTY044.2.3	尧教人选择食物
WTY044.2.4	尧教人吃特定食物

第三章　人文社科领域知识图谱构建：以神话人物大数据为例

续表

	尧的创造
WTY044.2.5	尧教人饮食卫生
WTY044.3	尧教人识天文历法
WTY044.4	尧教人生产
WTY044.4.1	尧教人耕种知识
WTY044.4.2	尧教人用火
WTY044.4.3	尧教人制陶
WTY044.4.4	尧教人饲养
WTY044.4.5	尧教人建造
……	……
WTY044.5	尧教人辨识特定物
WTY044.6	尧教人巫术
WTY044.7	尧教人礼仪
WTY044.7.1	尧倡导文明
WTY044.7.2	尧教人改旧习
WTY044.7.3	尧教人孝道
……	……
WTY045	尧其他事迹
WTY045.1	尧除害
WTY045.5.1	尧杀蛇
WTY045.5.2	尧除恶兽
WTY045.5.3	尧除妖怪
WTY045.2	尧治水
WTY045.3	尧除旱灾
WTY045.3.1	尧射日
WTY045.4	尧治瘟疫
WTY045.5	尧降服特定物
WTY045.6	尧征战
WTY045.7	尧造福后代
……	……

据此，借助上表列出的有关"尧"的事迹，就形成了具有人文叙事研究特色的多维度数据结构，既有利于构建相应的神话人物知识图谱，又为不同神话人物之间的深度比较带来便利。

· 111 ·

三　数据呈现的精准性

作为数据密集型的科学研究范式，对事件信息的分析和预测或将在未来成为以神话领域研究为代表的人文社科研究的基本需求[1]，如何在纷繁的信息中实现数据和信息的迅速判读和精准决断，对知识图谱的知识呈现与预测功能提出了更高的要求，这就需要充分利用知识图谱的特性实现针对研究需求本身的"精准服务"和"微服务"，主要体现在如下几方面。

日趋精准的检索功能。基于神话人物知识图谱构建智能语义知识发现平台，可以提供多类型（人物、属性、时间、地理）知识实体搜索、知识关联搜索、语义主题分析等细粒度化的发现功能，突破传统基于关键词的篇章搜索服务模式，实现精准检索。

智能信息梳理。在充分分析现有研究指向工作内容和流程的基础上，利用"数据+技术"混合模式，实现分析过程与分析方法的条理化、模型化，充分挖掘与利用以神话人物为代表的人文社科研究领域半结构化数据，辅以一定数量的非结构化数据，实现相关数据分析工作的简约化与智能化，在领域专家的监督和辅助下，进行大规模数据维度的创新研究与发现。

演变趋势与推理。目前，"事理图谱"还是较新的概念，国内多家公司和科研机构都在"事理图谱"的相关研究上进行了探索。哈尔滨工业大学信息检索实验室刘挺团队首先提出了"事理图谱"这一概念，并做了一些实验和基础性的工作。中科院自动化所赵军团队、上海大学刘宗田团队分别在事件抽取[2]和事件本体表示[3]上取得了丰硕的成果。相关研究尚处于

---

[1] 周京艳、刘如、李佳娱、吴晨生：《情报事理图谱的概念界定与价值分析》，《情报杂志》2018年第5期，第31~36、42页。

[2] 赵军：《开放域事件抽取》，https://www.leiphone.com/news/201807/2QQZ2aRIZNHFODBY.html，2018年7月18日。

[3] 刘宗田等：《面向事件的本体研究》，《计算机科学》2009年第11期，第189~192、199页。

第三章　人文社科领域知识图谱构建：以神话人物大数据为例

理论和探索阶段。但以神话研究为代表的人文事象背后的"人类命题"和"文化记忆"基本都是以"事件"为单位进行存储的，存储的是组成事件的概念及其之间的关系以及事件及其之间的关系，这样更符合人类的理解与思维习惯。事件关系到多方面的概念，是比概念粒度更大的知识单元。传统本体所使用的概念模型难以反映事件这一更高层次和更复杂的语义信息，模型缺少了更高层次的结构。从知识刻画上来说，知识图谱的局限主要体现在两个方面：一是对人类知识的刻画不具备动态属性。知识图谱中所刻画和描述的知识是静态的、非黑即白的确定性事实，而人类现实社会当中，知识是动态变化的，知识本身会因为外部条件的变化而失真。二是知识图谱在应用上存在局限性，知识图谱只能回答什么是什么的问题，包括基于已知知识推断未知知识，以及对已知知识进行正确性校验的知识推理，从根本上来说也没有跳出"静态"这一属性。在诸如"怎么了""接下来会怎么样""为什么"等问题上，这也是后续研究需要特别关照的重点问题。

四　功能更新的即时性

人文领域知识图谱的知识库构建不是一个静态过程，当引入新知识时，需判断新知识是否正确，与已有知识是否一致，如新知识与旧知识间有冲突，则需判断是原有知识错了还是新知识不靠谱。这里可用的证据可以是权威度、冗余度、多样性和一致性等。如新知识正确，则进行相关实体和关系的更新[①]。领域知识图谱的特性之一，便是可以通过模型训练、远程监督等过程，实现系统功能的自我完善与升级。本研究充分考量神话人物研究过程中数据的不确定性、功能的变动性和参与者的复杂性，将远程监督激励系统的逐步增强与持续构建（Human-in-the-Loop）机制引入

---

① 赵瑜、陈志坤、杨春：《基于开源数据的军事领域知识图谱构建方法》，《指挥信息系统与技术》2019年第3期，第64~69页。

知识图谱的构建过程。该机制将在一定程度上减少对大量数据进行标注的人工成本,研究尝试使用远程监督的方法进行实体和关系的抽取。在预设针对海量无标记数据(非结构化文本数据)的处理方面,远程监督的实体关系抽取方法极大地减少了对人工的依赖,可以自动地抽取大量的实体对(Entity Pair),从而扩大了神话人物知识库的规模。但同时,由于远程监督所基于的假设过于肯定,难免含有大量的噪音数据,如何使用有效的降噪方式来缓解远程监督中的错误标注问题一直是关系抽取研究的重要课题[1]。本研究在系统功能设计方面的考量将在具体实践中进行验证。

五 数据功能项的高扩展性

在神话人物知识图谱构建过程中,提出一个充分满足具体研究需求的高扩展知识图谱构建系统架构是将理论转化为实践的必由之路。基于神话领域专家的先验知识以及神话人物数据特点,系统架构可用于构建面向特定神话研究领域的知识图谱,并具有扩展当前知识图谱到其他新研究领域的高兼容性。为了提高知识图谱构建过程中的准确性和效率,本系统架构在实体属性、Schema 构建和异结构数据入库等多环节提供了与之相应的人机交互以及自动化的知识图谱构建模块。例如,在"资源库"功能模块中,未来将增设针对实体属性和关系属性的扩展接口,神话学者或神话爱好者可以直接对数据库中的相应数据进行补充或修改,在高效提升图谱精度的同时缩短图谱构建周期。又如,针对业务的具体需求,设置面向领域专家的、界面友好的、相对独立于底层数据的 Schema 搭建模型,有需求的学者可以在原有 Schema 架构基础上,根据实际需求增添、删减或调整节点与边线,以实现对整体神话人物知识架构的宏观把控。

---

[1] 王传栋、徐娇、张永:《实体关系抽取综述》,《计算机工程与应用》2020 年第 12 期,第 25~36 页。

第三章　人文社科领域知识图谱构建：以神话人物大数据为例

随着知识图谱技术在人文社科领域的不断普及，其应用场景也呈现出数据多模态化、动态化和数据类型不断扩展等特征，尤其是特定业务使用场景对知识的深度和专业度的要求越来越高，预构建图谱的可扩展性就显得越来越重要。作为高可用、高扩展的垂直领域知识图谱实验平台，未来，本系统架构将逐步从以古籍文献、互联网开放数据、口传文本等相对单一结构数据为主的研究应用领域走向多语境、多场景的综合型专业神话领域知识图谱，从而更好地满足实际需求并提高图谱构建过程中的效率和准确度。

第二节　神话人物知识图谱的整体设计

一　神话人物知识图谱的技术路线

神话人物知识图谱的整体设计要通过具体方法来实现，其构建基本方法路径参见图3-1。

构建流程中的关键步骤包括数据的获取与预处理、知识抽取与知识挖掘、知识的融合与组织模式等。

二　神话人物知识图谱Schema整体设计

图3-2呈现了研究涉及的神话人物实体及其之间关系的模型（部分实体间关系未在图中呈现），包括神话人物、民族、流传地（省/自治州、县/自治县、乡/民族乡/镇及以下、经纬度）、实例、出处等实体，以及神话人物之间的关系（血缘关系、社会关系、行为关系、其他关系）、神话人物与无生命物之间的关系（部分）、神话人物与动植物之间的关系（部分）、神话人物与特定神话事象之间的关系（部分），等等。同时，在

人文社科领域知识图谱研究引论——以中国神话人物大数据为例

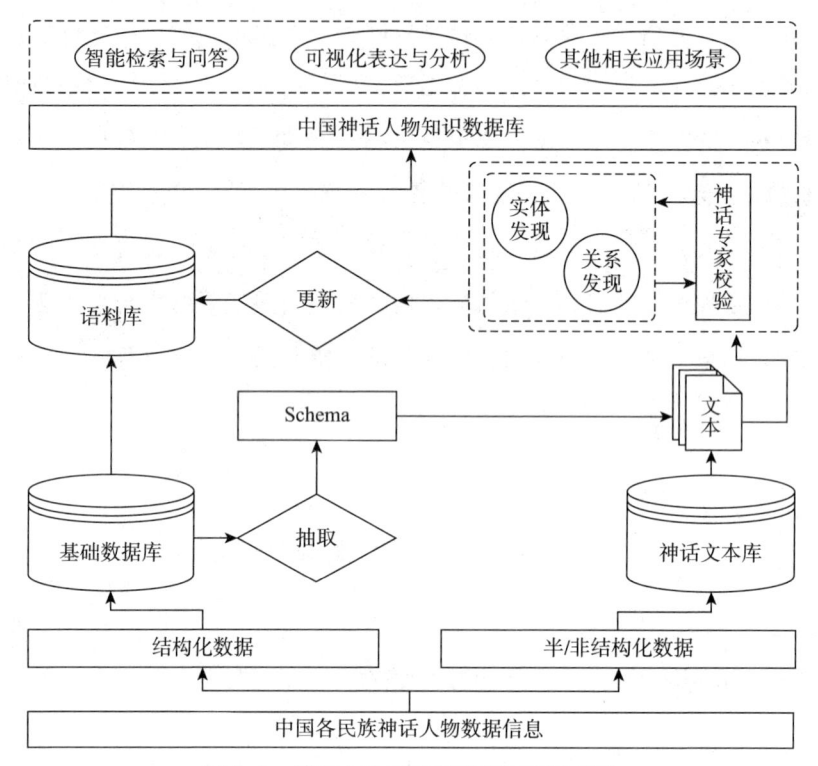

图 3-1 神话人物知识图谱构建方法路径

Schema 实际设计时还需特别关照神话人物实体的属性信息，如神话人物的名称、异名、称谓、职能、讲述人、采集人，等等。

在神话人物知识图谱的实体及关系模型构建中，各实体之间的关系是完成相应的数据分析与创新发现的重要组成部分，如人物实体之间的血缘关系可以较为完整地呈现神性人物谱系，再加上民族属性便可从民族维度探寻不同民族中神性人物的谱系，等等。神话人物知识图谱利用三元组或属性图的方式进行知识的存储和表示，通过形成的网状结构数据完成实体检索、网络呈现等研究，其价值不仅体现在助力学者探寻神话领域研究方向、人物关联等，也体现在通过发现科学研究的相关规律，辅助相关研究机构从宏观上评估、制定相应的政策以引导本领域研究的创新发展。神话人物知识图谱构建及应用体系架构主要包括神话数据源、科技大数据知识

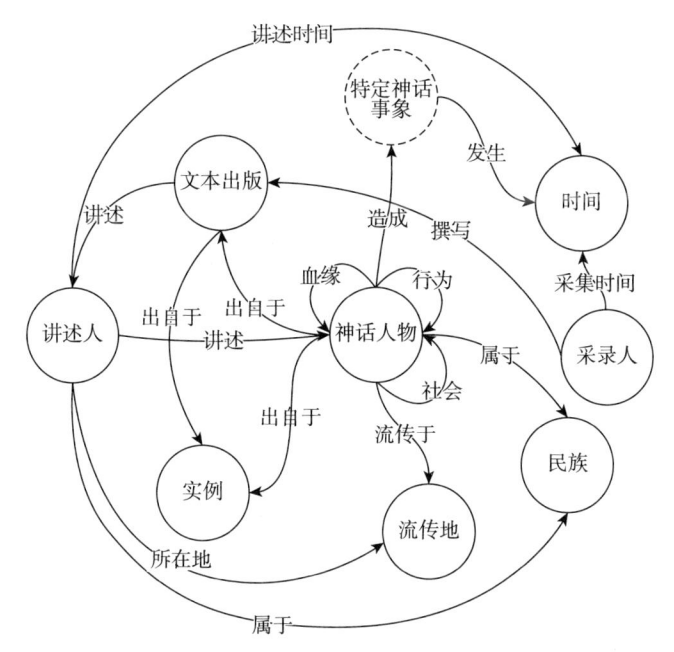

第三章　人文社科领域知识图谱构建：以神话人物大数据为例

图 3-2　神话人物实体及关系模型

图谱构建、基于神话人物知识图谱的分析与挖掘、基于神话人物知识图谱的洞察与发现、基于神话人物知识图谱的应用系统及工具、支撑神话人物知识图谱的大数据技术以及支撑神话人物知识图谱的标识技术。在大数据技术及标识技术的支持下，可基于海量、多源、异构的神话领域数据源实现神话大数据知识图谱的构建，并进一步实现基于神话人物知识图谱的分析与挖掘，提供基于科技大数据领域知识图谱的应用[1]。

三　神话人物知识图谱系统整体设计

基于神话人物知识图谱的应用系统总体架构设计预计包括 5 个子系统以及相关的标准规范和安全保障的总体建设，总体架构详见图 3-3。

---

[1] 周园春等：《科技大数据知识图谱构建方法及应用研究综述》，《中国科学：信息科学》2020 年第 7 期，第 957~987 页。

图 3-3 神话人物知识图谱应用系统总体架构

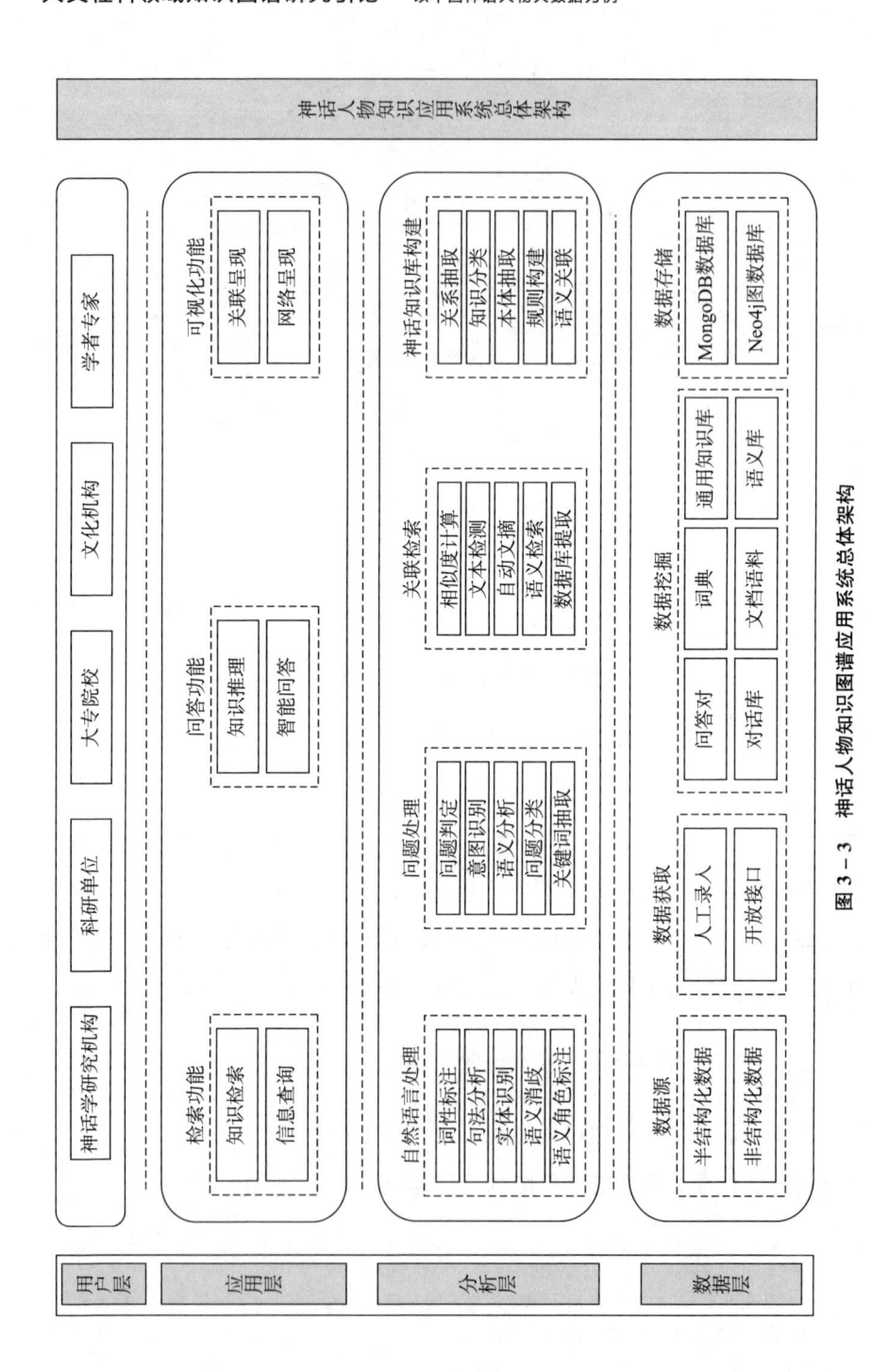

第三章 人文社科领域知识图谱构建：以神话人物大数据为例

总体架构主要分为数据层、分析层、应用层和用户层。其中，数据层是系统的底层部分，所有从介质中读取神话人物数据和写入数据的工作都属于这一层的任务，包括数据源、数据获取、数据挖掘和数据存储等相关环节；分析层主要涵盖的是系统的数据分析处理部分的内容，包括神话文本的自然语言处理、问题处理、关联检索和神话知识库构建等环节；应用层主要是面向具体用户的使用功能，包括检索功能、问答功能和支持交互的可视化功能等；用户层主要标识出了系统所面向的群体，主要包括高校、科研机构的科研人员和神话研究者。该系统涉及5个子系统，其基本结构如下。

（一）神话人物数据资源池

以公开出版的各民族神话文献作为数据主要来源和基础，以公布的网络神话数据和论文文献数据作为补充，主要运用人工录入和流水线技术等多种方法进行多源异构数据的采集。同时，针对不同数据的设计环节，结合目前较为成熟的实体识别和关系抽取方法，实现对神话人物数据的高效采集、处理与存储。为了对开源网络中部分神话数据的质量进行管理，研究数据清洗和预处理技术，进一步解决数据无关、数据重复、数据缺失、噪声数据等质量问题。

（二）神话人物应用系统知识库

在神话人物数据资源池的基础上，基于知识图谱技术，构建神话人物应用系统知识库。目的是实现对人物名称、称谓、民族、地理信息、文本信息等多个层次，以及与人物关系、人物属性等关联的信息在多维及网络关系上的重新组织，形成神话人物应用系统知识图谱，为未来更高维度的知识应用和科研创新提供知识基础和模式参考。

（三）神话人物应用系统信息检索子系统

以建立的神话人物应用系统知识图谱为依托，构建面向神话人物信息检索、特定事件检索、依循时空维度的检索以及关联信息检索等不同研究需求的智能检索系统。该子系统一方面使用Neo4j作为核心网络分析功能的提供者，另一方面根据实际检索的需求基于Python语言进行自定义开发，以实现精准检索与推荐的功能。

（四）神话人物应用系统问答子系统

以建立的神话人物应用系统知识图谱为应用基础，面向以中华民族神话人物为牵引的神话领域进行智能问答子系统的构建。该子系统一方面使用HanLP等自然语言工具作为问题解析功能的提供者，另一方面根据实际问答需求进行自定义开发，以实现面向战略情报领域的智能问答应用。

（五）神话人物应用系统可视化交互子系统

以建立的神话人物应用系统知识图谱为应用基础，系统设计了针对神话研究的关联路径分析、知识网络展示和知识网络探索等相关应用，为使用系统的学者和研究者提供基于平台的隐性关联发现和挖掘服务，同时可完成对神话人物整体网络的直观查看。

四　神话人物知识图谱前端应用整体设计

在系统平台的前端设计方面，主要兼顾了数据库特性、研究特性、展示特性和应用特性，并围绕"专家在线参与校验"的设计初衷设计前端交互模式，如图3-4所示。

该系统的设计与具体实施遵循相应的规范与保障标准，简单而言主要包括两点。一是标准规范，主要包括数据采集规范、数据处理规范、数据互操作规范、管理流程规范及软件开发规范。二是安全保障。神话人物知识图谱应用系统涉及部分开源数据以及公布的文本数据和文献数据，对数据安全建设有一定的要求，包括资源监控、应用监控、资源统计、资源警告、安全修复、安全访问等安全层面的考虑。

第三章 人文社科领域知识图谱构建：以神话人物大数据为例

图3-4 神话人物知识图谱应用系统前端功能结构

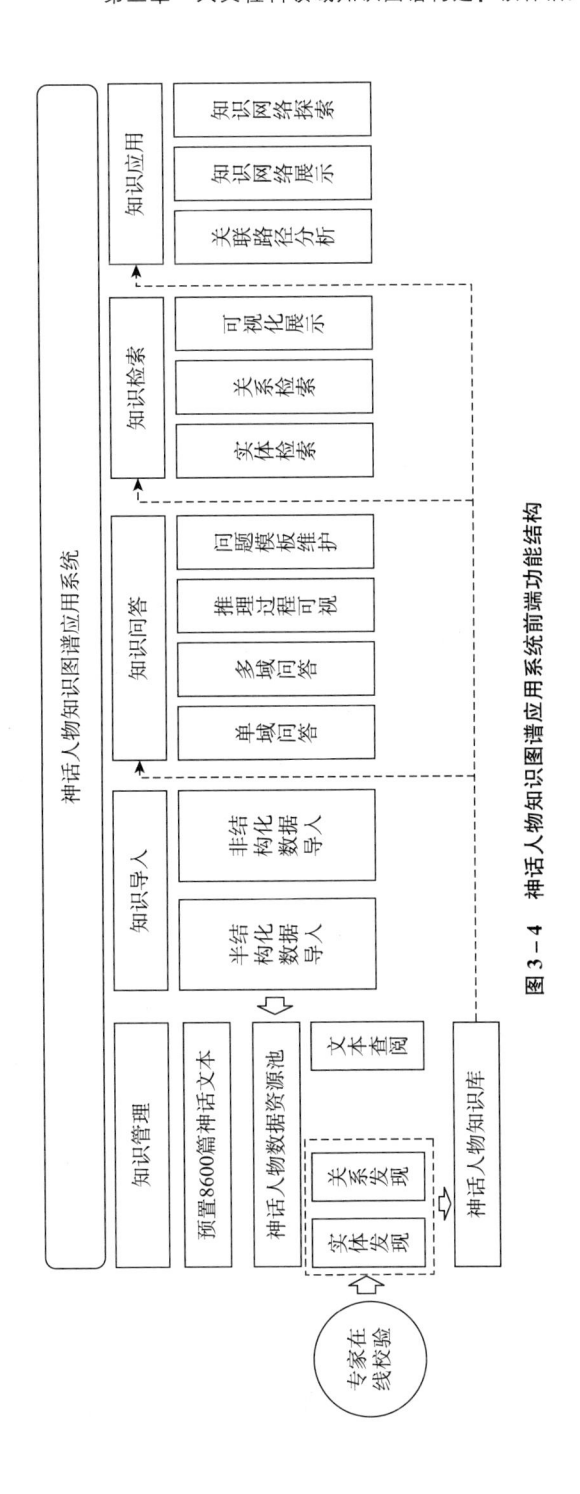

第三节　神话人物数据的采集与处理

一　基础数据的采集与筛选

本书使用的神话人物数据主要出自《山海经》《楚辞》《淮南子》《穆天子传》等经典古籍文献，我们从中梳理出产生较早、出现频率较高、关涉神话叙事较多的1451个神话人物作为数据集的基本研究对象。以人物名称为检索关键词，进一步扩大文本检索范围，从相当规模的中国多民族神话文本中，依循叙事规则对目标神话人物相关叙事实例进行摘录，形成基本实例数据（字段）。然后，依照神话母题学[①]理论方法对实例描述进行归纳演绎，确定一级母题、二级母题、三级母题、四级母题字段。最后，通过上下文和文本标注等信息，补全民族、流传地、文献出处等其他字段。其中，我国在新中国成立后对于56个"民族"的识别主要依据的是斯大林在《马克思主义和民族问题》[②]中提出的相关标准，本书中神话文本的民族属性亦主要参照此标准。文本数据的流传地信息则根据国家标准《地名分类与类别代码编制规则》（GB/T 18521—2001）[③]等确定。主要技术流程如图3-5所示。

（一）数据来源

研究所涉及的数据主要为非结构化文本数据，数据来源主要包括9大类资料，详见表3-2。

[①] 王宪昭:《中国神话母题W编目》，中国社会科学出版社，2013，第21页。
[②] 《斯大林全集》（第二卷），人民出版社，1953。
[③] 《地名分类与类别代码编制规则》（GB/T 18521—2001），中国标准出版社，2002。

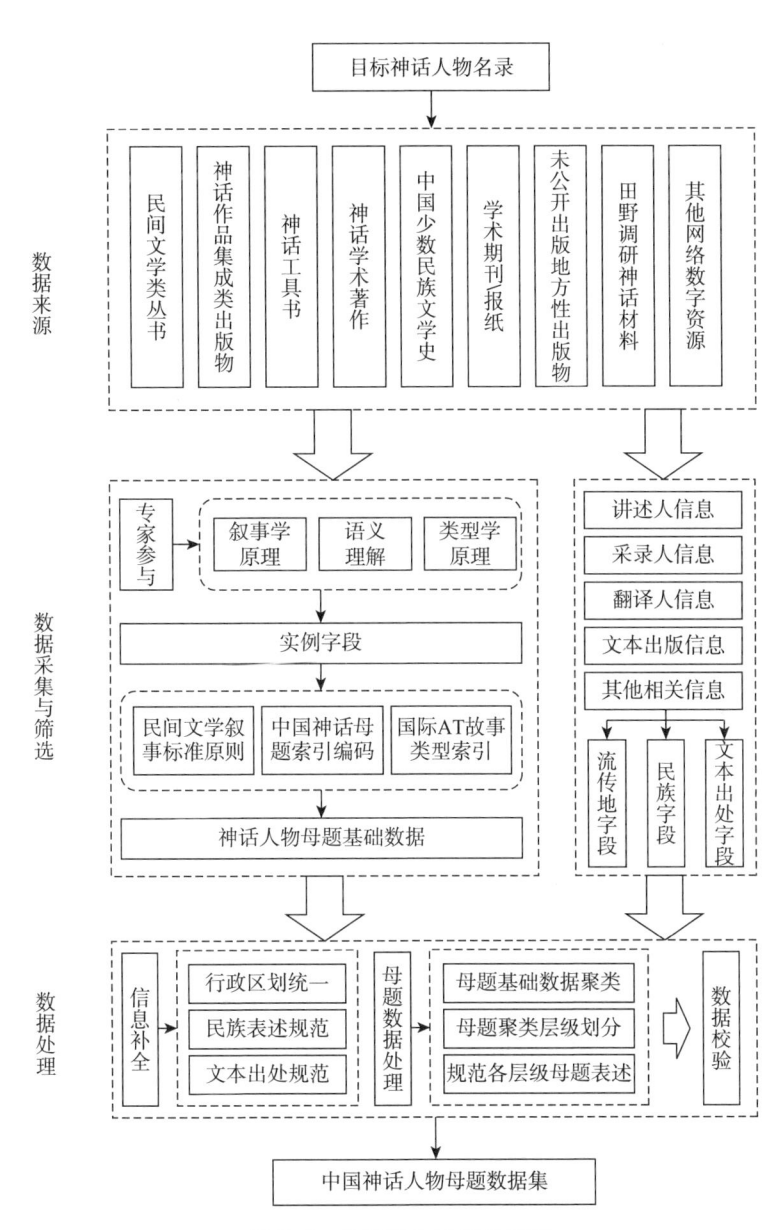

第三章 人文社科领域知识图谱构建：以神话人物大数据为例

图 3-5 数据集生成技术流程

人文社科领域知识图谱研究引论——以中国神话人物大数据为例

表 3-2 数据来源信息

序号	数据源类型	举例
1	公开出版的民间文学类丛书	中国民间文学集成全国编辑委员会编《中国民间故事集成》（中国 ISBN 中心出版，各省卷本）
2	神话作品集结/集成类出版物	陶阳、钟秀编《中国神话》（商务印书馆 2008 年版）
3	与神话有关的工具书	吕大吉、何耀华主编《中国各民族原始宗教资料集成》（中国社会科学出版社出版，分民族卷本）
4	与神话有关的学术著作	马昌仪编《中国神话学文论选萃》（中国广播电视出版社 1994 年版）
5	中国少数民族文学史	马学良、梁庭望、张公瑾主编《中国少数民族文学史》（中央民族大学出版社 2001 年版）
6	学术期刊、报纸	《民族文学研究》《民间文化论坛》等期刊中的论文
7	未公开出版的地方性出版物	各省（市、州、县、区）三套集成办公室或领导小组收集整理的《中国民间故事集成》（县、市、区卷本）
8	项目组田野调研搜集到的神话材料	项目组在民族地区采集的目标神话人物起源传说等
9	其他网络数字信息	百度百科、维基百科和中国民族文学网等

除此之外，本数据集还收录了一些濒危珍稀的抄本，大多为项目组成员深入偏远少数民族地区收集的一手资料。作为民间文学领域珍贵的非物质文化遗产，这些资料一定程度上拓宽了数据来源和口径，进一步提升了数据集的特色、珍稀性和完备性。

（二）基础数据采集路线

中国神话母题数据的采集与筛选主要依循"神话人物名称对齐—神话人物数据采集—其他相关数据采集"的基本路径展开。

鉴于叙事文学类数据的特殊性，在数据采集过程中要充分考虑同一神话人物存在多种称谓、别称、异字和名号的现象，同时，在不同民族地区、不同年代印本和不同传播载体中，同一神话人物的名称载录也不尽相同。因此，本数据集在具体数据采集之前，就同一神话人物存在多种称谓、别称、异字和名号的问题进行过多次研讨，通过专家经验和人工核验

第三章 人文社科领域知识图谱构建：以神话人物大数据为例

的方式完成了人物名称的规范和对齐。神话人物的名号、称谓、别称大多出自神话原文，可以通过同一文本上下文关联的方式取得映射。少数难以从同一文本得出结果的情况，项目组采取"多民族神话文本互照"的方式进行了印证，最终形成目标神话人物名称映射表，详见表3-3。

表3-3 常见神话人物名称映射

序号	人物名称	名号/称谓/别称
1	布洛陀	布洛朵；抱洛朵；保洛陀；黼洛陀；布碌陀；布罗托；陆陀公公
2	仓颉	先师
3	嫦娥	姮娥；药奶奶；宓妃；常仪；常羲；虚上夫人；素娥；常娥；嫦娥仙子
4	蚩尤	—
5	大禹	禹；夏禹；帝禹；神禹；夏后禹；文命；戎禹；大禹王；高密；夏伯
6	丁巴什罗	东巴教教主
7	二郎神	司门天；罗和二王；杨戬；二郎圣君；额勒勒大腾格里
8	风后	金川星
9	风神	云中君
10	伏羲	牺；必羲；宓羲；庖牺；包牺；炮牺；牺皇；皇羲；太昊；太皞；瓠系；虑戏；虑羲；伏义；伏依；伏希；伏戏；伏牛羲；人祖爷
11	高辛	帝喾；姬俊；帝俊；帝喾王；高辛氏
12	格萨尔	觉如；嘎莎
13	观音	度母；观音菩萨；观音老母；千手观音；南海观音菩萨；南海观音；观音大士；自在观音
14	鲧	大司空；崇伯；崇伯鲧；白马；玄武大帝；荡魔天尊；真武大帝
15	洪钧	洪钧老祖；洪君；洪兴祖
16	后稷	弃；姬弃；稷神；司稿
17	后土	句龙；土正；地母娘娘
18	后羿	夷羿；仁羿
19	黄帝	轩辕；轩辕氏；公孙轩辕；姬轩辕；帝鸿；帝鸿氏；帝俊；帝喾；有熊氏；帝江；帝轩氏；玄元黄帝；元圃真人轩辕黄帝；仓枢纽；乔山熊；黄龙公；黄龙君
20	精卫	女娃
21	九隆	九隆王

人文社科领域知识图谱研究引论——以中国神话人物大数据为例

续表

序号	人物名称	名号/称谓/别称
22	雷神	雷公；雷郎公公；雷神爷；雷公爷；雷婆；雷婆萨呾；玛由梭；雷神妈妈；雷神闻仲；雷将陆盟；雷王；雷兵契高；雷公爷梭；果索；阿路狄达力；阿克的恩都力；查和尔干腾格里；阿霹刹
23	嫘祖	祖神；嫘祖娘娘；蚕娘；先蚕
24	廪君	务相；向王；向王天子
25	妈祖	林默；灵惠夫人；护海女神；湄洲圣母；天妃娘娘；海神娘娘
26	密洛陀	神母密洛陀；万物之母
27	莫一大王	莫龙恭
28	牛郎	放牛郎；孙守义；小义
29	女娲	女娲氏；娲皇；娲皇圣母；女娲娘娘；娲皇奶奶；人祖奶；人祖婆婆；娲儿公主
30	盘古	盘古王；盘果王；盘古爷；盘古真人；盘古大王；扁古；盘神；盘古公公；盘老大；盘颇
31	盘瓠	盘王；槃瓠；盘瓠王；盘护；般瓠；盘皇
32	七仙女	玛尼；日吉纳；七姑星；七衣仙女；七仙姑
33	神农	赤帝；农皇；神农大帝；五谷神农大帝；炎帝；神农氏；神农爷；石耳；农皇；药王神；五谷先帝；魁隗氏；连山氏；列山氏；朱襄氏；稷
34	舜	虞舜；重华；虞氏；帝舜；湘君；有虞；舜王；息壤先人
35	燧人氏	遂皇；燧人
36	太白金星	太白；太白腾格里；太上老君；太玄；道德天尊；太一；天皇大帝；太乙天尊；金阙圣君；九玄帝君；重耳；郁华子；九灵老子；广寿子；广成子
37	檀君	坛君
38	天帝	白帝天王；天皇；天皇氏；太一；四大天王；护法四天王；四大金刚；四天王；护世四天王；天皇大帝；元始天王；天君；太帝；后帝；皇天
39	天女	墨美；木美姬；恩古伦；正古伦；佛库伦；恩库伦；正库伦；魁
40	西王母	金母元君；德金巴乌；九光元女；金母；瑶池金母；西姥；王母娘娘；云华夫人
41	炎帝	皇神农；石年；炎庆甲；神农氏；帝魁；祝融
42	阎王	五道阎罗；阎君；阎门坎；阎魔王；阎罗王；十殿阎罗
43	尧	帝喾；唐尧；陶唐氏；帝尧
44	瑶姬	巫山神女
45	有巢氏	巢父；大巢氏

续表

序号	人物名称	名号/称谓/别称
46	玉皇大帝	玉皇；上帝；老天爷；玉帝；天神；天王
47	灶神	灶王爷；灶王；灶君；灶君菩萨；灶君老爷；穷蝉；灶君公；张灶王；火帝君；九司命真君；九天东厨烟主；护宅天尊；灶君娘娘；火塘神
48	织女	毛衣女；天孙娘娘；天女；东桥；天女娘；收阴；支机女
49	祝融	火神；赤帝；吴回；回禄；黎祖；南火
50	颛顼	高阳氏；黑帝；共工；高王爷；乾荒

依据上述名称映射表，研究进行了面向前述9类资料数字化文本的广泛数据收集，通过“人物名称+关键词”模糊检索和专家泛读的方式，完成了中国神话人物实例数据（字段）的大规模采集。以盘古起源母题数据为例，其在三本书中的信息如图3-6所示。

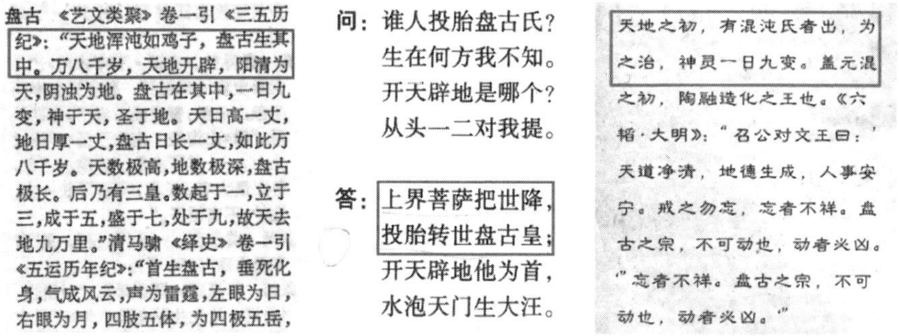

盘古　《艺文类聚》卷一引《三五历纪》：“天地浑沌如鸡子，盘古生其中。万八千岁，天地开辟，阳清为天，阴浊为地。盘古在其中，一日九变，神于天，圣于地。天日高一丈，地日厚一丈，盘古日长一丈，如此万八千岁。天数极高，地数极深，盘古极长。后乃有三皇。数起于一，立于三，成于五，盛于七，处于九，故天去地九万里。”清马骕《绎史》卷一引《五运历年纪》：“首生盘古，垂死化身，气成风云，声为雷霆，左眼为日，右眼为月，四肢五体，为四极五岳，

问：谁人投胎盘古氏？
生在何方我不知。
开天辟地是哪个？
从头一二对我提。

答：上界菩萨把世降，
投胎转世盘古皇；
开天辟地他为首，
水泡天门生大汪。

天地之初，有混沌氏者出，为之治，神灵一日九变。盖元混之初，陶融造化之王也。《六韬·大明》：“召公对文王曰：‘天道净清，地德生成，人事安宁。戒之勿忘，忘者不祥。盘古之宗，不可动也，动者必凶。’忘者不祥。盘古之宗，不可动也，动者必凶。”

（a）《中国神话传说词典》　（b）《壮族神话集成》　（c）《五德终始》之传

图3-6　盘古起源母题数据来源

对于民族、流传地等信息的采集，在中国民间文艺家协会、文化和旅游部、国家民族事务委员会及地方文化部门的主持和引导下，包括《中国民间故事集成》等在内的大部分专著均在文末或文注中标识出了规范、详尽的民族、讲述人、采集人、翻译人和采集地点等信息，为本数据集相关信息的科学、完整收录奠定了坚实基础。民族和流传地信息的采集技术路线如图3-7所示。

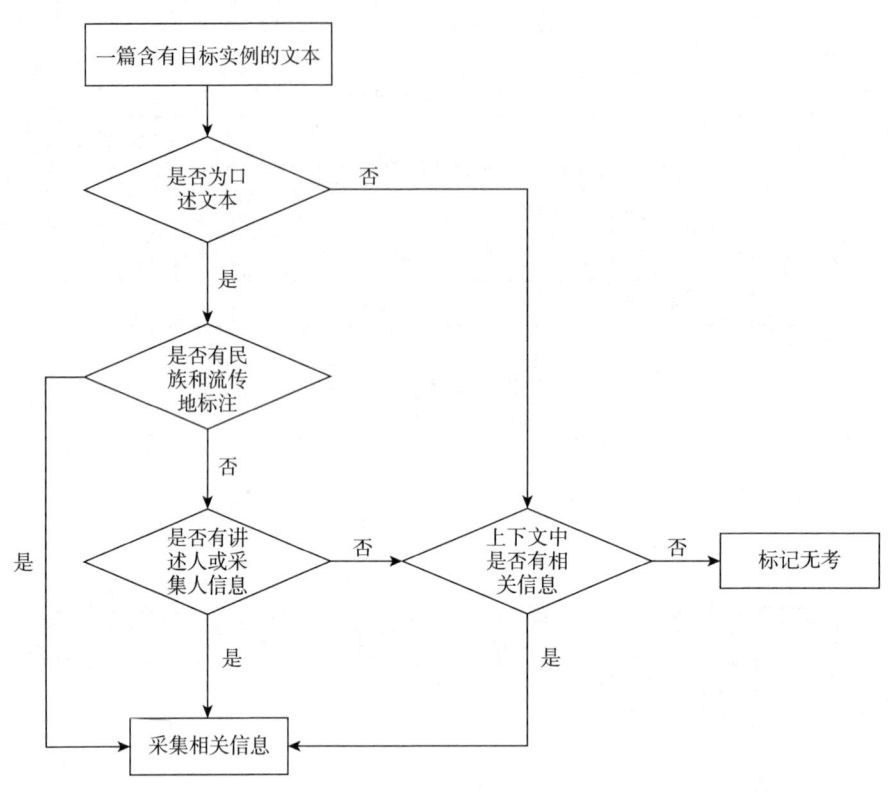

人文社科领域知识图谱研究引论——以中国神话人物大数据为例

图 3-7 民族、流传地信息采集技术路线

通过上述全字段信息的采集和筛选，数据集实现了对 1451 位中国神话人物在多民族、多地区范围内的数据相对完整覆盖，为后续数据的进一步处理和分析提供了可能。

二 基础数据的处理

本数据集元数据共包括 9 字段信息（A—I 列），A 列为神话"人物名称"列，B—E 列为母题描述字段，F—I 列为母题实例相关信息列。

（一）母题描述字段处理

在综合采集常见神话人物起源实例数据的基础上，参考《民间文学母

· 128 ·

第三章 人文社科领域知识图谱构建：以神话人物大数据为例

题索引》[1]、《信息与文献 都柏林核心元数据元素集》（GB/T 25100—2010）[2]、AT 分类法（Aarne-Thompson Classification System）、《中国神话母题 W 编目》[3]、《中国神话人物母题（W0）数据目录》[4]、《中国神话人物母题数据索引》[5] 等叙事类数据结构规范，将本数据集的采集和筛选标准按照"人物产生原因"、"人物产生方式"和"与人物产生有关的其他母题"的树形结构划分为四个层级，详细母题层级结构标准如表 3-4 所示。更为完整、系统的结构参见本书"附录 1 神话人物大数据标准表述模板表"。

表 3-4 神话人物起源母题数据结构

一级母题	二级母题	三级母题	四级母题
A 的产生	A 产生的原因	（空）	A 产生的原因是……
	A 自然存在	（空）	A 自然存在于……
	A 来源于某个地方	（空）	A 来源于……
	A 是造出来的	神造 A	B 造 A
		神性人物造 A	B 造 A
	A 是生育产生的	神生 A	B 生 A
		神性人物生 A	B 生 A
		特定的人生 A	B 生 A
		动植物生 A	B 生 A
		无生命物生 A（自然物生 A）	B 生 A
		卵生 A	B 生 A
		其他特定物生 A	B 生 A
	A 是变化产生的	神变化产生 A	B 变成 A
		神性人物变化产生 A	B 变成 A

---

[1] Thompson S., *Motif-Index of Folk-Literature*（Indiana：Indiana University Press，1960）.
[2] 《信息与文献 都柏林核心元数据元素集》（GB/T 25100—2010），中国标准出版社，2010。
[3] 王宪昭：《中国神话母题 W 编目》，中国社会科学出版社，2013，第 21 页。
[4] 王宪昭：《中国神话人物母题（W0）数据目录》，中国社会科学出版社，2019。
[5] 王宪昭：《中国神话人物母题数据索引》，中国社会科学出版社，2020。

人文社科领域知识图谱研究引论——以中国神话人物大数据为例

续表

一级母题	二级母题	三级母题	四级母题
A 的产生	A 是变化产生的	动植物变化产生 A	B 变成 A
		其他特定物变化产生 A	B 变成 A
	A 是婚生产生的	神婚生 A	B 婚生 A
		神性人物婚生 A	B 婚生 A
		人婚生 A	B 婚生 A
		动植物婚生 A	B 婚生 A
		自然物婚生 A	B 婚生 A
		异类婚生 A	B 婚生 A
		怀孕生 A 的时间	怀孕生出 A 的时间是……
		怀孕生 A 的地点	怀孕生出 A 的地点是……
		怀孕生 A 的结果	怀孕生出 A 的结果是……
	A 是感生产生的	神感生 A	B 感生 A
		神性人物感生 A	B 感生 A
		动植物感生 A	B 感生 A
		其他特定人物感生 A	B 感生 A
		感生 A 的原因	感生 A 的原因是……
		感生 A 的时间	感生 A 的时间是……
		感生 A 的地点	感生 A 的地点是……
		感特定物生 A	B 感 C 生 A
	A 是转生产生的	特定对象转生 A	B 转生 A
		A 转生的原因	A 转生的原因是……
		A 转生的时间	A 转生的时间是……
		A 转生的地点	A 转生的地点是……
	与 A 产生有关的其他母题	A 产生的征兆	A 产生时的征兆是……
		A 产生的时间	A 产生的时间是……
		A 产生的地点	A 产生的地点是……

注：A、B、C 表示特定神话人物或事象，其中 A 为主体神话人物，B、C 为关联神话人物或特定神话事象。

其中，一级母题到三级母题为固定表述，标识了具体实例的所属类型，四级母题是采集实例信息的最终转译，是神话人物叙事的最小有意义

第三章 人文社科领域知识图谱构建：以神话人物大数据为例

单元。各层级母题语义表达含义层层递进，构建起围绕神话人物的完整叙事表述。例如，图3-6（b）中的实例为"上界菩萨把世降，投胎转世盘古皇"，其对应的各级母题数据如表3-5所示。

表3-5 图3-6（b）各层级母题数据示例

一级母题	二级母题	三级母题	四级母题
盘古的产生	盘古是转生产生的	特定对象转生盘古	上界菩萨转生盘古

（二）母题实例相关字段处理

本数据集的母题实例相关字段包括民族、实例描述、流传地和文献出处四项。

民族字段。本数据集的"民族"字段设置旨在满足相应神话资源研究的需要，服务于跨民族对比研究等。民族的判断依据主要为原文本标注或神话讲述人/采录人/翻译人的籍贯身份。对于原文本中没有明确标注的情况，则根据上下文线索进行人工判断和增补。同时，对原文本中的少数民族支系进行了规范，统一归并为56个民族的标准表述，如将"撒尼""阿细""阿哲""罗婺"统一为"彝族"，将"过山瑶""盘古瑶""红头瑶""顶板瑶"统一为"瑶族"，等等。对没有明显标注少数民族信息的汉文字典籍实例，则统一标注为"汉族"。对于流传民族范围较广的、在多民族间得到共同认可的实例表述，则统一标注为"中华民族"。除此之外难以辨析者，均标注"无考"。

实例描述字段。在本数据集从神话文本中提取母题实例的过程中，研究团队旨在实事求是地使用神话材料，以关注神话文本的多样性为宗旨，兼顾了神话文本的异文，主要包括以下几种情况：①流传于不同地区的同一部作品；②不同讲述人讲述的同一部作品；③不同搜集者搜集的同一部作品；④不同出版物收集的表述上有差异的同一部作品。诸如此类，我们在实例描述数据采集过程中选择全部保留，并详注属性数据（包括母题层级、文本、流传民族、采录人、讲述人、文本出处等），最大限度保证每一条数据的完整性，以备日后数据集使用者根据需要寻源讨本。

流传地字段。标注流传地旨在使读者能够从神话流传的空间角度做出审视。信息录入依据为原文本标注、口传文本采集地点或神话讲述人/采录人/翻译人的籍贯信息。同时，根据国家标准《地名信息服务 第1部分：通则》（GB/T 23295.1—2009）[①]，本数据集中的地名字段包括地名专名、标准地名、地名简称、地名别名、现今地名、历史地名等地名基本属性信息，以及相关人物、事件、作品等历史地名文化相关信息，数据集采用"省/直辖市/自治区/特别行政区·地级市/地区/自治州/盟·市辖区/县/县级市/自治县/旗/自治旗/特区/林区"的格式进行规范表述，如"河南省·焦作市·武陟县"。有些古代典籍中的地名与今天的行政区划地名相比已发生很大变化，或已经消失，或考证困难，这种情况直接使用原文表述，不再做对应性标注。难以确定流传地的文本则标注"无考"。

文献出处字段。本数据集采取实例原文来源出版信息全面呈现的形式，针对原作品信息缺失的情况，数据集尽可能核实补充，旨在实现数据集成网络检索的精准定位与神话数据的规范化应用。同一个"实例描述"有时会有两个以上"文献出处"，这类情况或源于不同讲述人，或源于不同采录者，又或源于不同的出版物，具体情况需根据出版物原文比对确定。出处信息的数据规范参照国家标准《信息与文献 参考文献著录规则》（GB/T 7714—2015）[②]以及《中国神话母题W编目》系列丛书规则。

三 基础数据集描述

中国神话人物母题数据库共有32061条数据，分为10个数据子集，分

[①]《地名信息服务 第1部分：通则》（GB/T 23295.1—2009），中国标准出版社，2009。
[②]《信息与文献 参考文献著录规则》（GB/T 7714—2015），中国标准出版社，2015。

第三章　人文社科领域知识图谱构建：以神话人物大数据为例

别为 A 的产生、A 的特征、A 的身份与职能、A 的生活、A 的事迹与经历、A 的关系、A 的名称、A 的死亡与纪念、A 的遗迹与遗俗、A 的其他母题；共涉及 1451 个神话人物，每条数据包含序号、人物名称、一级母题、二级母题、三级母题、四级母题、民族、实例描述、流传地和文献出处 10 个字段。表 3-6 为神话人物起源母题的 4 条样例数据（伏羲、女娲、盘古、雷神）。

四　数据质量控制和评估

数据集的数据质量由现有书籍资料记录的完整性和准确性保证，所涉典籍资料来源广泛、载体完备并具有较高的领域权威性，数据质量良好，可信度高。《中国民间故事集成》《中华民族故事大系》等公开发行的民间文学类丛书对神话人物产生叙事的讲述人、流传地、版本、民族等信息进行了相对统一规范的载录，数据完整、质量控制严格。同时，本研究根据《地名信息服务　第 1 部分：通则》（GB/T 23295.1—2009）和《信息与文献　参考文献著录规则》（GB/T 7714—2015）对文本采录标准字段和地名进行了规范统一。地名标注主要依据神话原文本、口传文本采集地点或神话讲述人/采录人/翻译人的籍贯信息等信息进行标注。有些古代典籍中的地名与今天的行政区划地名相比已发生很大变化，这部分数据通过人工修订和专家复核的方式完成了古今地名的转化，例如处理伏羲的产生地点"成纪"时，既保留了古地名的表述，又标注了其对应的今天的地名，即"成纪（甘肃省·天水市）"。而古籍中的地名现在已经消失或考证困难的，直接使用原文表述，不再做对应性古今地名的标注。例如，黄帝的出生地即保留了原文表述"寿丘"。对于难以确定流传地的文本，标注为"无考"。

在叙事母题字段的确定方面，本数据集在沿用国际通用故事情节类型 AT 分类法的基础上，参照国内神话母题 W 编码进行进一步规范，确定了

表 3-6　中国常见神话人物起源母题数据样例

序号	人物名称	一级母题	二级母题	三级母题	四级母题	民族	实例描述	流传地	文献出处
1	伏羲	伏羲的产生	伏羲是生育产生的	神性人物生伏羲	华胥生伏羲	汉族	华胥在防风的脚印里跑了一圈，怀孕生下伏羲	浙江省·湖州市·德清县	《大禹找防风》，见中国民间文学集成全国编辑委员会编《中国民间故事集成》（浙江卷），中国ISBN中心1997年版，第68～69页
2	女娲	女娲的产生	女娲是变化产生的	动植物变化产生女娲	蛇族兄妹中的妹妹变成女娲	汉族	蛇族兄妹修炼自身，妹妹修炼成人头人身的女娲	广东省·湛江市·坡头区	《女娲与海龟》，见中国民间文学集成全国编辑委员会编《中国民间故事集成》（广东卷），中国ISBN中心2006年版，第4页
3	盘古	盘古的产生	盘古是生育产生的	神生盘古	土地神生盘古	毛南族	盘古是土地神的子孙	广西壮族自治区·河池市·环江毛南族自治县	《盘古的传说》，见姚宝瑄主编《中国各民族神话》（土家族、毛南族、侗族、瑶族），书海出版社2014年版，第45页
4	雷神	雷神的产生	雷神是婚生产生的	人婚生雷神	一对男女婚生雷公	苗族	引雄和妮仰婚后，妮仰吃了牛头和虎爪，生雷公	广西壮族自治区·柳州市·融水苗族自治县	《创世记》，见谷德明编《中国少数民族神话》，中国民间文艺出版社1987年版，第545页

第三章　人文社科领域知识图谱构建：以神话人物大数据为例

四级母题录入格式，保证了叙事内容的完全覆盖和叙事结构的合理完备，确保了核心数据的本土性、科学性和高可用性。在数据录入和修正环节，经过多轮人工校验，数据确认无误，数据的存储与管理符合领域标准规范。

五　数据使用方法和建议

主流的编程语言均可调用相关函数库读写本数据集，实现数据的处理和分析。本数据集为研究中国各民族精神文化内涵、进行跨地区文化研究、创新中华传统文化多维度分析以及助力国家和地方文化部门战略决策等提供了数据基础。同时，也为传统文化创意产业、与神话有关的文化旅游、相关数据平台建设等提供直接数据服务，并进一步服务于民众文化常识的普及和中华文化自信的提升。本数据集数据准确全面，可供多层次用户进行相应的内容参考、案例分析和数据定量定性研究。

本书所谈及的知识图谱构建便可利用本数据集进行中国神话领域知识图谱的开发，辅助研究者完成深层次知识挖掘与分析，完成从"数据服务"到"知识服务"的功能提升。

第四节　神话人物知识抽取与知识挖掘

知识图谱构建过程中的知识抽取主要指从各种类型的数据源中提取出实体（概念）、属性以及实体间的相互关系，并在此基础上形成本体化的知识表达。针对神话人物知识而言，主要包括以下几个方面：①神话人物产生的知识；②关于神话人物存在与功能的知识；③神话人物的社会关系知识；④与神话人物相关的其他文化知识，包括非物质文化和物质文化的产生等；⑤建构神话人物基础上的其他生产生活知识。神话

人文社科领域知识图谱研究引论——以中国神话人物大数据为例

人物知识的抽取过程，就是将上述各类型知识进行抽象和本体化表达的过程。

一 基于 BiLSTM-CRF 的人物实体识别与抽取

命名实体识别（Name Entity Recognition，NER）又称作专名识别，是自然语言处理中的一项基础任务，应用范围非常广泛。命名实体一般指文本中具有特定意义或者指代性强的实体，通常包括人名、地名、组织机构名、日期时间、专有名词等。NER 系统就是从非结构化的输入文本中抽取出上述实体，并且可以按照实际需求识别出更多类别的实体，比如人物名称、时间信息、地理信息等。因此，实体这个概念可以很广泛，只要是研究或业务需要的特殊文本片段都可以称为实体。

应用于 NER 中的 BiLSTM-CRF 模型主要由 Embedding 层（主要有词向量、字向量以及一些额外特征）、双向 LSTM 层以及最后的 CRF 层构成。实验结果表明，BiLSTM-CRF 已经赶上甚至超过了基于丰富特征的 CRF 模型，成为目前基于深度学习的 NER 方法中的最主流模型。在特征方面，该模型继承了深度学习方法的优势，无需特征工程，使用词向量以及字向量就可以达到很好的效果，如果有高质量的词典特征还能够获得进一步提高。本研究即采用了 BiLSTM-CRF 模型尝试对神话人物的实体进行识别与抽取，模型结构详见图 3-8。

双向 LSTM 的基本思想就是对每一个训练序列分别作用一个向前和向后的 LSTM 网络，并且它们连接着同一个输出层，这样的一种网络结构可以给输出层提供每一个序列点完整的上下文信息，并且经过 CRF 有效地考虑了序列前后的标签信息。由图 3-8 可以看出，BERT-BiLSTM-CRF 命名实体识别模型是通过使用 BERT 模型作为特征表示层加入到双向 LSTM 模型中的。BiLSTM 获取句子表示的过程可以用以下算法描述。

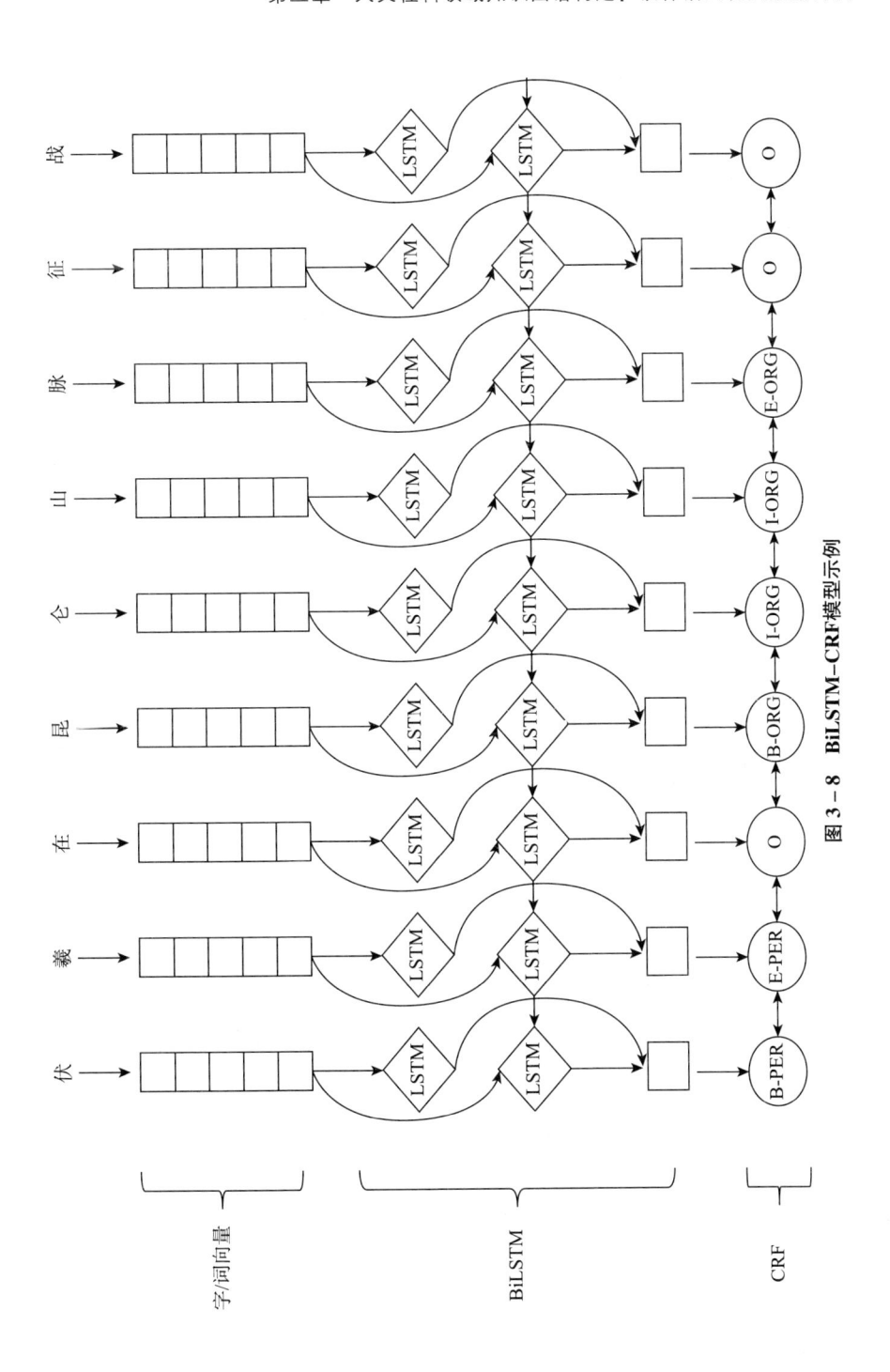

第三章 人文社科领域知识图谱构建：以神话人物大数据为例

图 3-8 BiLSTM-CRF模型示例

算法　BiLSTM 获取句子表示

输入：分词结果、词向量、前向 LSTM 输出的前文信息向量、后向 LSTM 输出的后文信息向量

输出：句子表示向量 o_t

Step1　将分词后的序列输入 BERT 特征表示层，得到句子的向量表示。

Step2　对于句子中的每个词语 W_i，将其词向量 $e_i(W_i)$ 输入到 BiLSTM 网络中，计算当前状态隐藏层的值。

更新输入门：$i_t = \sigma(W_{xi}x_t + W_{hi}h_{t-1} + W_{ci}C_{t-1} + b_i)$

更新遗忘门：$f_t = \sigma(W_{xf}x_t + W_{hf}h_{t-1} + W_{cf}C_{t-1} + b_f)$

更新输出门：$o_t = \sigma(W_{xo}x_t + W_{ho}h_{t-1} + W_{co}C_{t-1} + b_o)$

计算记忆单元的值：$C_t = f_t C_{t-1} + i_t \tanh(W_{xC}x_t + W_{hC}h_{t-1} + b_C)$

计算 t 时刻隐藏层的值：$h_t = o_t \tanh(C_t)$。

Step3　将前向信息向量与后向信息向量按位拼接，得到句子表示 $h_t = [\vec{h_t}; \overleftarrow{h_t}]$。

为验证所提模型的有效性，本书选取了部分民族伏羲女娲文本语料作为实验研究对象，将该部分语料进行了分词处理，标注了神话人物名称、流传地、民族等信息。研究采用三元标记集 {B, I, O}，B 表示 Begin，为目标短语的开头，I 代表 Inside，是目标的短语的中间；O 则表示不为目标短语。神话人物名称记为 PER，神话人物名称的开始记为 B-PER；流传地记为 LOC，流传地名称的开始记为 B-LOC；民族记为 NAT，民族名称的开始记为 B-NAT。在实验中，以 97% 的数据作为训练集，以 3% 的数据作为测试集，训练集与测试集的信息统计如表 3-7 所示。

表 3-7　部分伏羲女娲神话文本语料数据统计

	字数	LOC	PER	NAT
训练集	31944544	12471	22665	52118

续表

	字数	LOC	PER	NAT
测试集	660970	2770	4408	11228

对每一类命名实体分别采用准确率（Precision，P）、召回率（Recall，R）以及调和平均数 F1 值（F1-score）作为模型性能的评价标准。定义如下：

$$P = \frac{TP①}{TP+FP②}$$

$$R = \frac{TP}{TP+FN③}$$

$$F1 = \frac{2 \times P \times R}{P + R} \times 100\%$$

研究涉及模型采用 Tensorflow 进行搭建。Tensorflow 是由谷歌人工智能团队开发的深度学习框架，被广泛应用于各类机器学习算法的实现。实验参数设置如下：输入维度 seq_length 为 128，训练集的 $batch\_size$ 为 64，测试集的 $batch\_size$ 为 8，训练学习率为 2×10^{-5}。为了防止训练中出现梯度爆炸，使用梯度夹子（Gradient Clipping）技术并设置参数为 5，使用 dropout 技术来防止过拟合，值设为 0.5。

运用该模型的结构证明，相比于 BiLSTM 和 CNN，基于 Transformer 的 BERT 模型具有更强的特征提取能力，这与 Transformer 中的自注意力机制选择信息特征的能力有着密不可分的关系，使得本研究模型的性能有更好的表现。

二 基于深度学习的神话人物关系抽取

关系抽取（Relation Extraction，RE）是信息抽取（Information Extrac-

---

① TP（Ture Positives）：被正确识别为实体的真实实体数量。
② FP（False Positives）：被错误识别为实体的非实体数量。
③ FN（False Negatives）：未被识别为实体但实际为实体的实体数量。

tion，IE）中的一个重要子任务。信息抽取（IE）是自然语言处理的一个任务，它涉及信息结构化的提取，可以在简单的非结构化文本中轻松地被机器或程序所理解。由于神话人物相关信息以文本的形式拥有大量的数据，因此一定程度上引入 IE 系统将对大规模的文本信息处理起到非常重要的作用。IE 系统可以从大量的文本中提取有意义的信息，一定程度上补充了神话人物关系的数量和种类，以便基于此进行后续信息检索和智能问答应用的开发。但神话文本的数据源文类复杂，且古文献、手抄本繁多，所以该方法目前只适用于部分完成了高数字化的现代文本数据。因此，本小节仅做理论方面的阐释，其实际应用成效和普及率尚待进一步验证。

基于深度学习的神话人物关系抽取框架由输入预处理、数据表示、网络模型学习 3 个部分组成。每一部分的输出作为下一部分的输入。在输入预处理部分，将整个文本句子或者该句子的特定范围作为神经网络的输入，并使用自然语言处理工具获取数据的显式特征；在数据表示部分，获取上述输入对应的低维向量表示；在网络模型学习部分，针对之前的输入范围和特征信息，设计网络模型，获取句子或者句包的表示，并根据训练数据进行模型的学习。

基于深度学习的关系抽取的主要思想是选择样本中的特定输入信息并设计合理的网络结构，将所要进行抽取的样本转换成独特的向量表示来进行关系抽取。其中，有监督的关系抽取学习的是句子的表示，远程监督的关系抽取学习的是句包的表示。因此，远程监督的关系抽取还要设计特定的方法将句子的表示转换成句包的表示。

考虑到时间成本和标准训练效果，这里拟采用深度学习+人工方式进行神话人物数据的知识抽取。

三 神话人物关系抽取与组织模式

基于人工抽取的神话人物关系组织模式详见表 3-8。

第三章　人文社科领域知识图谱构建：以神话人物大数据为例

表 3-8　神话人物关系组织模式

关系大类	关系细类
人物属性	别称、参悟、称谓、得名于、技能、能力、身份、属族、姓名、姓氏、驯养、职能、族属
体征	综合体征、头部特征、耳特征、口特征、身体特征、身高、性格、性别、面部特征、眼特征、四肢特征、鼻特征、眉特征、皮肤特征、衣服、手臂特征、腿部特征
事迹	开天地点、开天工具、事迹、造人材料、治水方法
时间	产生时间、祭祀时间
地点	补天地点、产生地点、出行地点、感生地点、活动于、祭祀地点、建都地点、建国地点、结婚地点、居所、居于、来源于、死亡地点、遗迹地点、游历、葬于、造人地点、征战地点、治水地点
创世关系	创造、命名、制定、产生、感生、化生、婚生、卵生、生、转生
血缘关系	繁衍、父母、父女、父子、后代、姐弟、姐妹、舅甥、母女、母子、叔侄、同源、同族、兄弟、兄妹、姨甥、祖孙、祖先、曾祖孙
非血缘社会关系	抚养、配偶、朋友、师徒、通婚、同居、同时期、晚于、翁婿、先于
生产生活关系	坐骑、迁徙、发现、食物、宝物、获得、工具
业缘关系	使用、从属、管理、传位、册封、学艺于、同门、命令
良性社会关系	帮助、教授、授宝、提点、救助、供奉、劝婚、拜访、陪伴
对抗性关系	敌对、争斗、偷盗、武器、杀
文化关系	祭祀、象征、图腾、遗俗有关、原型、祭祀类型、坟墓类型、崇拜、融合、五行、共祭、遗迹

在神话人物大数据知识图谱平台建设的过程中，三元组的提取与形成是一项基础性的工作，本书以流传时间长、流传地域广、涉及流传民族多的神话人物伏羲为例，展现三元组抽取的过程和呈现模式，这亦可作为神话人物知识图谱分析的基础数据，详见本书"附录 2　神话人物伏羲数据三元组提取与呈现示例"。

第四章
中国神话数据库平台开发与应用

中国神话数据库平台以中国各民族神话文本为基础，兼及古今文献神话、口传神话、文物神话、民俗活态神话等多种神话资源。可以通过这个平台中的多类型神话数据支撑神话知识图谱的生成与分析。

第一节 中国神话数据库平台的设计理念

研究基于本书前文所及理论与实践基础，尝试构建了中国神话数据库平台（Chinese Mythology Database），该平台作为面向中国多民族神话研究的特色科学数据库平台，是开拓人文社会科学与自然科学数据对话渠道、创设对标国际高水平人文社会科学数据库的重要尝试。平台以中国神话领域数据资源汇聚、整合、管理、共享、运行和服务为交互机制，以全面整合中国神话资源、构建中国神话知识图谱、不断探索平台综合运用、为中国神话开拓更广阔的实践空间为宗旨，致力为赓续中华优秀传统文化、铸牢中华民族共同体意识探寻有力的支撑。

中国神话数据库平台建设立足于文化强国战略以及《"十四五"文化产业发展规划》《关于推进实施国家文化数字化战略的意见》，以中国神话数据研究团队在神话学领域长期的数据积累和研究成果为基础,依托中国科学院计算机网络信息中心的技术环境和科研团队,联合中国社会科学院民族文学研究所和中央民族大学等研究团队的数据基础和前沿技术力量,将科学数据库标准规范和软件工具引入人文社科研究领域。平台力求合理运用技术手段,对多元异构的中国多民族神话叙事资源进行有效整合与集成,进而形成覆盖规模广、融合程度高、高效辅助科研机构和服务全民文化生活的神话特色科学数据集合,构建一站式数据公共服务平台。

中国神话数据库平台不仅构建了神话学内部数据资源高效管理体系,亦尝试实现跨学科外部数据资源之间的共通共享,旨在为计算机科学、数据学、人类学、民俗学、民族学、文学等多领域学科的科研创新提供数据支撑和方法论支持,提升相关学科数据资源的共享开放水平,催生更多跨学科研究成果,从而稳步提升中国本土特色文化数据的国际影响力。

第二节　中国神话数据库平台的资料来源与生成

中国神话数据库平台整合中国 56 个民族散布在古文献、碑刻、图像、史诗、口传文本和田野中的神话叙事资料,运用类型学、母题学、叙事学等学科的理论方法完成相关数据的处理与汇总,经过数据标准化处理后,形成包括综合型创世神话数据库、神话人物数据库、人类起源神话数据库、自然秩序与自然现象神话数据库、社会现象与社会秩序神话数据库等在内的十大基本数据库（分批次更新完善）。平台采用学科领域公认的国际标准、国家标准、行业标准等内容标准或技术规范,数据标准文档与数据同时发布,建立数据质量控制机制,确保数据的正确性、完整性、一致性和有效性。目前,平台共收录流传于中国 56 个民族中的相关神话人物 1451 位、神话书籍 1200 本、神话文本 11000 篇,神话流传区域覆盖 21 个省、89个市、380个区县。各项数据将根据平台分期开放情况不断更新调整，数据库始终坚持持续运行机制和数据共享制度，以期开拓可持续的中国神话数据开放共享新空间。

第三节 中国神话数据库平台的功能架构

平台功能架构包含首页、知识导航、资源库、知识图谱、知识发现，共五大门类，具体结构如图4-1所示。平台以《中国神话母题W编目》[①]为参考，提取出不同时代、不同地区和不同民族神话中的"神的起源、灾难与战争、文化起源、社会现象起源、动植物起源、世界万物起源、人类起源、自然现象起源、婚姻与爱情、其他神话"十大类型母题，以此为索引展示中国多民族神话间的系统性关联。平台通过母题学、叙事学和类型学等方法实现了从"文本到数据"的突破，初步形成了相对完整的中国神话体系结构。与此同时，平台以流传于中国56个民族中的文献神话、口头神话、文物神话、民俗神话作为横向展示门类，各门类下以中国多民族神话人物作为展示的主体和核心，围绕神话人物设置"神话人物信息速览罗盘、一站式检索框、神话人物图像滚动条、神话大数据图谱"等多种类型的数据检索模块，实现了神话数据点面映射、散聚互照、图文结合的多维检索模式。

平台作为神话专题特色数据库，坚持以"数据的科学性、结构的系统性、结论的学术性、使用的便捷性"为宗旨，拟采取分期推进的方式进行数据更新完善，第一期数据以神话人物为切入点，建构出中国常见50位神话人物的基础线性数据和网状基本关系数据、1451位神话人物的基础线性数据，并进行了神话人物知识图谱的构建。平台希冀助力研究者，在跨民

---

① 王宪昭：《中国神话母题W编目》，中国社会科学出版社，2013。

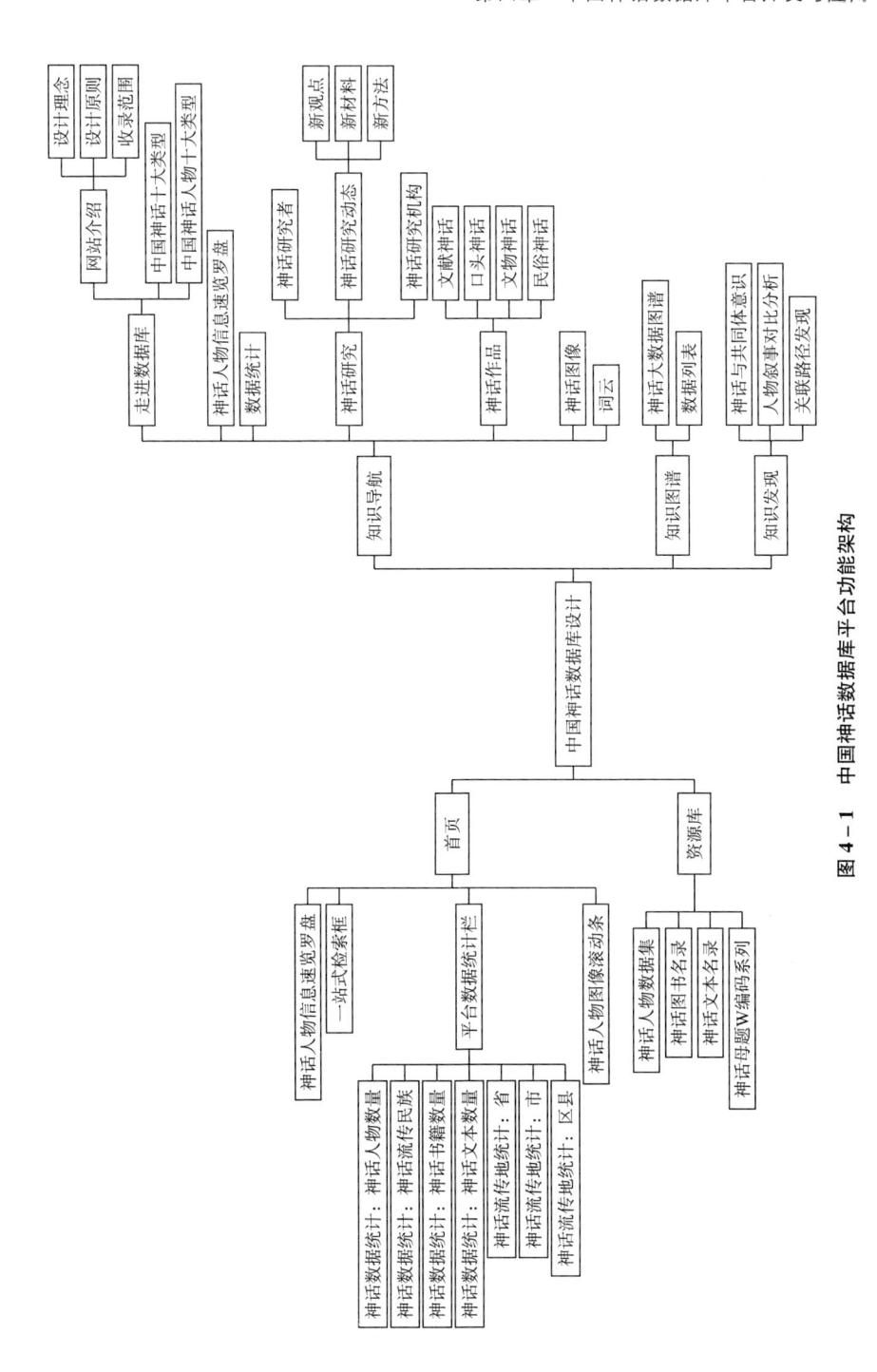

第四章 中国神话数据库平台开发与应用

图 4-1 中国神话数据库平台功能架构

族、跨区域视域下，实现特定或多个神话的人文比较研究。

在此基础上，平台未来将分步骤全面推进开发"神话研究""神话作品""神话图像""神话知识图谱""神话知识发现"等大数据分析功能。平台将持续着力呈现和深度挖掘具有鲜明中国特色的优秀神话文本资源，关注中国神话资源的创造性转化和创新性发展，全面实现人文社科大数据研究平台的创新性探索。

第四节　中国神话数据库平台功能[①]

一　平台登录与统一认证

为满足不同使用群体实际需求，网站提供了多样化的登录方式，默认为科技云统一认证。用户进入中国神话数据库平台（http://myth.scidb.cn/）首页，点击右上角图标，如图4-2所示。随后，使用者进入登录页面，如

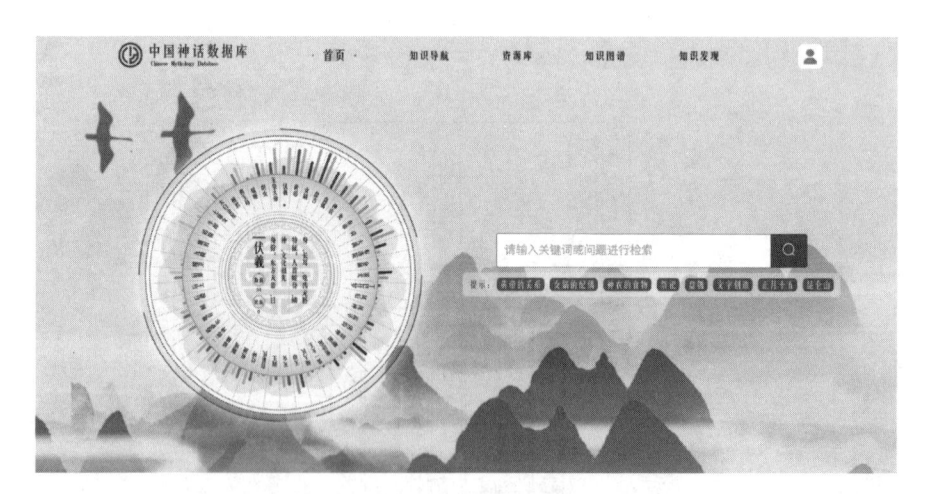

图4-2　中国神话数据库平台登录示意1

[①] 图片样例仅用于操作流程参考，具体以平台实时更新数据为准。

第四章　中国神话数据库平台开发与应用

图 4-3 所示。后续平台将陆续上线短信、微信、QQ、二维码注册等多种样式的登录方式。

图 4-3　中国神话数据库平台登录示意 2

二　首页

网站的整体 UI（User Interface）设计风格采用了中国传统水墨风格，如图 4-4 所示。中国神话数据库首页共包含四个主要功能项：神话人物信息速览罗盘，见图 4-4①；一站式检索框，见图 4-4②；平台数据统计栏，见图 4-4③；神话人物图像滚动条，见图 4-4④。操作说明如下。

（一）神话人物信息速览罗盘

"神话人物信息速览罗盘"由内圈层、中圈层、外圈层三个主要圈层组成（见图 4-5）。中圈层是中国神话中常见的 50 位神话人物的名称，用户将鼠标悬停于特定神话人物名称处，罗盘内圈层将显示出与所选神话人物对应的属性数据。以盘古为例，点击中圈层"盘古"，罗盘内圈层便出现相关的信息，包括与盘古有关的数据总量、盘古数据覆盖的民族数、盘

人文社科领域知识图谱研究引论——以中国神话人物大数据为例

图 4-4　中国神话数据库平台主页示意

古的身份信息简述、盘古相应特征的关键词。外圈层是神话人物的数据条，数据条的长度与该神话人物在平台中的数据存量成正比。

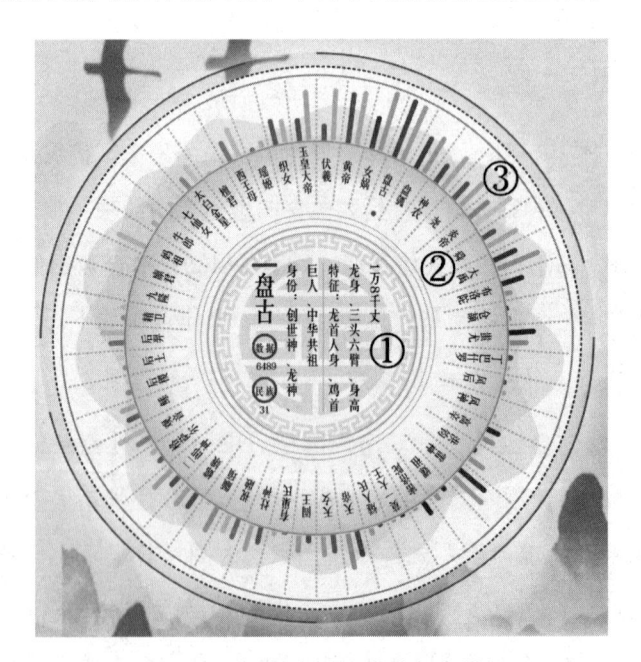

图 4-5　神话人物信息速览罗盘样例

· 148 ·

第四章　中国神话数据库平台开发与应用

（二）一站式检索框

网站首页的核心功能为一站式检索，如图4-6所示，旨在为用户提供快速、便捷、多样的检索服务。底层数据完成了对一级母题、二级母题、三级母题和四级母题涉及全文的知识碎片化处理，同时通过ES检索的方式完成了对相应信息的直接检索和发现。用户可根据自身信息需求，在检索框中输入关键词或具体问题进行检索，页面将跳转至相应数据的下载页面，检索框下方示例词条用作检索信息程式的相关提示。

图4-6　平台首页一站式检索框样例

一站式检索支持的检索类型包括以下两种。

第一种，关键词检索。用户可在一站式检索框内输入相应的关键词进行检索。

a. 在检索框内输入关键词"黄帝"，相应下拉框内会出现与神话人物"黄帝"相关的信息，见图4-7。用户点击"黄帝"并进行检索，页面跳转至神话人物知识树页面，如图4-8所示。

b. 用户可根据需求点击知识树上相应信息按钮，跳转至相关数据下载页面，如在黄帝知识树上点击"祖先"，跳转至数据下载页面，如图4-9所示。

c. 数据下载页面设有"民族"筛选下拉框和"流传地"筛选下拉框，如图4-10和图4-11所示，用户可根据需求在筛选下拉框内快速精准地筛选出相应信息。

d. 在"民族"下拉框内选择"中华民族"，在"流传地"下拉框内选

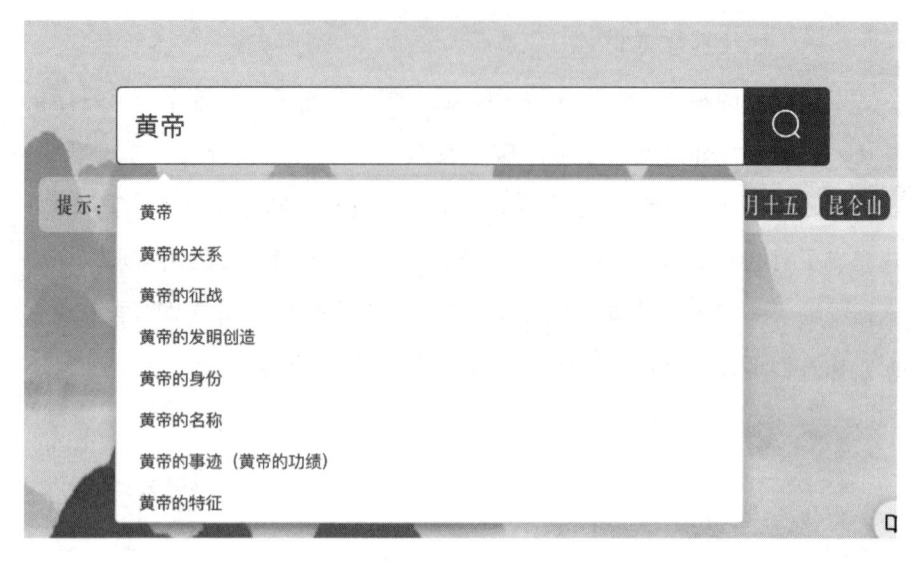

人文社科领域知识图谱研究引论——以中国神话人物大数据为例

图 4-7 关键词检索"黄帝"示意

图 4-8 关键词检索"黄帝"跳转页面示意

第四章　中国神话数据库平台开发与应用

图 4-9　关键词检索、筛选数据下载页面示意

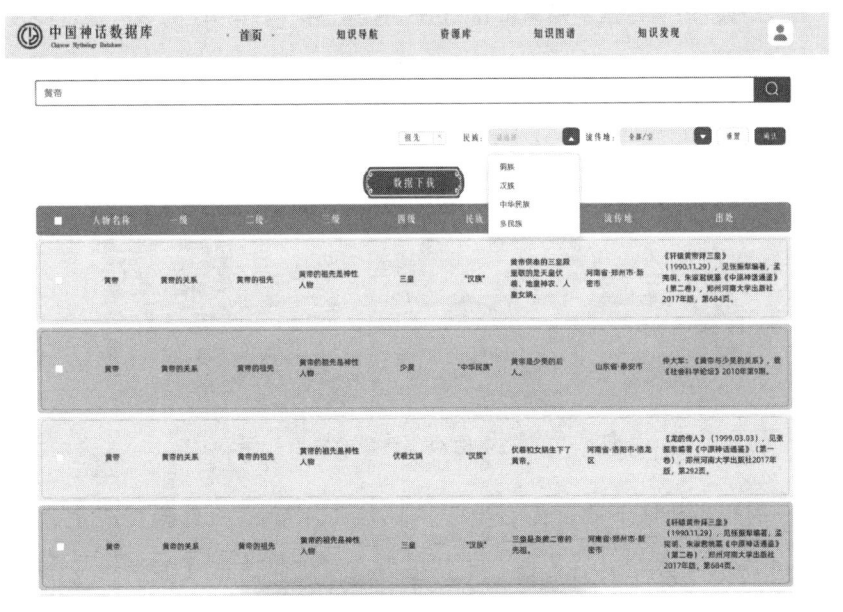

图 4-10　关键词检索跳转页面"民族"下拉框示意

人文社科领域知识图谱研究引论——以中国神话人物大数据为例

图 4-11 关键词检索跳转页面"流传地"下拉框示意

择"山东省",即可快速筛选出流传于山东省的在中华民族中得到高度认同的黄帝是祖先的相关神话数据,用户可根据需求勾选相应数据并点击"数据下载",一键获取相关数据。

第二种,短语检索。用户可在一站式检索框内输入相应的短语进行检索。

a. 在一站式检索框输入"黄帝的关系",如图 4-12 所示,点击检索,跳转至数据下载页面,如图 4-13 所示。

图 4-12 短语检索"黄帝的关系"示意

b. 用户在数据下载页面右上方"民族"下拉框内选择相应信息(如图 4-14 所示)或在"流传地"下拉框内选择相应信息(如图 4-15 所示)均可对数据的范围进行快速筛选锁定。

c. 在民族下拉框内选定"中华民族",流传地选择"山东省",即可

图 4-13 短语检索"黄帝的关系"跳转页面示意

图 4-14 短语检索跳转页面"民族"下拉框示意

快速锁定相应信息。勾选所需信息，点击"数据下载"即可一键获取相关数据，如图 4-16 所示。

(三) 平台数据统计栏

平台数据统计栏（如图 4-17 所示）是对平台收录信息数据的直观展示，

· 153 ·

人文社科领域知识图谱研究引论——以中国神话人物大数据为例

图 4-15　短语检索跳转页面"流动地"下拉框示意

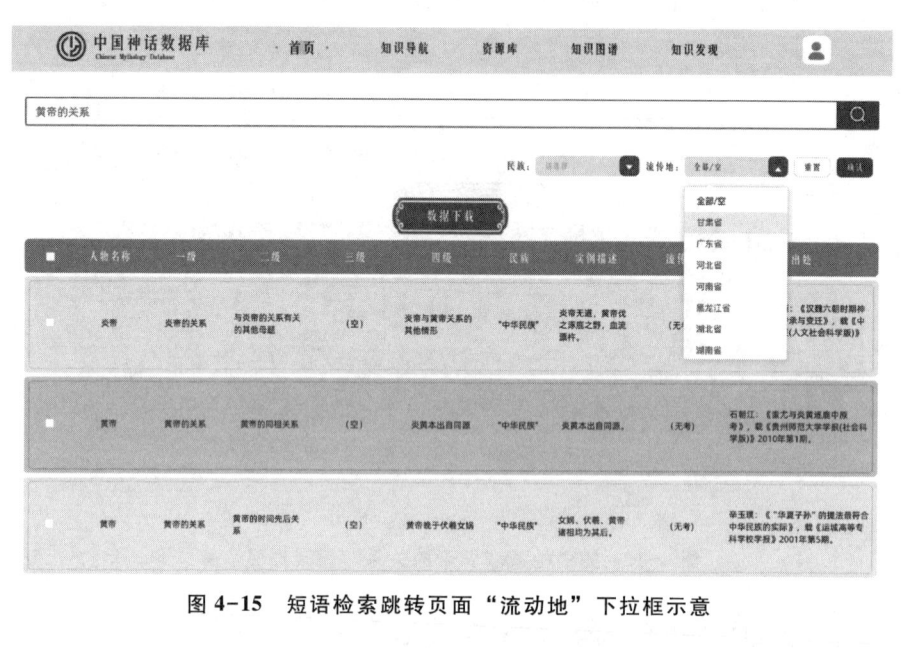

图 4-16　短语检索、筛选数据下载页面示意图

包含平台收录的神话人物数量、神话流传民族覆盖数量、收录书籍数量、收录文本数量以及收录神话的流传区域，数据详尽至"省""市""区县"。

第四章　中国神话数据库平台开发与应用

图 4-17　平台数据统计栏示意

（四）神话人物图像滚动条

神话人物图像滚动条（如图 4-18 所示）集中展示了中国神话中常见的 50 位神话人物的图像，用户点选人物图片即可快速跳转至相关神话人物数据下载页面。以仓颉为例，点击仓颉的图像即跳转至仓颉数据下载页面，如图 4-19 所示。

图 4-18　神话人物图像滚动条示意

图 4-19　"仓颉"数据下载页面示意

· 155 ·

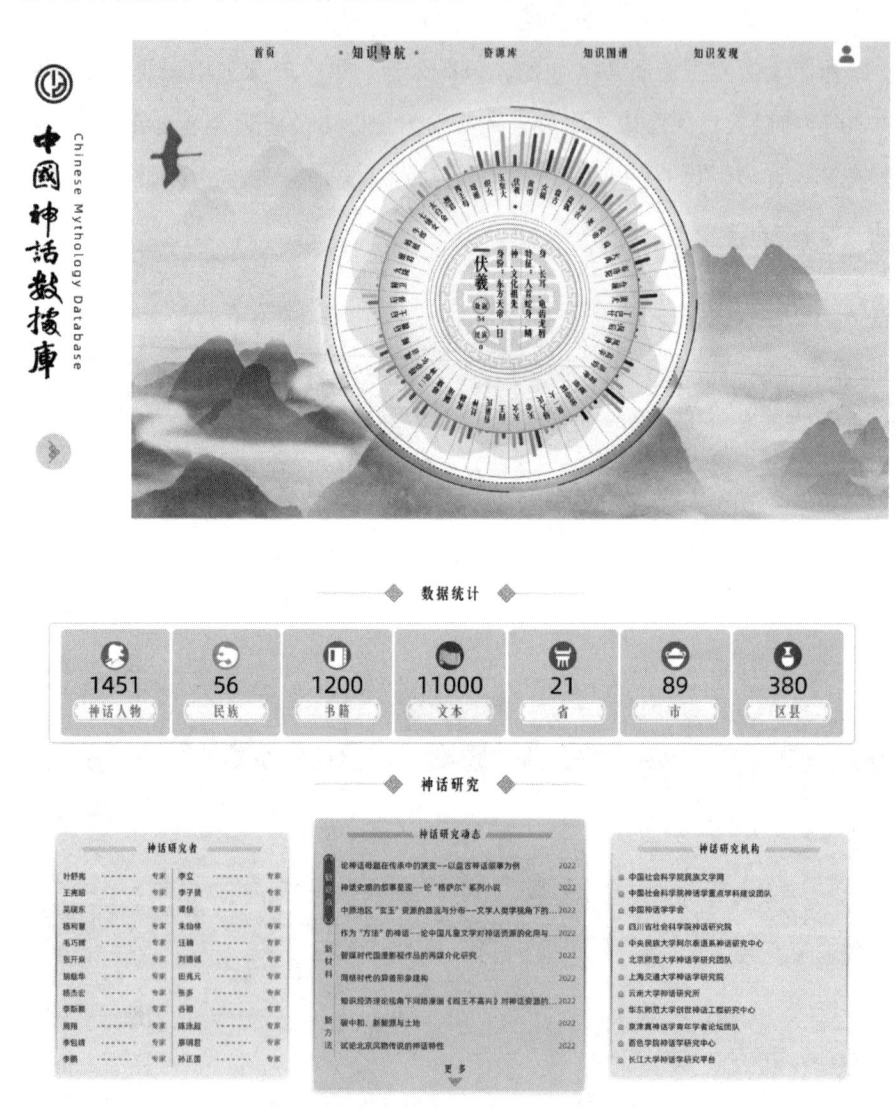

人文社科领域知识图谱研究引论——以中国神话人物大数据为例

三　知识导航

中国神话数据库"知识导航"页面（如图4-20所示）由"走进数据库""数据统计""神话研究""神话作品""神话图像""词云"六个功能项共同组成。本页面操作指引如下。

· 156 ·

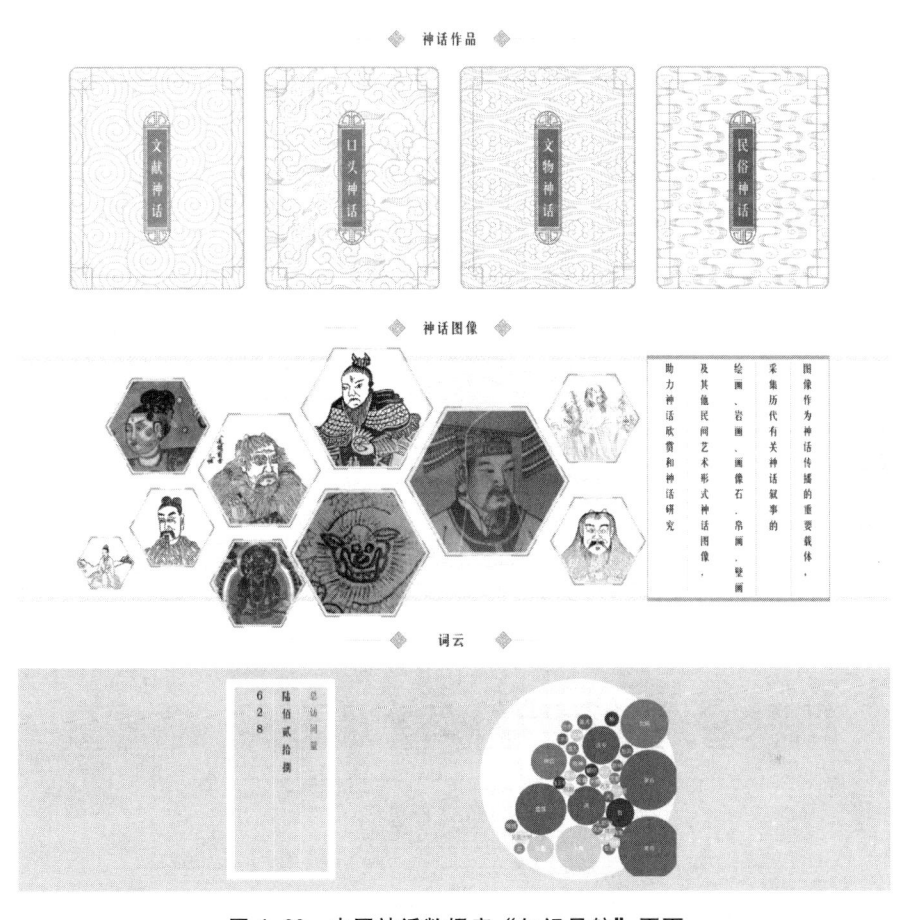

图 4-20　中国神话数据库"知识导航"页面

(一)"走进数据库"交互功能项

用户点击知识导航页面左下方按钮，页面交互出"走进数据库"按钮，如图 4-21 所示。点击"走进数据库"，跳转至"走进数据库"页面，如图 4-22 所示。

"走进数据库"页面包括"网站介绍"、"中国神话十大类型"和"中国神话人物十大类型"三个功能项。用户可在此页面系统、详细地了解中国神话的母题类型。

人文社科领域知识图谱研究引论——以中国神话人物大数据为例

图 4-21 "走进数据库"交互页面

A的产生	A的特征	A的身份与职能	A的生活	A的事迹与经历
其他相关母题	其他相关母题	其他相关母题	其他相关母题	其他相关母题
A是转生的	A具有特定能力	A的职能	A生活区域	A事迹研究
A是感生的	A的性格特征	A的身份归属	A的生活方式	A的特定经历
A是婚生的	A的其他特征	A其他特定身份	A生活的时代	A征战
A是变化产生的	A性别特征	A是特定的人	A的用品	A其他事迹
A是生育产生的	A身体特征	A是首领	A的出行	A教人
A是造出来的	A头部特征	A是其他特定神性人物	A的居所	A创作其他特定物
A来源于某个地方	A的综合体征	A的综合体征	A的饮食	A创造非物质文化
A自然存在	特征的产生	特征的产生	A的服饰	A创造物质文化
A的产生	A的特征	A的特征	A的成长	A创世
			A的生活	

神话人物A的十大类别

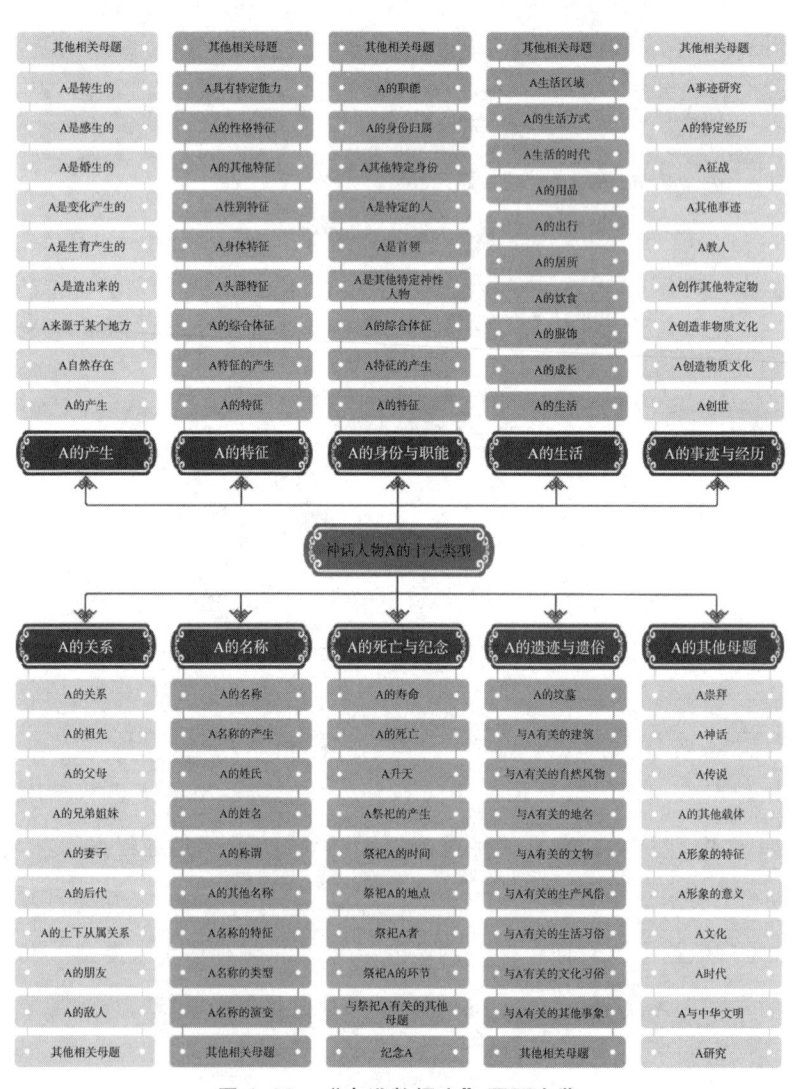

A的关系	A的名称	A的死亡与纪念	A的遗迹与遗俗	A的其他母题
A的关系	A的名称	A的寿命	A的纹章	A崇拜
A的祖先	A名称的产生	A的死亡	与A有关的建筑	A神话
A的父母	A的姓氏	A升天	与A有关的自然风物	A传说
A的兄弟姐妹	A的姓名	A祭祀的产生	与A有关的地名	A的其他载体
A的妻子	A的称谓	祭祀A的时间	与A有关的文物	A形象的特征
A的后代	A的其他名称	祭祀A的地点	与A有关的生产风俗	A形象的意义
A的上下从属关系	A名称的特征	祭祀A者	与A有关的生活习俗	A文化
A的朋友	A名称的类型	祭祀A的环节	与A有关的文化习俗	A时代
A的敌人	A名称的演变	与祭祀A有关的其他母题	与A有关的其他事象	A与中华文明
其他相关母题	其他相关母题	纪念A	其他相关母题	A研究

图 4-22 "走进数据库"页面全览

· 158 ·

第四章　中国神话数据库平台开发与应用

（二）"神话研究"栏目

"神话研究"栏目主要包括"神话研究者"、"神话研究动态"和"神话研究机构"三个模块，如图4-23所示。用户点击该部分相应内容即可跳转至初始网站页面查看相关信息，了解最新的神话研究动态。

图4-23　知识导航页面"神话研究"栏目示意

（三）"神话作品"栏目

神话作品集结了"文献""口头""文物""民俗"四种形式的神话作品，用户点击任意卡片，相应卡片颜色变深，内容点选成功后，页面跳转至相应链接，该功能拟于平台建设二期对公众开放，详见图4-24。

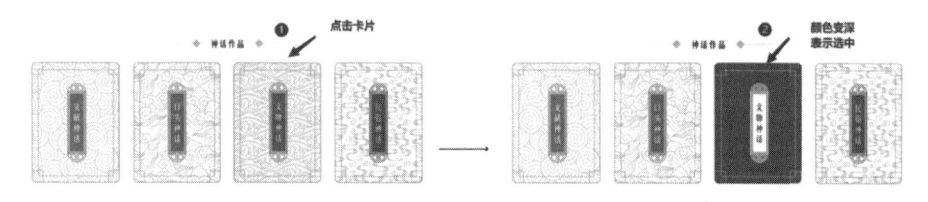

图4-24　知识导航页面"神话作品"栏目示意

（四）"神话图像"栏目

在"神话图像"栏目内点击任意神话人物图像，跳转至"神话人物知识树"页面，如点击神话人物黄帝的图像，如图4-25所示，页面跳转至

· 159 ·

人文社科领域知识图谱研究引论——以中国神话人物大数据为例

神话人物（黄帝）知识树页面，如图4-26所示。"神话人物知识树"页面包含特定神话人物"树状图"、"基本描述"和"关联人物推荐"。

图4-25 知识导航页面"神话图像"栏目示意

①神话人物"树状图"是与神话人物A[①]有关的十大类型神话母题，包括A的"产生""特征""生活""名称""关系""身份与职能""事迹与经历""遗迹与遗俗""死亡与纪念""其他"。用户可根据需要在树状图内点击任意内容，自动跳转至相关"数据下载"页面。

②"基本描述"是对神话人物A的相关数据的摘要性提示，用户可根据该提示搜索相关信息。

③"关联人物推荐"是神话人物关系知识图谱的简略提示，用户根据相关推荐提示，可进入"知识图谱"页面进行检索，"知识图谱"页面提供更详细、精准的数据搜索和下载服务（详细操作流程参见本章第五节"四　知识图谱平台功能操作"）。

（五）"词云"栏目

"词云"栏目（如图4-27所示）是对平台相关数据的动态实时统计显示，包括平台访问量和平台数据量的提示，用户可在此直观了解到平台相关数据的实时变化。

---

① A表示主体神话人物。

第四章　中国神话数据库平台开发与应用

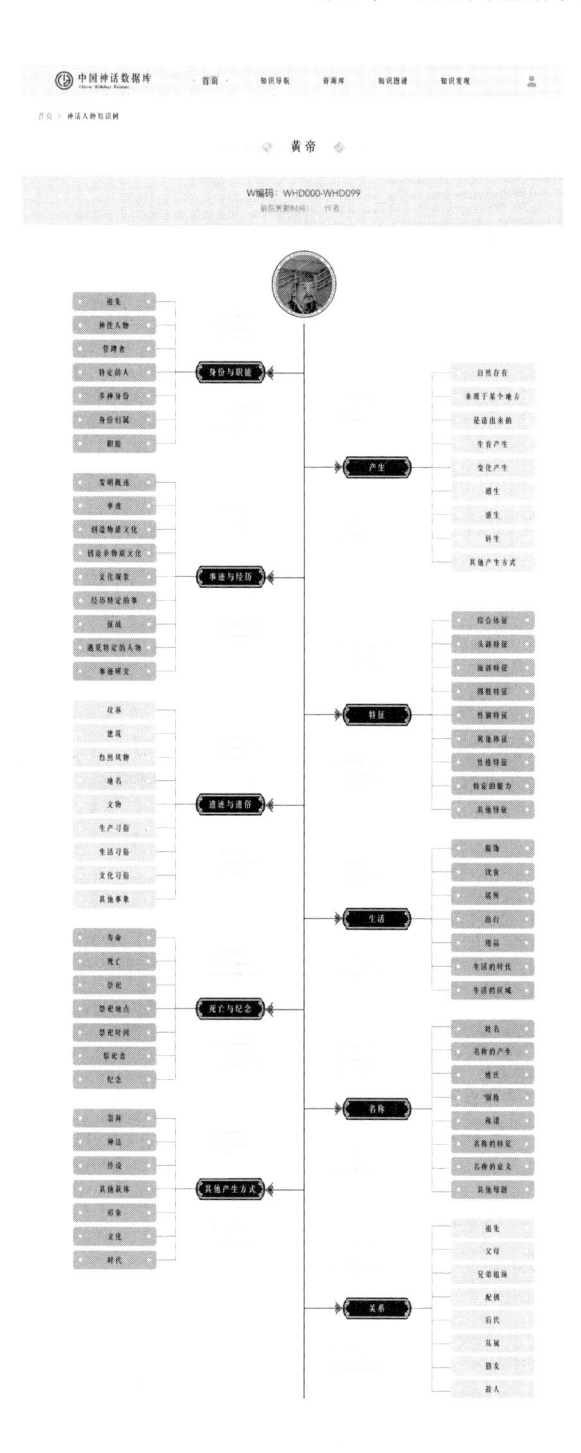

图 4-26　神话人物（黄帝）知识树页面

图 4-27　知识导航页面"词云"栏目示意

四　资源库

资源库页面（如图 4-28 所示）包含"神话人物数据集""神话图书名录""神话文本名录""神话母题 W 编码系列"栏目。

第四章　中国神话数据库平台开发与应用

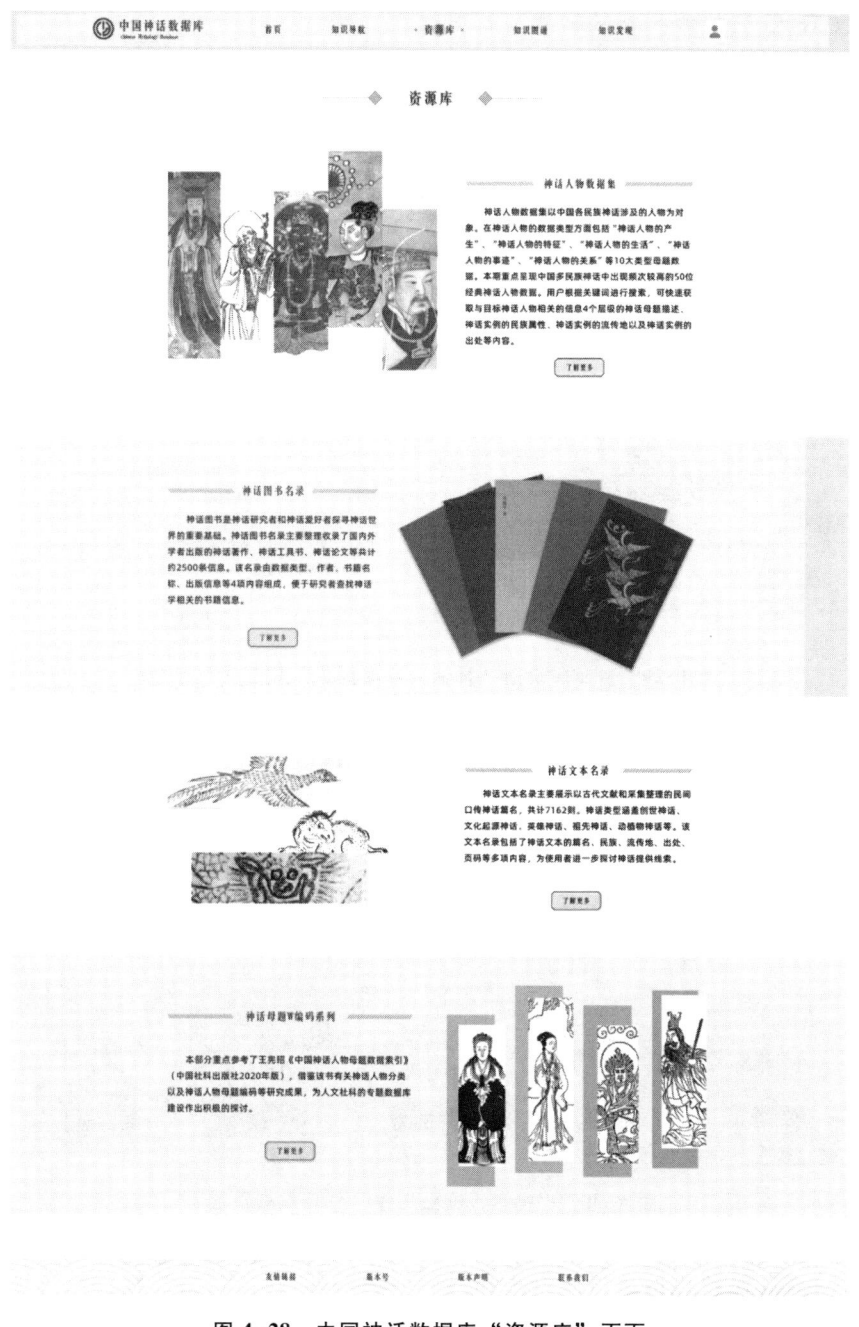

图 4-28　中国神话数据库"资源库"页面

人文社科领域知识图谱研究引论——以中国神话人物大数据为例

（一）"神话人物数据集"栏目

在资源库页面"神话人物数据集"栏目点击"了解更多"（如图4-29所示），跳转至神话人物十大类型母题"数据下载"页面（如图4-30所示），用户可根据需求下载相关数据。

图4-29 资源库页面"神话人物数据集"栏目页面示意

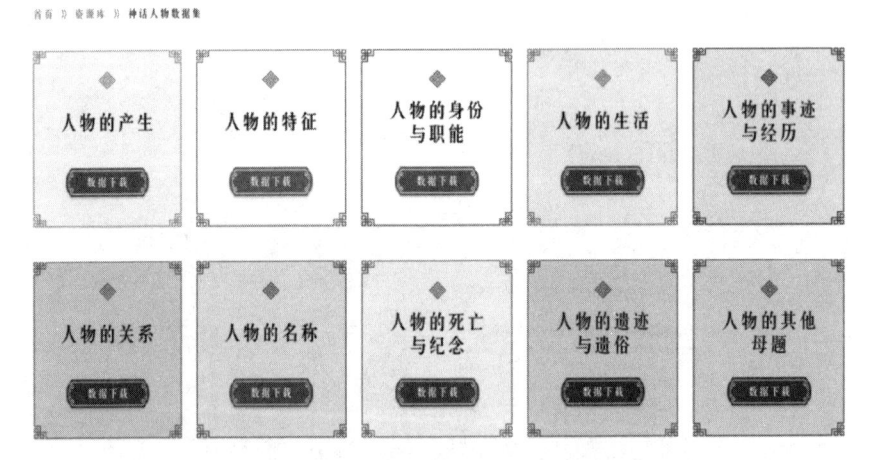

图4-30 "神话人物数据集"栏目跳转页面

（二）"神话图书名录"栏目

在资源库页面"神话图书名录"栏目点击"了解更多"（如图4-31

所示），跳转至"神话著作类"页面（如图4-32所示），用户可根据需求在此页面查找到神话相关著作的信息，包括"书籍名称""作者""出版信息"等。

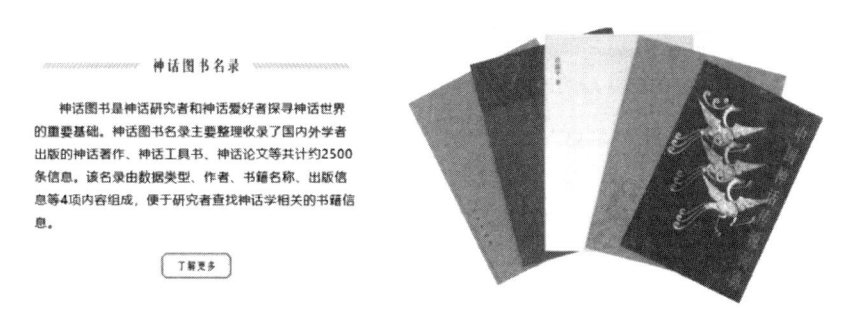

图 4-31 "神话图书名录"栏目页面示意

图 4-32 "神话图书名录"栏目跳转页面

（三）"神话文本名录"栏目

在资源库页面"神话文本名录"栏目点击"了解更多"（如图4-33所示），跳转至"神话文本类"页面（如图4-34所示），用户可根据需求在此页面查找到神话相关文本的信息，包括神话文本的"篇名""民族""流传地""出处""页码"等。

图 4-33 "神话文本名录"栏目页面示意

图 4-34 "神话文本名录"栏目跳转页面

五　知识发现

"知识发现"功能在一期完成了初步规划设计，将于二期向公众开放。其目的在于利用已有数据库丰厚的数据资源，打造面向人文社科领域研究者实际研究需求和创新性发现的服务功能。主要功能项包括：人物叙事对比分析、关联路径发现等。"知识发现"功能一方面可为研究者提供直观的可视化展示，另一方面可以从数据可视化维度提供更多的前沿研究方向，进而深入探索中国神话中的中华民族文化基因，为弘扬中华优秀传统文化、铸牢中华民族共同体意识提供有力的支撑。

第四章　中国神话数据库平台开发与应用

（一）人物文本形象比较

该功能致力于对任意两个神话人物之间的相似性或关联性进行分析。实现分析的数据前提是数据库中的人物特征描述已经完成了可量化的标准处理，如每个神话人物的综合体征、头部总体特征、面部总体特征、眉特征、眼特征、耳特征、鼻特征、口特征、身高、体重、皮肤特征、手臂特征、腿部特征等，而实现分析的理论前提则是，认为任何具备高相似度的神话人物叙事都可以通过各特征项相同词频的数量叠加进行统计计算。如图 4-35 所示，如果将盘古与炎帝的特征做数据对比分析，从底层数据中可以得到与盘古综合特征"龙首人身、龙首蛇身、鸡首龙身"有关的数据 18 条，与炎帝综合特征"牛首人身"有关的数据 9 条；与盘古头部特征"头上长角、鸡头、龙头、头似驼峰"有关的数据 14 条，与炎帝头部特征"牛头、虎头、头上长角"有关的数据 4 条；与盘古性格特征"奉献担当、乐于助人、不图名利"有关的数据 30 条，与炎帝性格特征"舍己为人、勤劳勇敢、心系百姓、仁爱、慈爱"有关的数据 13 条；等等。限于篇幅，更多相关数据在此不一一列举。该功能旨在通过对比神话人物关键数据，帮助用户挖掘相关信息，从而为相关研究提供坚实可靠的例证。

图 4-35　人物对比数据分析功能示意

（二）隐性人物关联发现

该功能用于探索两个实体之间的隐性关系，可用于辅助跨民族、跨区域视域下特定或多个人物的比较研究和社会网络分析。这是基于知识图谱延伸而来的应用功能，前提是数据库中的全部实体以三元组（SPO）的"节点-边-节点"的形式完成了图数据存储。理论上，图中任意两个实体都可以通过网络结构实现关联。研究者可通过在"实体A"和"实体B"检索框中任意输入人物名称的形式（其中A≠B）实现两者关联路径的检索和呈现。平台给出了包括最短路径在内的5条关联路径选择，为研究者提供了多样化的关系研究方向。例如，用户想要探寻神话人物尧与伏羲之间的关系，通过关联路径发现功能可以概览在实体"伏羲"与实体"尧"之间隐藏的由"葫芦""盘瓠""盘古""女娲""太白金星"五个实体共同建立起来的关系（如图4-36所示），知识图谱的边上显示的"坐骑""产生于""变成""从属""兄妹""生""师徒"均属在探索实体"伏羲"与实体"尧"的网络关系结构过程中所需要的关系丛。

图4-36 关联路径发现功能示意

第四章 中国神话数据库平台开发与应用

第五节 基于知识图谱的领域应用与探索

一 面向神话研究领域的多维度检索

在面向人文社科领域实际应用场景时，随着多语境神话事象的不断发掘和新媒体时代下新神话体裁的大量涌现，领域知识和信息呈现喷发式增长态势。传统的搜索引擎和查询方式已经无法满足基于学术科研与大量前序知识捕获的理解[1]，而基于领域大数据的知识图谱理论与技术在专业知识查询的精度以及可扩展性方面展现出了巨大的优势，逐渐成为包括神话学在内的人文社科领域所广泛关注的热点问题。基于该研究路径的神话对象检索和查询，乃至抽象语义层面的溯源与考察，均具有传统知识获取过程所不能比拟的显著优越性。本研究即以中国神话数据库平台为实践基础，以神话领域通用实体和关系为对象，探讨知识图谱构建在相关应用方面的现实意义。

（一）检索功能模块结构设计

神话人物知识图谱应用为使用者提供的知识检索服务主要包括实体检索功能、关系检索功能和属性检索功能。与之相对应的功能系统将提供体系化、关联化和可视化的搜索结果，从而高效提升本领域研究人员的搜索质量与搜索体验。同时，该功能服务还将立足于知识图谱强大的语义处理能力和开放组织能力，提供结构化的搜索结果，帮助学者探索更深入、广泛和完整的知识体系，发现隐式知识。

检索功能主要通过调用知识图谱存储的查询接口来实现。考虑到图数

---

[1] 葛斌、谭真、张翀、肖卫东：《军事知识图谱构建技术》，《指挥与控制学报》2016年第4期，第302~308页。

人文社科领域知识图谱研究引论——以中国神话人物大数据为例

据库是重要的知识存储数据库,在图数据库中,可以存储较长的字符作为属性值。相较于传统关系型数据库,图数据库对于关系查询更加友好;相较于 RDF 数据库,图数据库能存储较长的属性值,可以避免属性值和 RDF 类型的知识被分开存储。我们在构建知识图谱时,使用了 Neo4j 图数据库来存储图谱数据。

(二)神话人物实体检索

实体检索是相对于关键词检索而言的。传统的关键词检索目前虽然已经达到较高的水平,搜索结果在很大程度上可以帮助研究者找到需要的信息,但基于关键词的检索服务并不能直接回答问题请求,只能做相应信息的中转。然而,实体检索关注的重点不是"关键词"级别的信息,是一个实体对象。从关键词向实体转化,不仅可以从更精细的角度来理解和组织检索结果,而且在一定程度上可以理解请求背后的含义,并给出答案。一些更智能、更个性化的交互也依赖实体作为基础。传统的数据存储方式无法充分支撑实体检索服务,特别是包含关联关系的实体检索服务。就本研究而言,基于神话人物知识图谱的实体检索功能和相应应用不仅能够检索出人物关键词所代表的实体本身,同时也能够就该实体关联的其他信息进行展示。

(三)神话人物关系检索

知识图谱作为反映实体间、实体与属性间关系的知识网络,可以通过一系列检索很好地满足不同研究者针对关系检索服务的不同要求。

知识关系或知识路径(Knowledge Path, KP)是指知识发生关联的路径。在神话知识库系统中有大量领域知识实体,这些知识通过各种语义关系可以形成一个领域创新语义知识网络。其中,知识实体除直接关联外,还可通过一个或多个中间知识实体间接关联起来,产生若干条关联路径,即知识路径。当 KP 长度为 1 时,表示两个知识实体之间有直接关系,通常这种关联路径是公知知识。当 KP 长度大于 1 时，表示两个知识实体之间存在一些间接的、隐性的关联，这种关联路径有可能揭示了知识实体之间发生关联的"知识路线"。通过 KP 挖掘可了解知识传递与流动的轨迹，有助于激发创新思路，是领域创新知识发现研究与应用的重点[①]。

一般而言，通过实体和关系抽取技术所构建的知识图谱是高度不完整的，尤其是数据来源高度非结构化的人文类知识图谱。在神话人物知识图谱中，人物关系推断的主要目的是发现除关系抽取所生成的实体间关系以外的实体间互动、相关的关系信息，而知识图谱存在的主要意义也是支持非查表（Look-up）形式的问答功能。关系推断的方法有基于符号学与逻辑推理的方法、基于 RDF 网络模型的方法，以及基于神经网络模型的方法。其中，基于神经网络模型的方法更容易推断出一些隐蔽且复杂的关系。

（四）神话人物属性检索

知识图谱以结构化的形式描述客观世界中概念、实体、事件、属性及其关系，将信息表达成更接近人类认知世界并且可以被计算机处理的形式，提供了一种更好地组织、管理和理解海量信息的方式。知识图谱是一种数据形式，基于这种结构化的数据可以支持数据分析、智能问答等一系列智能应用。而图分析与可视化是一种基于复杂网络的可视化形式与分析手段，其数据基础是各种图数据，知识图谱只是图数据中的一种。可以对根据不同的规则定义、通过不同手段得到的图数据进行展示与分析。在神话人物知识图谱应用系统中，可以通过对数据的分析和处理，以历史数据作为参考，从民族、时空等角度进行可视化分析。

---

① Hu Z. Y., Dai B., Zhang Y., et al., "Mining Latent Relations Between Disease and Transcription Factor Based on Knowledge Graph: A Case Study on Alzheimer's Disease" (paper represented at the 10th Global TechMining Conference, 2020).

神话人物属性检索功能能够在识别出相关实体和抽取对应关系的同时，根据研究者输入的查询问题自动选择最相关的属性及属性值进行展示。

二 神话人物知识图谱智能问答

问答系统是信息检索系统的一种高级形式，能够以准确简洁的自然语言为学者提供问题的解答，知识图谱语境下的智能检索与问答功能的目的和优势在于其能够准确理解使用者自然语言问句的查询意图，相较于关键词检索应用，能更加智能地解析学者丰富的查询表达，显著提升系统的多样性、容错性和智能性。基于知识图谱的深度问答应用所涉及的技术包括知识抽取、知识表示和知识推理，由问题解析、实体匹配、关系检索、表达组成四个模块组成。其中，问题解析完成对提问者提问意图的解析，通过实体匹配模块匹配到神话人物知识图谱中对应实体，利用关系检索得到能够回答提问者问题的三元组集成，并通过表达组成模块组合出对应的答案，返回正确的结果。

在神话人物知识图谱应用系统中基于模版匹配、信息提取和语义分析等多种算法的问题解析方法从自然语言问句中提取存在的特征词汇，根据语义理解和神话人物知识图谱中的实体关系，建立多种问题类型，从而实现面向神话研究领域的智能问答应用。其中，基于语义分析的方法将一个自然语言形式的问句按照特定语言的语法规则解析成语义表达式，再将其转化为图数据库的查询语言。知识图谱的构建需要从两个角度来进行抽象，一个是实体维度的挖掘，一个是短句维度的挖掘，首先获取各种网上积累的大量数据，通过主题模型的方式进行挖掘、标注与清洗，再通过预设定好的关系进行实体之间关系的定义，最终形成知识图谱。基于知识图谱的问答匹配的优点是在对话结构和流程设计中支持实体间的上下文会话识别与推理，通常来说，一般型问答的准确率相对比较高。智能问答功能

第四章　中国神话数据库平台开发与应用

实现路径见图 4-37。

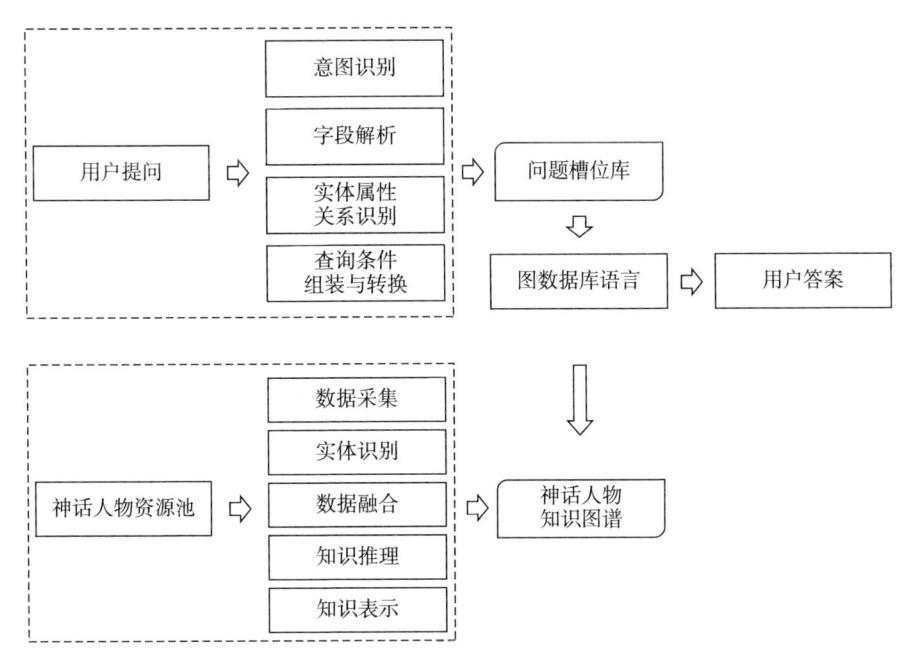

图 4-37　智能问答功能实现路径

知识图谱处理问答匹配的流程主要包括 8 个节点。

①自然语言的输入：问题文本。

②问题分类器：对输入的自然语言进行问题分类。

③问题分析：主要完成分词、词性标注、实体识别和实体消歧工作。

④语义槽提取：完成类别判定。

⑤SPARQL 抽取：主要完成构造 SPARQL 模板工作。

⑥语义链接：把语义槽中待链接的自然语言表达分别链接到"类别，资源，实体"对应的知识图谱中的 URL 上。

⑦SPARQL 查询生成：查询生成模块以及问题类别，连接完成的实体，构造标准的 SPARQL 查询。

⑧结果生成：由 SPARQL 查询返回相应的结果，并转化成学者易于理

人文社科领域知识图谱研究引论——以中国神话人物大数据为例

解的形式。

神话人物知识图谱应用系统中的检索问答功能还给学者提供了相应的问题库，问题库可以按照学者的历史搜索频次和热点进行推荐。学者可以点击问题库中相应的问题进行搜索，或者可以直接在搜索栏中就实体或问题进行搜索。例如，学者搜索"侗族中流传的伏羲的妻子是谁"，系统会先根据用户提出的问题进行实体拆分，这里会识别出"侗族""伏羲""妻子"等信息，然后在知识库中根据实体属性内容进行自动匹配，最后根据匹配结果给用户反馈最佳答案。同时，系统还将提供相似的参考信息，为研究者提供知识的最大化扩容。

综上，根据研究的具体需求，可以利用知识图谱方法为相关神话人物建立人物画像，并实现人物间的综合比较。通过深度学习方法对神话人物本身的属性以及他们彼此之间的联系进行深层次挖掘，利用特征向量对人物属性进行表示，并通过多种聚类方法形成人物聚类簇，可以更好地辅助科研与管理。

智能问答功能中，问题理解是指采用自然语言理解技术将用户输入的非结构化的提问转换成结构化的语义表示，包含预处理、本体类识别（包括事件识别和意图识别）、本体属性识别，本质是采用原库本体中的类和属性对用户的自然语言提问进行语义标注。

预处理是消除原始文本噪声的重要手段，利用分词工具对输入文本进行一系列预处理，包括中文分词、词性标注、日期类处理、数值类处理等。其中，日期类处理是将带有日期指示词的词语转换成相应的时间格式。在处理数值时，需要对数值进行单位自动补全和数值格式的转换。数值单位补全是指自动补全用户提问中缺省的单位，如"流传在云南德宏的始祖型神话人物有哪些"，经过数值处理之后，标准的输出为"流传在云南省德宏傣族景颇族自治州的始祖型神话人物有哪些"。

本体类识别主要包括事件识别和意图识别。事件识别是指识别出用户提问中既定存在的状态或背景，而意图识别是指识别出用户提问中所蕴含的查询意图。本体属性识别是指识别出用户提问中所包含的属性和属性值。

问题理解模块识别后以只含有单事件为例，首先判断意图，然后按照查询模板进行查询。接着通过结果计算查询来判断查询到的子图能否满足答案阈值，如果满足则将匹配到的子图传递到问答生成模块，否则进行属性选择计算出需要追问的属性并传递到问答生成模块。其中，结果计算是将从用户的自然语言提问中抽取的本体属性集合依次与查询到的候选子图做差集计算，然后判断差集是否满足阈值条件。属性选择有两种策略：一种是通过神话领域专家制定的属性权重，先追问权重相对大的属性；另一种是最小候选子图原则，将候选子图与从用户提问中抽取的本体属性做比较，优先满足阈值的候选子图的属性。在多事件的情况下，首先按照事件进行分组，每组有且仅有一个事件。同时，意图会被划分到与其相对应的事件组内，这样就可以将多事件情形转换成单事件单意图、单事件无意图或多意图两种情形。

（1）零跳问答服务

零跳问答服务主要指针对单个实体或属性进行的知识问答服务。服务根据用户提问中对实体或属性值的限定条件，从神话人物知识图谱中选取对应的答案，并通过自然语言形式展现给用户。

（2）单跳问答服务

单跳问答服务主要指针对单次跳转关系的实体或属性进行的知识问答服务。服务根据用户提问中对单次跳转关系、实体或属性值的限定条件，从神话人物知识图谱中选取对应的答案，并返回给用户。

（3）多跳问答服务

多跳问答服务指的是存在多级跳转关系的实体或属性的知识问答服务。服务针对用户提问中包含的多层级关系进行解析，并通过图数据库多次跳转方式进行答案的检索，再以自然语言形式返回给用户。

三　基于神话人物知识图谱的中华民族共同体意识研究

中国神话是中华各民族共同创造的文化成果，也是中国古老文明的见证。在人类文明发轫之时，神话作为人类的早期文化记忆，蕴含着诸多与生产生活相关的知识，是中华民族共同体探源中华文化的重要基因库，是共同体建立认同的重要符号。中国神话数据研究团队致力以中国神话数据挖掘分析为切入点，为铸牢中华民族共同体意识探寻有力的支撑。其中，基于知识图谱的神话叙事就是呈现中华民族共同体意识的一个重要支撑点。

（一）从隐性关联路径到中华文化体系底层逻辑建构

知识图谱作为一种用于描述实体及其关系的图形化知识表示方法，在准确获得搜索结果的同时，还能理解和推理出潜藏于有关实体背后的深层次语义关系。知识图谱自身的"实体、属性和关系"组成特性，能够用于构建智能神话人物谱系关系研究。例如，中国神话数据库平台设置的"关联路径发现"功能即可用于探索实体之间的隐性关系，此功能实现了辅助用户进行跨民族、跨区域视域下特定或多个人物的比较研究和社会网络分析的构想。中国神话数据库中的全部实体以三元组（SPO）的"节点-边-节点"的形式完成了图数据存储，所以理论上，图中任意两个实体都可以通过网络结构实现关联。研究者可通过在"实体A"和"实体B"检索框中输入任意人物名称的方式（其中A≠B）实现两者关联路径的检索和呈现。平台给出了包括最短路径在内的5条关联路径选择，为研究者提供了多样化的关系研究方向。譬如用户想要探寻神话人物尧与伏羲之间的关系，通过关联路径发现功能即可概览在实体"伏羲"与实体"尧"之间隐藏的由"葫芦""盘瓠""盘古""女娲""太白金星"五个实体共同建立起来的关系。其中显示的"坐骑""产生于""变成""从属""兄妹""生""师徒"均属在探索实体"伏羲"与实体"尧"的网络关系结构过程中所需要的关系丛。在此基础上，用户还可以利用对神话知识图谱的进

第四章　中国神话数据库平台开发与应用

一步挖掘，明晰中国神话母题的民族分布，了解潜藏于民族神话母题流动背后的中国多民族间的文化交流、交往与交融的情状，探寻中华传统文化建构的规律。

此外，通过对特定类型神话"实体、属性、关系"的分析，还可以洞察中华传统文化的文化内核和精神实质。以神话人物数据分析为例，在元数据的提取和发展过程中不难发现，一个神话人物的数据分析有着极其复杂的情况，往往涉及诸多复杂的情形。在数据分析过程中，研究团队对神话母题进行了初步分类，共分为神话人物的产生、神话人物的特征、神话人物的身份与职能、神话人物的生活、神话人物的事迹与经历、神话人物的关系、神话人物的名称、神话人物的死亡与纪念、神话人物的遗迹与遗俗以及其他相关母题十大类型。以神话人物的特征为例，中国神话数据库平台设置了"人物对比数据分析"功能。该功能致力于对任意两个神话人物进行相似性或关联性分析。平台已经对数据库中的神话人物特征描述进行了可量化的标准处理，如每个神话人物的综合体征、头部总体特征、面部总体特征、眉特征、眼特征、耳特征、鼻特征、口特征、身高、体重、皮肤特征、手臂特征、腿部特征，等等。实现此项分析的理论前提是，任何具备高相似度的神话人物叙事都可以通过各特征项相同词频的数量叠加进行统计计算，如将盘古与炎帝的特征做数据对比分析，从底层数据中可以得到与盘古综合特征"龙首人身、龙首蛇身、鸡首龙身"有关的数据18条，与炎帝综合特征"牛首人身"有关的数据9条；与盘古头部特征"头上长角、鸡头、龙头、头似驼峰"有关的数据14条，与炎帝头部特征"牛头、虎头、头上长角"有关的数据4条；与盘古性格特征"奉献担当、乐于助人、不图名利"有关的数据30条，与炎帝性格特征"舍己为人、勤劳勇敢、心系百姓、仁爱、慈爱"有关的数据13条。"人物对比数据分析"功能旨在通过对比神话人物的关键数据，帮助用户挖掘两个神话人物之间的相似性或关联性，从而实现相关研究的深层次探索。

（二）基于共同文化符号的中华民族共同体意识探寻

基于大多数研究者的共识，中华民族共同体意识多以共同的文化符号、共同的祖先和相似的文化演化路径为典型呈现。简言之，若民族 A 所创作的神话作品中出现的文化符号与另一民族 B 中所出现的文化符号相同或相近，则可从文化观察维度推断出民族 A 与民族 B 之间存在较相似的文化认同观念和较为接近的文化基因。

基于这一前提，本研究以构建的大数据平台为基础，对诸民族神话文本中出现的文化符号类词条进行了统计和筛选，通过词语相似性分析和词频统计，发现散佚在多民族神话文本中的中华民族共同体意识。

同时，研究对揭示文化相似的直接证据进行了可视化呈现。将"祖先""同源""祖孙""后代""祭祀"等词语进行了基于民族维度的溯源与统计，从而聚合出更多附加上述属性的箭垛式神话人物，如盘瓠、盘古、黄帝等，进而从大数据视角推断出了中华民族文化祖先名录，为相关研究提供参考。

借助现代信息技术构建出相应的、可供直观分析的神话知识图谱是探寻中华优秀传统文化基因的重要举措。中国神话数据库未来还将沿着上述数据逻辑关系，将中国神话中的各类母题进行更深入的层级划分，由大到小、由浅入深，逐步建立具备层级性和逻辑性的神话母题数据库。与此同时，我们还将继续推进中国神话知识图谱的建构，不断为深入分析研究各类母题的内在联系及影响关系奠定基础。事实上，数字媒介与口头媒介、书面媒介一样，都是人类赖以交流、交往、交融的媒介。知识图谱作为神话数字化的方式之一，是神话与数字技术融合发展的产物，神话知识图谱的建构得益于神话文本与数字技术的融合，是建构共同体记忆与数字化记忆处理方式的结合，本质是建构共同体记忆的一种关键性实践，是对神话资源开发的有利探索。从共同体记忆理论角度讨论神话数字化，以知识图谱作为神话数字化的技术支撑，是进一步挖掘、阐述神话数字化，加强神话研究实践性反思,促进以神话铸牢中华民族共同体意识的时代要求。

四 知识图谱平台功能操作

知识图谱页面拟实现包括"智能问答、关系检索、路径查询、社会网络分析"等在内的多种功能,期望辅助研究者在跨民族、跨区域视域下进行特定或多个神话人物的比较研究和社会网络分析研究。

中国神话数据库知识图谱页面包括"神话图谱图例"、"神话大数据图谱"、"知识图谱检索框"和"数据列表"等,如图4-38所示。详细操作说明如下。

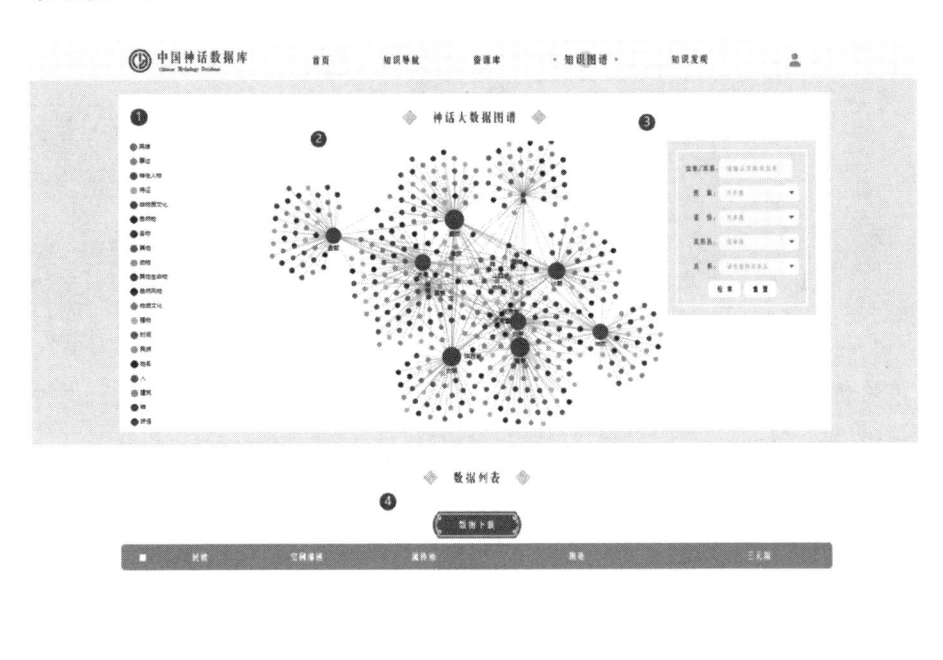

图4-38 中国神话数据库知识图谱页面

人文社科领域知识图谱研究引论——以中国神话人物大数据为例

(一) 神话图谱图例

为方便用户精准筛选相关数据,用户点击左侧栏任意"神话图谱图例",相关信息即在知识图谱中以高亮形式呈现,如图4-39所示。

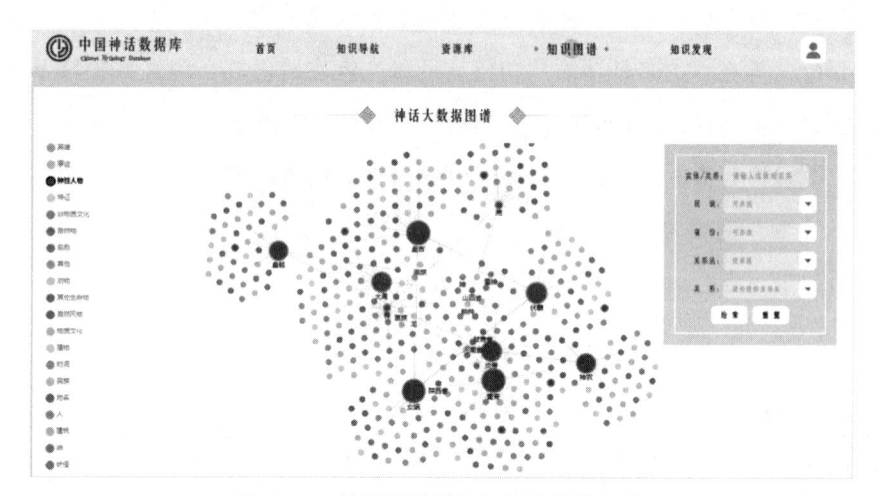

图4-39 神话大数据知识图谱操作示意

(二) 神话大数据图谱

a."神话大数据图谱"由节点和边组成,用户点击任意节点,图谱停止移动,鼠标指向边,自动显示相应数据,包括"来源""去向""数值",如图4-40所示。

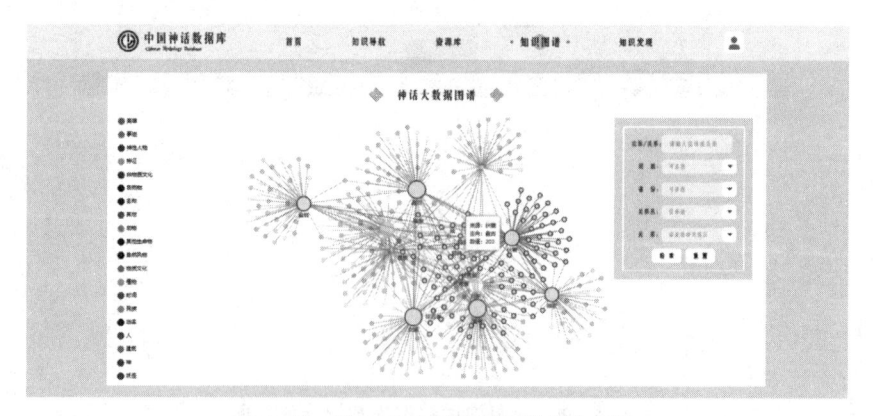

图4-40 神话大数据知识图谱操作示意

第四章　中国神话数据库平台开发与应用

b. 用户点击图谱上任意节点，页面下方"数据列表"自动显示与该节点有关的数据，用户可根据需求点选相关数据，点击"数据下载"获取相关内容。

（三）知识图谱检索框

"知识图谱检索框"包括"实体/关系""民族""省份""关系丛""关系"，如图4-41所示。

a. 用户在"实体/关系"检索框内输入有关实体或关系的描述词均可进行检索，例如"伏羲""女娲""黄帝""盘古"等实体词，或"产生地点""配偶""父子"等关系词。

b. "民族""省份""关系丛""关系"项设置了下拉框"▼"，用户可根据需求在下拉框内选择相应信息，"民族""省份"是多选项，"关系丛"是单选项。

*选择"关系"必须先选择"关系丛"。

c. 检索框内任意一项或多项存在内容均可进行"检索"操作，如需重新检索，请点击"重置"。

图4-41　神话大数据知识图谱检索框示意

（四）数据列表

以"产生地点［实体］"为例进行检索，操作流程如下。

a. 在"实体/关系"框内输入"产生地点"，点击"检索"，在"神话大数据图谱"内即出现相应的图谱，如图4-42所示。

b. 点击"神话大数据图谱"内所需数据节点（此处以"炎帝"为例），节点突出显示，白色方框显示数据条数，如图4-43所示。

c. 完成上述操作步骤，"数据列表"自动显示与"炎帝产生地点"有关的数据，勾选符合条件的数据，如图4-44所示。

d. 点击"数据下载"，导出数据表格，下载完成，如图4-45所示。

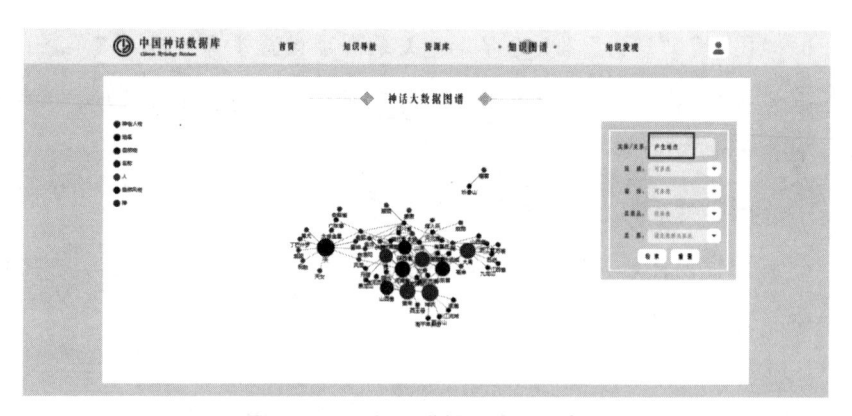

图4-42　知识图谱操作流程示意1

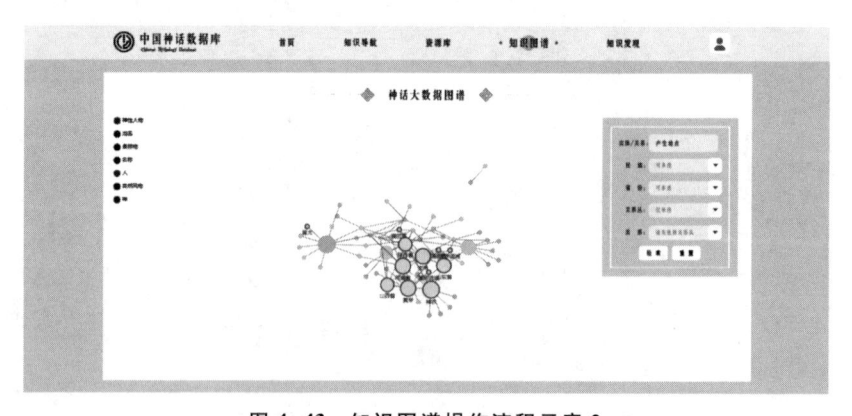

图4-43　知识图谱操作流程示意2

第四章　中国神话数据库平台开发与应用

图 4-44　知识图谱操作流程示意 3

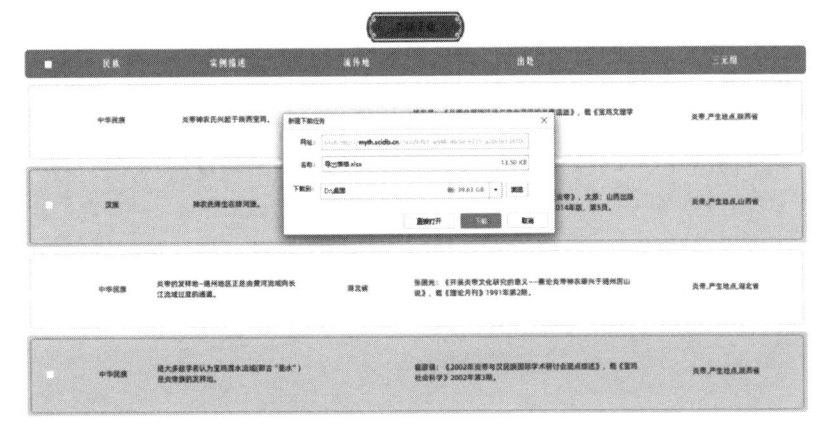

图 4-45　知识图谱操作流程示意 4

· 183 ·

第五章
神话文献数据知识图谱应用个案研究

神话人物知识图谱在具体分析过程中,依循不同的观察视角、不同人物颗粒度,会得出丰富的研究结论。本章旨在综合分析中华民族及其他民族神话人物形象,选取单一民族、跨民族和区域性神话人物知识图谱为案例,结合本书前文提出的人文社科领域知识图谱构建的方式方法,借助已有成熟知识图谱构建与应用软件,以特定的神话人物数据为基础开展实证性分析,进而探求该方法路径之于人文社科研究对象的实际应用情况。

第一节 单一民族神话人物知识图谱发现

本节,研究主要选取知网数据库中的与布洛陀神话人物相关的期刊论文数据作为研究对象,运用成熟的知识图谱分析软件对一定数量的论文数据进行不同维度的分析。研究依循"发文量年度趋势分析—布洛陀研究力量分析—研究演进趋势分析—布洛陀研究学术史脉络分析"的路径展开。

一 通过知识图谱对壮族神话人物布洛陀研究文献的数据分析

神话人物布洛陀是壮族神话中家喻户晓的男性文化祖先,这一人物在

第五章　神话文献数据知识图谱应用个案研究

开天辟地、创造人类、文化发明以及生产生活中都是一个重要的创世神。从目前检索到的关于布洛陀研究的论文看，其数量可观、研究视角宽泛、研究结论多样，具有进行知识图谱分析的客观基础，基于 CiteSpace 这种方式对其进行数据分析，可以形成具有学术价值的知识图谱。该领域年度发文数量的变化具有明显的阶段性特征，大致可划分为 1984~1991 年的缓慢增长期，1992~2005 年的迅速攀升期，2006~2010 年的全面爆发期和 2011~2020 年的持续高位增长期，如图 5-1 所示。其中，2005 年之后的发文总量为 354 篇，占发文总量的 89.6%，特别在 2006 年布洛陀入选首批国家级非物质文化遗产名录①之后，越来越多的研究目光聚焦在此研究领域，发文数量与研究方向的丰富度出现了较为明显跃迁。

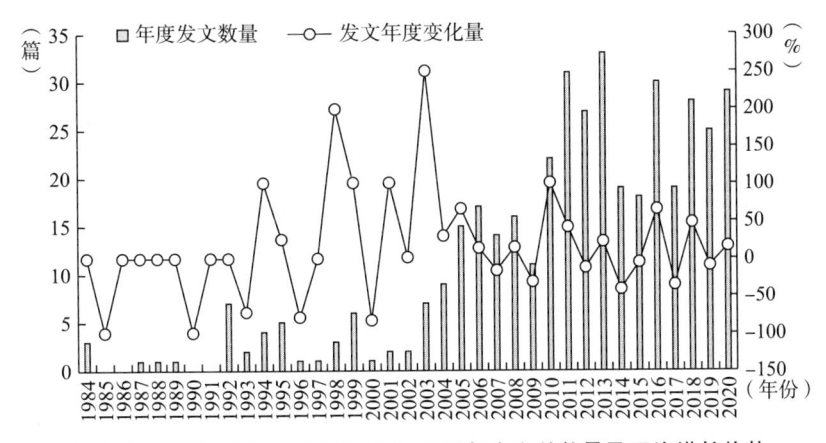

图 5-1　1984~2020 年"布洛陀"主题年度文献数量及环比增长趋势

包含"布洛陀"关键词的论文被引频次在直观反映学术关注度的同时，也侧面反映出与布洛陀相关的研究成果对整个学界产生的影响：通过年度文献被引频次的高低，可对布洛陀研究的学术传播程度进行解读。由图 5-2 可以看出，2006 年之后，以"布洛陀"为关键词的文献被引频次整体呈上升趋势，2011~2019 年间的文献被引频次稳定在每年 48 次以上的

---

① 批准时间为 2006 年 5 月 20 日，遗产编号为 Ⅰ-2。

高位状态，特别在 2016 年达到了 69 次。可以预测，随着时间推移，其学术传播度或将保持一个相对明显的增长态势。分析认为出现这种曲线特征的原因可能有以下几点。一是与布洛陀相关的新的研究方向及关注热点还在不断被挖掘，研究主题口径的进一步拓宽构成了学术传播度提升的客观原因。二是社会范围内对非物质文化遗产的持续高度关注成为推动布洛陀研究在更大范围内传播的主要动因，特别是 2016 年的《中国非物质文化遗产保护发展报告》对民间文学类和民俗类非物质文化遗产的保护发展进行了更加具体的划分与界定，更加突出了民族特色以及非物质文化遗产与非遗传承人、现代科技和当代生活的结合，极大促进了学界对壮族非物质文化遗产的关注。三是伴随着文化与旅游产业的进一步融合，以布洛陀为代表的非物质文化遗产传承发展动力被进一步激发出来①。特别是 2018 年 4 月 8 日，文化和旅游部正式挂牌，设置非物质文化遗产司作为中国非遗的主管部门，进一步强调了"有效利用文物古迹、传统村落、民族村寨、传统建筑、农业遗迹、灌溉工程遗产、农业文化遗产、非物质文化遗产

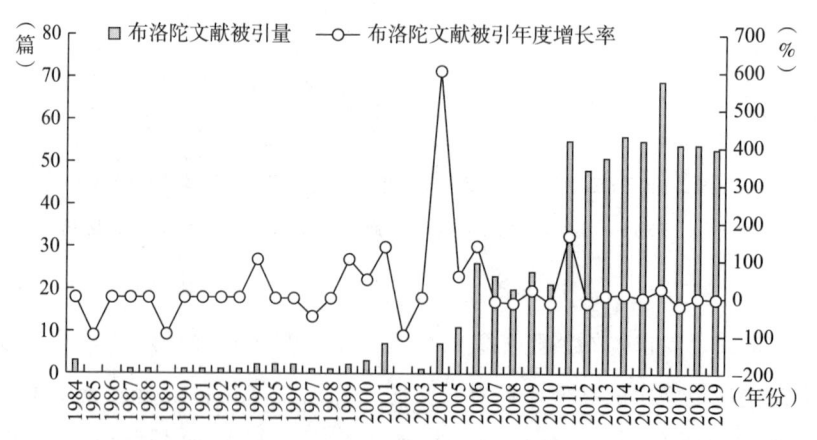

图 5-2　1984~2019 年"布洛陀"主题年度文献被引量及环比增长趋势

---

① 中国非物质文化遗产网：《2018 年度非物质文化遗产保护发展研究报告》，http://www.ih-china.cn/luntan_details/18850.html，最后访问日期：2024 年 5 月 10 日。

等，融入乡村旅游产品开发"① 等政策。从采集的2018年至今有关布洛陀神话的相关数据看，"布洛陀文化""民俗文化旅游""文化遗址""文化特质""传播视野""壮族文化"等文献关键词被引数量增长明显，表现出布洛陀文化在非遗研究领域的成果数量具有上升趋势。

二 基于知识图谱的布洛陀研究力量结构分析

通过对1984~2020年的395篇文献进行基于作者发文数量的统计分析，可以得到318个节点、211条连线，网络密度为0.042，见图5-3。如图所示，在此期间共有318位学者进行了与布洛陀相关的研究工作，节点大小代表该作者发文数量的多少。每个节点由颜色深浅不一的多层年轮构

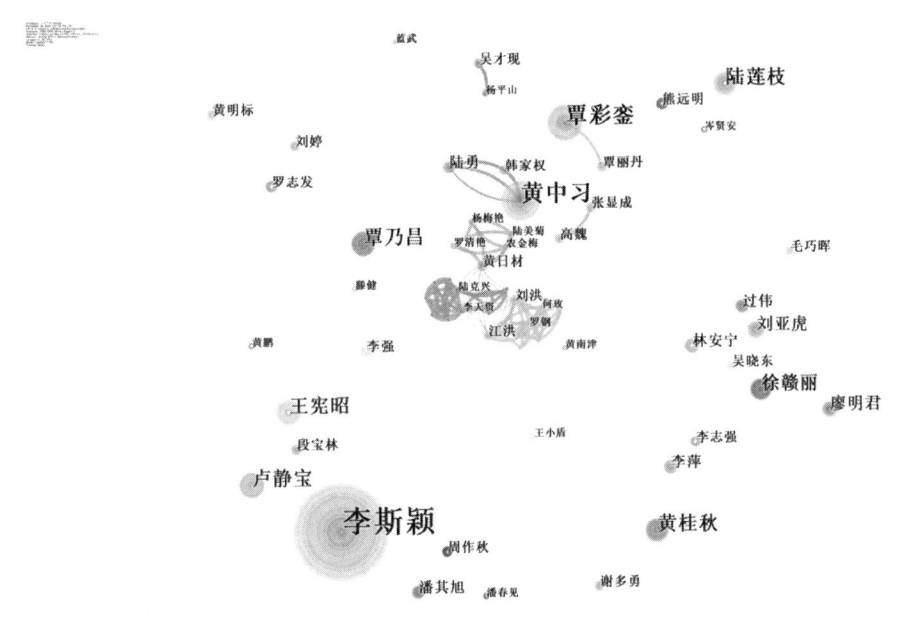

图5-3 1984~2020年间布洛陀研究学者发文量及合作分析

---

① 《文化和旅游部等17部门关于印发〈关于促进乡村旅游可持续发展的指导意见〉的通知》，https://www.mct.gov.cn/preview/whhlyqyzcxxfw/wlrh/202012/t20201228_920268.html，最后访问日期：2024年5月10日。

成,其中每层年轮标志着发文的年份,年轮颜色越深,则发文距今时间越久远。同时,从发文数量维度考量,总发文量在5篇以上的相对高产作者有11位,他们对于布洛陀的研究侧重点也各有不同,具体数据如表5-1所示。综合图5-3和表5-1的相关内容,可得知布洛陀研究力量的发展演变存在以下规律与特征。

表5-1 布洛陀研究领域高产作者发文量及研究方向一览

作者	发文数量	发文时间段	主要研究内容
李斯颖	26	2007~2020年	壮族文化遗产保护与开发、口头传统领域中的壮族符号研究、布洛陀叙事(神话)研究、民间信仰研究、人类学研究等
黄中习	12	2008~2019年	《布洛陀》英译研究、布洛陀文化典籍整理研究、布洛陀史诗多模态译介研究等
覃彩銮	10	2004~2018年	布洛陀神话、祭祀与节日研究、文化比较研究等
陆莲枝	7	2010~2019年	《布洛陀》英译研究、民间信仰研究、民俗旅游开发研究、文学比较研究等
覃乃昌	7	2003~2008年	稻作农业史与稻作文化研究、壮汉文化比较研究、布洛陀文化体系研究等
卢静宝	7	2008~2014年	布洛陀生态美学研究
王宪昭	7	2016~2020年	布洛陀神话研究、布洛陀母题学研究等
黄桂秋	7	2003~2016年	祭祀与信仰研究、布洛陀文化保护与开发等
徐赣丽	6	1998~2010年	民间信仰研究、《布洛陀经诗》文化内涵研究等
刘亚虎	5	2005~2016年	布洛陀文化价值研究、神话研究等
廖明君	5	1995~2020年	跨学科研究、布洛陀文化研究、民间信仰研究等

第一,发文时序表现出明显的阶段性。依据节点颜色所代表的发文时序,可以将布洛陀研究学者大致划入三个阶段。第一个阶段是以周作秋、熊远明等为代表的20世纪90年代,他们的研究方向与内容主要聚焦于布洛陀的本体研究及价值研究。第二个阶段是以覃乃昌、徐赣丽为代表的20世纪90年代末至21世纪初。覃乃昌在《布洛陀文化体系述论》[①] 一文中

---

① 覃乃昌:《布洛陀文化体系述论》,《广西民族研究》2003年第3期,第65~72页。

第五章 神话文献数据知识图谱应用个案研究

提出了"布洛陀文化体系"的概念,将布洛陀神话、史诗、民间宗教、歌谣等视为整体进行逻辑与结构研究,该文被引量位居布洛陀研究文献之首。同时期,徐赣丽通过《多元浑融的壮族民间信仰文化》[①] 等系列论文深入剖析了以布洛陀经诗为代表的壮族多元信仰文化特征。综合论文被引数据,以上述学者为代表的研究群体成为承上启下的中坚力量。第三个阶段是以李斯颖、黄中习、覃彩銮等为代表的 21 世纪初至今,这一时期学者对于布洛陀研究的方向更加丰富,且不少是对上阶段学者研究主题的再深入与再挖掘,实现了传统研究与当今时代背景的交融,体现出明显的研究力量的延续、接力与突破。

第二,学者普遍偏向相对独立的研究状态。395 篇布洛陀研究文献中,由单一作者独立撰写完成的为 319 篇,占全部篇目的 80.8%,且网络密度仅为 0.042,可见学者们更倾向于独立自主的研究状态。这一方面符合人文社会学科研究的一贯态势,另一方面也反映出布洛陀研究分支数量与学者数量之间的不对称,一定程度上导致了研究力量的相对分散。

第三,小范围合作组团特征明显。节点之间的连线表示作者之间存在合作关系,由图 5-3 可见,在以散点状布局的总体态势中,有几处较为明显的合作关系。其中,黄中习、陆勇、韩家权等形成了布洛陀英译研究组团;江洪、刘洪、李天资等形成了布洛陀壮族特征性疾病研究组团;高魏、张显成共同发表了 3 篇论文,形成了麽经整理及壮族宗教用语研究组团。据分析,这些明显的合作缔结关系的形成原因之一是特定的研究团队长期致力于某一分支研究,如英译、民族群体医药研究等,这些分支在研究对象和专业度方面相对独立,更容易形成团体聚合力量;另一原因是部分合作者之间存在师承关系,构成了天然的合作关联基础;还有一重要因素是社科基金项目和横向课题等的支撑,借助课题或项目的平台更易产出

---

① 徐赣丽:《多元浑融的壮族民间信仰文化》,《广西民族研究》1999 年第 3 期,第 57~61 页。

跨机构甚至跨领域的合作成果。

三 基于知识图谱的布洛陀研究演进分析

关键词是一篇论文主题的高度凝练，论文关键词与论文主题息息相关。论文所包含的关键词信息之间存在着一定的关联性，而这种关联可以用关键词共现的频数来表示。通常情况下，某一个（或几个）关键词在某两篇文献中出现的次数越多，则代表这两篇文献的主题的关系越紧密[1]。共词分析法（或关键词共现）便是通过全部文献中的词语对或名词短语共同出现的情况来确定该文献集所代表的研究领域中各主题之间的关系，据此形成共词网络，从而直观捕捉到该研究领域中的重点研究主题、研究热点、发展历程和结构演化。

通过 CiteSpace 对 395 篇布洛陀文献进行关键词共现分析，时间区间为1984~2020年，选择标准（Selection Criteria）设定为 Top N = 50，即从每个时间切片中选择最常出现的前 50 个关键词进行分析，可以得到 50 个节点和 52 条连线，网络密度为 0.04，详见图 5-4。图中节点大小表示关键词出现的频率，出现次数越多，节点越大；节点之间的连线表示关键词之间存在一定程度的关联，节点间的远近则反映出主题之间的亲疏关系。结合图 5-4 和表 5-2，我们可以发现布洛陀研究从计量角度可以划分为三个阶段。

表 5-2 "布洛陀"相关高频关键词及高中心性关键词一览

排序	高频关键词	出现频次	年份	高中心性关键词	中心度	年份
1	布洛陀	119	1984	布洛陀	0.66	1984
2	壮族	67	1999	布洛陀文化	0.46	2005
3	布洛陀文化	55	2005	壮族	0.34	1999

---

[1] Callon M., Law J., Rip A., *Mapping the Dynamics of Science and Technology* (The Macmillan Press, 1986), p.815.

第五章　神话文献数据知识图谱应用个案研究

续表

排序	高频关键词	出现频次	年份	高中心性关键词	中心度	年份
4	布洛陀经诗	20	1992	麽经布洛陀	0.12	2012
5	敢壮山	15	2006	英译	0.12	2008
6	《布洛陀》	12	1984	布洛陀经诗	0.08	1992
7	麽经布洛陀	9	2012	敢壮山	0.06	2006
8	壮族神话	8	2015	《布洛陀》	0.06	1984
9	英译	8	2008	布洛陀神话	0.06	2011
10	姆六甲	8	1994	传播	0.06	2013

20世纪80年代至20世纪末的主流研究阶段。该阶段所包含的主题聚类有布洛陀、壮族、布洛陀神话、布洛陀史诗和土司等，该阶段研究的一大明显特征即主线清晰，且研究方向较为稳定与聚焦，构成了布洛陀研究的重要基石。出现频率最高的前10位关键词分别为布洛陀、壮族、布洛陀文化、布洛陀经诗、敢壮山、《布洛陀》、麽经布洛陀、壮族神话、英译和姆六甲。对关键词出现的频数进行具体分析可以发现，对"麽经""布洛陀经诗"等相关主题的探索一直作为学术研究的主流存在。从时间持续角度看，图5-4显示的布洛陀研究主题聚类图谱中，包括"布洛陀""布洛陀文化""布洛陀经诗"等传统经典研究方向在内的前几位主题的研究持续时间均在20年以上，体现出较为稳定的主题特性。而其他与之相关的次主题大多依托主流研究基础延伸而来，从不同维度持续丰富着布洛陀研究的广度与宽度。

20世纪末至21世纪前10年的深入研究阶段。该阶段的主题聚类包括敢壮山、稻作文化、《布洛陀经诗》、壮学和古代社会等。这一阶段的来临与壮学研究的持续深入关系密切，有壮学研究者认为，在经历了初创期、发轫期和发展期之后，壮学研究在1991年前后正式跨入了繁荣期[1]，研究

---

[1] 覃彩銮：《壮学研究七十年》，《百色学院学报》2020年第1期，第77~83页。

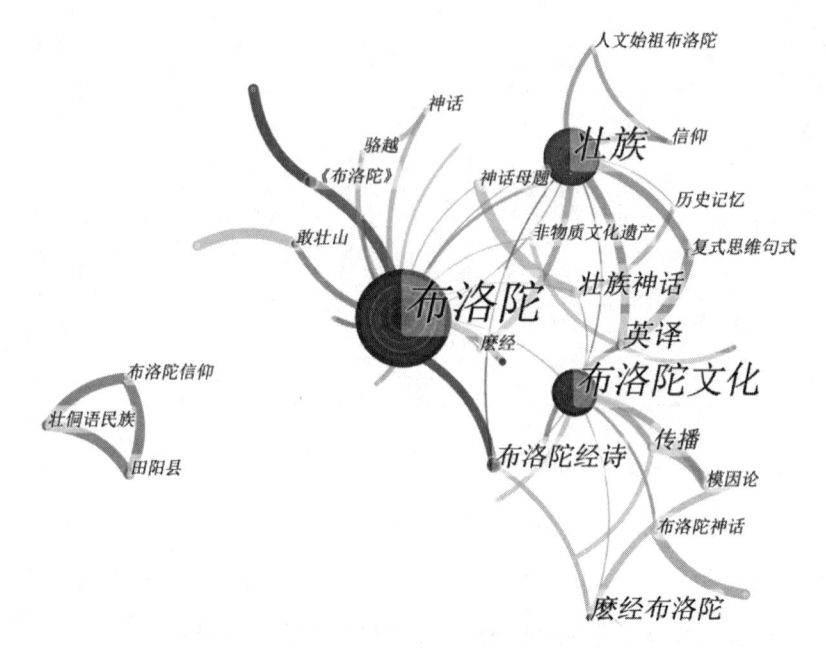

人文社科领域知识图谱研究引论——以中国神话人物大数据为例

图 5-4　1984~2020 年间布洛陀研究关键词共现知识图谱

方法的革新、研究力量的增强和研究视野的拓展为相关研究的持续深入提供了更加适宜的成长环境，在这样的契机下，布洛陀研究领域中总领性和跨领域研究文献的数量明显增多。例如，梁庭望通过对《壮族麽经布洛陀影印译注》29 种本子的系统研究，全面梳理出了包含创世神话、民间传统宗教、私有财产引发家庭矛盾、奴隶制产生等在内的布洛陀文化十大类型[①]；黄桂秋在《壮族民间麽教与布洛陀文化》一文中，提出了壮族民间麽教具有"统一的最高神祇布洛陀，有自己的基本教义和教规，有较系统的麽教经书……特征"[②] 的经典论断，并特别强调了壮族民间麽教与布洛陀文化密不可分的从属关系，在民间宗教和文化研究之间搭建起了沟通桥梁。

[①] 梁庭望：《古壮字结出的硕果——对〈壮族麽经布洛陀影印译注〉的初步研究》，《广西民族研究》2005 年第 1 期，第 79~87 页。

[②] 黄桂秋：《壮族民间麽教与布洛陀文化》，《广西民族研究》2003 年第 3 期，第 73~82 页。

2010年至今的全面繁荣阶段。该阶段的主题聚类包括布洛陀文化、布洛陀信仰、"绞"等。该阶段的特征主要表现在：①论文数量多，近10年知网收录的论文数量达266篇，为布洛陀研究贡献了67%的研究成果。②新的研究主题不断涌现，伴随着时代语境的变迁，与少数民族非遗文化延续与发展、古字古籍保护、布洛陀文化的当今解读、历史记忆、神话叙事重构和跨文化研究等相关的研究主题呈现百花齐放的情景，关涉文学、文化、民族学、宗教、外国语言文学、旅游、文艺理论、新闻传媒、伦理学、考古等30个学科。③研究新主题从出现到发展，再到形成聚合态势的周期大大缩短，如表5-2中所示的高频关键词"壮族神话"，该词自2015年首次出现至今，在较短时间内便跻身高频关键词的行列，成为后来居上的典型代表，一定程度上反映出从神话等视角对布洛陀进行解读或将持续成为未来学者群体关注的热点与重点。

四　基于知识图谱的布洛陀研究学术脉络分析

在CiteSpace中，某个聚类所包含的突发节点越多，则表示该领域的活跃性越强，能在一定程度上表示出新兴的研究热点与趋势[①]。对基于布洛陀研究的关键词频次进行节点突发性探测（burst detection），可以对其阶段性研究热点和研究方向的跃迁进行考察。探测模型（detection model）的基本参数不变，当 $\gamma=0.6$ 时，可以得到布洛陀研究突现词列表（见表5-3），共计发现自1984年至2020年的13个突现词。其中，"开始年"表示该突现词出现的年份，"结束年"表示该突现词结束的年份，深色线段的长度表示该关键词突现的时长，"突现强度"的数值越大，则表示该关键词代表的主题作为新兴热点出现的强度越大。通过分析，我们有以下发现。

---

① Kleinberg J., "Bursty and Hierarchical Structure in Streams," *Data Mining and Knowledge Discovery* 7（2003）: 373-397.

人文社科领域知识图谱研究引论——以中国神话人物大数据为例

表 5-3　1984~2020 年间布洛陀研究的突现词

关键词	年份	突现强度	开始年	结束年	1984~2020
《布洛陀》	1984	3.502	1984	1997	
创世史诗	1984	2.3094	1984	1994	
《布洛陀经诗译注》	1984	3.2948	1992	1993	
布洛陀经诗	1984	2.6944	1992	2000	
姆六甲	1984	2.5242	1994	2009	
民间信仰	1984	2.6397	2001	2006	
人文始祖	1984	2.3125	2004	2007	
敢壮山	1984	4.5663	2006	2010	
英译	1984	2.5736	2008	2011	
麽经布洛陀	1984	2.8002	2012	2018	
《布洛陀史诗》	1984	3.2156	2014	2018	
壮族神话	1984	2.8584	2015	2020	
布洛陀文化	1984	5.2556	2018	2020	

第一，对于《布洛陀》经诗的研究热情贯穿整个学术史生命历程。将"《布洛陀》""创世史诗""布洛陀经诗""麽经布洛陀""《布洛陀史诗》"等不同表述主题进行合并后发现，每隔一段时间，与该主题相关的研究论文便会产生一次明显的突现与数量上的跃迁。《布洛陀》经诗产生和流传的年代久远，据其内容推测，其大概起源于母系氏族社会向父系氏族社会转变的时代，尚带有母系氏族社会的痕迹，随后又经历了奴隶社会、封建社会，一直流传至今。通过对知网收录的 1984 年至 2020 年的研究成果进行分析，可以发现不同时期对《布洛陀》经诗的关注热点具有一定的差异性。

20 世纪 80 年代至 90 年代多关注经诗的价值研究。该时期的研究多集中于对《布洛陀》经诗的本体研究，强调该著作在语言学、文学、文化学等方面的价值。例如，黄庆印从历史溯源的角度出发，深入探究了经诗对于壮族古代哲学思想规律的形成所起到的推动作用[1]，为相关研究提供了

---

[1] 黄庆印：《壮族古代哲学思想探源》，《广西民族学院学报》（哲学社会科学版）1984 年第 4 期，第 38~44 页。

第五章　神话文献数据知识图谱应用个案研究

重要参考和理论来源。熊远明通过3篇系列论文，对经诗所反映的文化价值、思想价值、宗教价值、社会价值等进行了深入剖析，并尝试进行了价值体系的建构与梳理①。蒙元耀从口语和宗教角度对《布洛陀经诗》中的例句进行了基于壮语语法的研究，认为其作为重要、丰富的词汇库和语料库，为壮语语法提供了鲜活的例证②。

20世纪90年代至21世纪前10年注重对经诗研究辐射边界的探索。该时期对于《布洛陀》经诗的阐释维度更加宽广，学者们的研究视野辐射至跨文本、跨地区甚至世界范围内的比较研究，如陆莲枝将《布洛陀》与英国民族史诗《贝奥武甫》进行了基于审美艺术的比较研究，深入对比了两民族渗透在史诗修辞、意象和格局中的民族个性，认为相较而言，《布洛陀》所反映的壮族更加具有"柔性、积极和集体的思维倾向"③。段宝林在《神话史诗〈布洛陀〉的世界意义》一文中，将《布洛陀》经诗视为"神话史诗"，并从该经诗对人类社会文化历史的关照和揭示民间宗教信仰两方面，阐释了其对人类学、民俗学、历史学、神话学、社会学、宗教学等学科研究有巨大的科学价值，具有显著的"世界意义"④。该时期，在更广阔生态语境中对经诗进行研究，乃至依循国际视角对其进行观察讨论的论文明显引发了学界的广泛关注热情，基于本体的研究触角不断向外延伸，探索着更广阔范围内对其进行讨论的可能性边界。同时期，围绕《布

---

① 熊远明：《人类自身价值的肯定——〈布洛陀〉价值观之一》，《民族文学研究》1994年第3期，第76~80页；《崇尚劳动创造的美德——〈布洛陀〉价值观之二》，《广西民族研究》1994年第1期，第103~109页；《追求和谐宁静　向往安定和平——〈布洛陀〉价值观之三》，《广西民族研究》1994年第2期，第71~74、93页。

② 蒙元耀：《论〈布洛陀经诗〉的语言价值》，《民族语文》1995年第1期，第52~56页。

③ 陆莲枝：《壮英史诗〈布洛陀〉和〈贝奥武甫〉的审美特色对比及思维解读》，《社科纵横》2010年第2期，第103~104页。

④ 段宝林：《神话史诗〈布洛陀〉的世界意义》，《广西民族研究》2006年第1期，第73~82页。

人文社科领域知识图谱研究引论——以中国神话人物大数据为例

洛陀》展开的英译活动也实现了数量方面的明显提升,其社会乃至世界影响力也随之不断攀升,这一现象也从侧面印证了本时期的研究特点。

近10年聚焦于对《布洛陀》经诗的多维度再审视。2010年至今,围绕《布洛陀》经诗进行讨论的热点方向更加多元。其中,部分学者致力于《布洛陀》在多种语言文化中的传播研究,如王治国在《〈布洛陀史诗〉对外传播的文化阐释与深度翻译》一文中全面剖析了《布洛陀史诗》英文译著本多语对译的编排体例,为少数民族文化对外传播提供了新的策略[1]。抱持相同视角的还有张羽,他在史诗本体与版本认识、翻译与传播策略等问题上进行了充分分析和讨论[2],为民族典籍翻译实践提供了理论方面的全新观察视角。还有部分学者从方法论层面对经诗进行阐释研究,如杨杰宏从壮族文化传统的历时性维度切入,融揉了层累说观点,对不同历史时期《布洛陀》经诗研究所反映的诸多问题进行了持续思考,以探寻其生命力延续与学术生长点之间的发展规律[3]。王宪昭利用母题学方法,从母题链条的时间维度、空间维度以及叙事规则方面对布洛陀神话进行逻辑结构的解读[4],进而实现了方法论层面的突破。而高魏和张显成则利用数据学和计量学方法,对诗经中的方块壮字进行不同维度的字频统计,发现了29本麽经抄本在单字平均使用量和抄本频次之间具有显著依存关系[5]。此外,还有不少学者从生态、口头程式、比较文学和文学地理等不

---

[1] 王治国:《〈布洛陀史诗〉对外传播的文化阐释与深度翻译》,《民族翻译》2015年第1期,第19~23页。

[2] 张羽:《跨文化传播视角下史诗〈布洛陀〉外译的理论维度》,《民族翻译》2020年第4期,第33~41页。

[3] 杨杰宏:《历时性视域下〈布洛陀〉研究之思考》,《百色学院学报》2020年第4期,第80~86页。

[4] 王宪昭:《论〈布洛陀〉神话母题的叙事结构与表达技巧——以〈中国民间故事集成〉(广西卷)文本为例》,《贺州学院学报》2018年第2期,第81~87页。

[5] 高魏、张显成:《〈壮族麽经布洛陀影印译注〉字频研究》,《广西民族研究》2014年第2期,第95~101页。

第五章 神话文献数据知识图谱应用个案研究

同维度对《布洛陀》进行解读,极大丰富了学界观察壮族传统遗产的视角。

第二,重大出版物的问世推动了《布洛陀》学术史的研究进程。在布洛陀学术史发展进程中,有两部重要出版物起到了非常重要的里程碑作用,它们分别是出版于20世纪80年代的《布洛陀经诗译注》和出版于2004年的《壮族麽经布洛陀影印译注》。前者将20世纪80年代以来的22个布洛陀麽经手抄本进行精练、梳理,大致展现了桂西壮族民间宗教经典的风貌[①];后者作为全面展现壮族社会文化的综合性学术丛书——"壮学丛书"已出版的重点工程之一,由流传于壮族地区的28个手抄本麽经布洛陀组成,承载了壮族原生态文化的核心内容,对全面探索珠江文明和中华民族文明的源流具有重要的价值,是壮学的基础。据不完全统计,在395篇布洛陀研究论文中,直接以上述两部著作为研究主题的论文有40余篇,间接相关或部分涉及的论文更是占到了半数以上,据此延伸出的研究主题包括且不限于少数民族古籍整理、古籍手抄本价值挖掘、多模态译注研究、民间信仰研究、民间叙事研究、壮学文化研究,等等,引发了不同时期的50余位学者对壮族历史、语言、文字、哲学、政治、经济、宗教、文学、艺术等诸多方面的研究热情,逐渐形成了以重大出版物为核心的多维度研究态势。

第三,多层次的布洛陀比较研究。在395篇论文中,近40篇文献关涉比较研究的范畴,大致可划分为代表性始祖神在本民族中的比较研究、民族间比较研究和跨境比较研究三个层次。

布洛陀与姆六甲的比较研究。在壮族神话中,姆六甲是布洛陀的对偶神,将姆六甲与布洛陀进行比较一直以来都是学界关注与探讨的重要命题。有的学者致力于对两者的动态关系与文化内核的讨论,如王宪昭从母

---

① 李小文:《壮族麽经布洛陀文本产生的年代及其"当代情境"》,《中央民族大学学报》2005年第6期,第107~112页。

人文社科领域知识图谱研究引论——以中国神话人物大数据为例

题学角度切入,深刻探讨了不同神话文本中两者在文化始祖本质、性别特征和历史原型塑造上的重要特征,揭示了叙事变化之中构建始祖文化体系内在诉求的稳定性[1]。韦顺霞依循两者作为创世神、始祖神和宗教神等神格的观察路径,通过对布洛陀和姆六甲演变轨迹的观察,展示了壮族的信仰文化面貌[2]。此外,以生殖崇拜和两性文化为切入点对两者进行比较研究的成果也较为丰硕,如李富强的《壮族的生殖崇拜》[3]、廖明君的《动物崇拜与生殖崇拜——壮族生殖崇拜文化研究(下)》[4]和罗志发的《"伯乜观":万物生成的独特阐释——〈布洛陀经诗〉的性别哲学研究之一》[5]等,展现了壮族原始两性文化的一个重要侧面。

以人文始祖为牵引的民族间比较研究。不同民族中的人文始祖存在不同维度的共性和差异性,依循该研究视角,可以在一定程度上揭示不同民族性格和文化内涵的异同。其中,李斯颖通过一系列的论文分别围绕壮族布洛陀与水族拱陆铎[6]、瑶族密洛陀[7]和侗族萨岁[8]展开了比较研究,从历史文化背景、祭祀仪式、神格特点、民间叙事等视角进行了基于双方本质

---

[1] 王宪昭:《文化始祖神话传承中的"变"与"不变"——以壮族神话中布洛陀、姆六甲关系为例》,《广西民族师范学院学报》2016年第2期,第1~5页。

[2] 韦顺霞:《壮族两性神神格的比较研究——以布洛陀与姆六甲为例》,《怀化学院学报》2006年第12期,第10~12页。

[3] 李富强:《壮族的生殖崇拜》,《广西民族研究》1993年第3期,第91~96页。

[4] 廖明君:《动物崇拜与生殖崇拜——壮族生殖崇拜文化研究(下)》,《广西民族学院学报》(哲学社会科学版)1995年第3期,第10、23~28页。

[5] 罗志发:《"伯乜观":万物生成的独特阐释——〈布洛陀经诗〉的性别哲学研究之一》,《广西民族研究》2007年第2期,第104~108页。

[6] 李斯颖:《水族拱陆铎和壮族布洛陀信仰及其神话比较》,《贺州学院学报》2016年第1期,第25~30页。

[7] 李斯颖:《壮族布洛陀与瑶族密洛陀神话比较》,《黔南民族师范学院学报》2016年第1期,第28~32页。

[8] 李斯颖:《壮族布洛陀信仰与侗族萨岁信仰的比较》,《广西民族师范学院学报》2011年第6期,第8~12页。

第五章　神话文献数据知识图谱应用个案研究

的比较研究。何明智则从壮族布洛陀信仰与布傣族群祖先神信仰的差异性入手,深刻揭示了"越南岱、侬族以及壮族布傣族群祖先神信仰与壮族布洛陀信仰的区别"[①]。等等。

以中越文化信仰为主的跨境比较研究。基于较为亲近的地缘纽带因素,将广西壮族布洛陀与越南雄王进行比较研究也自然成了学者关注的一个重要方向。赵明龙等学者便分析了中越对人文祖先的界定及其形成背景和传承特征,旨在"吸收两国人民保护、传承和重构民族民间传统始祖信仰的文明成果"[②]。

第四,布洛陀文化研究或将成为未来学界关注的焦点。由表5-3可见,"布洛陀文化"关键词在2018~2020年明显突现,突现强度为5.2556,强度数值是其他主题的2倍左右。纵观布洛陀研究学术发展历程,早在20世纪90年代前后甚至更早就已零星出现与布洛陀文化相关的论著,随着时间推移,相关研究实现了论文数量的缓慢积累和研究方向的逐渐细化,截至2020年12月,知网收录的与"布洛陀文化"研究相关的论文共计159篇。将上述159篇文献进行时间轴视角下的计量分析,可以得到一个聚类知识图谱。一般当聚类模块值(Modularity)大于0.3时,意味着聚类结构显著,本研究的聚类模块值为0.7392,表示结论具有一定的说服力。根据图谱,围绕布洛陀文化的研究成果按照文献数量与被引频次自动聚类为以下几类。

以民族文化遗产开发为核心的产业化研究。其中涵盖了布洛陀文化场域研究、保护性旅游开发、民族文化开发模式、节日民俗研究等诸多次生领域,充分体现了"传承"与"发展"理念的辩证统一。例如,李斯颖在

[①] 何明智:《壮族布洛陀与布傣族群祖先神信仰比较》,《广西民族师范学院学报》2011年第2期,第28~30页。

[②] 赵明龙:《中越民间始祖信仰重构比较研究——以布洛陀信仰和雄王信仰为例》,《广西民族研究》2011年第3期,第116~124页。

人文社科领域知识图谱研究引论——以中国神话人物大数据为例

《全域旅游视阈下壮族乡村文化资源保护与开发——以国家级非物质文化遗产"布洛陀"为例》一文中，将全域旅游的观念引入壮族乡村保护与地方文化资源开发，以"布洛陀"文化为例，实现了文化与其他产业的交融结合①。

民间信仰、家族秩序与当代文化建构。该主题聚类时序最久，不少研究者认为，作为创世祖先的布洛陀通过神圣叙事和民间仪式，在凝聚族群、维系家庭秩序甚至社会秩序方面起到了十分重要的作用，一定程度上影响了当代信仰文化的解读与建构。例如，刘亚虎在《布洛陀文化的当代价值》一文中提出，壮族布洛陀文化因其神圣的特点在特定民族区域社会中构建了家庭、社会乃至国家的多层次秩序，这种以信仰核心为特征的凝聚力量"对当今中国建设社会主义精神文明具有积极的借鉴意义"②。金乾伟通过研究认为《麽经布洛陀》中所收录的抄本及仪式与信仰主体的需求之间存在紧密的关联性，对相关文化现象进行探讨将"有利于发掘传统文化的优秀因子，为非遗语境下传承和创新提供可行的方案"③。

布洛陀史诗文化的多维度解读。布洛陀史诗是布洛陀文化的核心载体。近些年，伴随着研究方法的日益革新、时代背景的日新月异、交叉学科的逐步深入和研究视野的逐渐拓宽，一部分学者逐渐从"向内"的史诗文化本质出发，"向外"不断探寻着更加丰富的文化外延，极大激发出传统史诗研究的生命力与创造力。例如，黄中习在《布洛陀史诗文化的多模态、多媒体译介初探》一文中，深刻探讨了网络大数据时代背景下，中华民族文化所面临的"走出去"的必然抉择，并从布洛陀史诗多模态、多符

---

① 李斯颖：《全域旅游视阈下壮族乡村文化资源保护与开发——以国家级非物质文化遗产"布洛陀"为例》，《社会科学家》2019年第9期，第107~112页。

② 刘亚虎：《布洛陀文化的当代价值》，《广西民族师范学院学报》2016年第6期，第1~3页。

③ 金乾伟：《〈麽经布洛陀〉民间抄本、仪式与信仰文化保护发展研究》，《遗产与保护研究》2017年第2期，第106~109页。

号系统的特性入手,提出了"研究与传播要实现从单模态到多模态、单媒体到多媒体融合译介的路径转变"①。在仪式活动和文化关联性研究方面,李斯颖通过对民间"麽咟宿"仪式的深入刻画,揭示了麽经史诗演述规律及其深层文化交流机制②。

第二节　多民族神话人物知识图谱发现

女娲是一个家喻户晓的中华民族创世女神,多见于不同地区不同民族数量众多的神话传说中,是典型的多民族神话人物。与之相关的研究成果在民间文学、神话学、民俗学等领域非常丰富,具有悠久的历时性、广阔的地域性和跨学科特征。本节主要以知网数据库中相关期刊论文数据作为基础数据来源,运用 CiteSpace 知识图谱分析软件对多民族视角下的女娲人物进行不同维度的分析,探寻其在研究团体结构、研究发展趋势和前沿热点等方面的新发现。

一　女娲研究数据来源

就本研究而言,文本数据的采集是分析的基础与前提,鉴于绝大多数与女娲研究相关的文献收录于中国知网(CNKI)数据库的现实考虑,笔者在该数据库以"女娲"为主题关键词进行检索,所得数据涵盖"中国学术期刊全文数据库"、"博硕士学位论文数据库"和"国内外重要会议论文全

---

① 黄中习:《布洛陀史诗文化的多模态、多媒体译介初探》,《桂林师范高等专科学校学报》2019 年第 4 期,第 49~53 页。
② 李斯颖:《壮族"麽咟宿"仪式中的史诗演述及其文化辨析》,《西北民族研究》2017 年第 1 期,第 24、32~36 页。

人文社科领域知识图谱研究引论——以中国神话人物大数据为例

文数据库"三个子数据库,共获取2968条文献数据[1]。这些文献数据的时间跨度为1962~2020年,以包含作者、发文机构、题名、发表时间、关键词、摘要等信息在内的Refworks格式导出。

在运用CiteSpace对上述文献进行具体分析时,考虑到人文社科类数据在计量分析方面的特殊性,并使基础数据在"女娲研究"方面更加聚焦,研究首先要对初步搜集到的检索数据进行筛选,通过"文献管理中心"平台将纯文学创作类、文学教育类、简讯类以及其他明显与研究分析方向偏离的文献进行删除。纯文学创作类的文章以抒情和传达作者情感为核心,几乎不涉及分析与特定结论,对研究的指导意义不大,如尹彦慈的《新女娲补天》(《环境教育》2018年第Z1期)等。简讯类文献指的是刊登在期刊或报纸上的传递特定方面信息的简短文章,这类文章一般以介绍性、汇报性和交流性为主,缺少关键词和摘要,导致分析性和结论性信息缺失,与研究本身的关联性较小,如李强的《基于Herstory视角下的女性服饰研究——评陶辉的专著〈性别·服饰·伦理〉》(《服饰导刊》2019年第5期)等。还有一类文献仅借鉴了"女娲"的名号或概念,以女娲之名,论他山之实,并未涉及女娲研究之根本,所以也排除在本研究的基础数据范畴之外,如包含女娲设计元素的项目说明类文章《素心园》(《设计》2019年第14期)等。此外,有个别文章发表在不同的期刊上,为尽可能保证数据的唯一性,通过CiteSpace软件的除重功能对重复文献进行了剔除,最终得到2236条数据。本研究将以这些文献为基础,重点就学界关注的研究主题、不同时期的研究热点与女娲研究的发展趋势进行探讨。

二 基于知识图谱的女娲研究团体结构分析

通过CiteSpace对1962~2020年间的女娲研究者数据进行分析。2236

---

[1] 相关信息的检索时间截至2020年12月31日。

第五章　神话文献数据知识图谱应用个案研究

篇样本文献共涉及1917名作者，对其进行作者共现分析可以得到124个节点，10条连线，网络密度为0.0013，见图5-5。其中节点大小代表发文数量多少，节点之间的连线表示作者之间存在合作关系，由图5-5可见女娲研究作者间合作程度较弱，研究者们更偏向相对独立的研究状态。

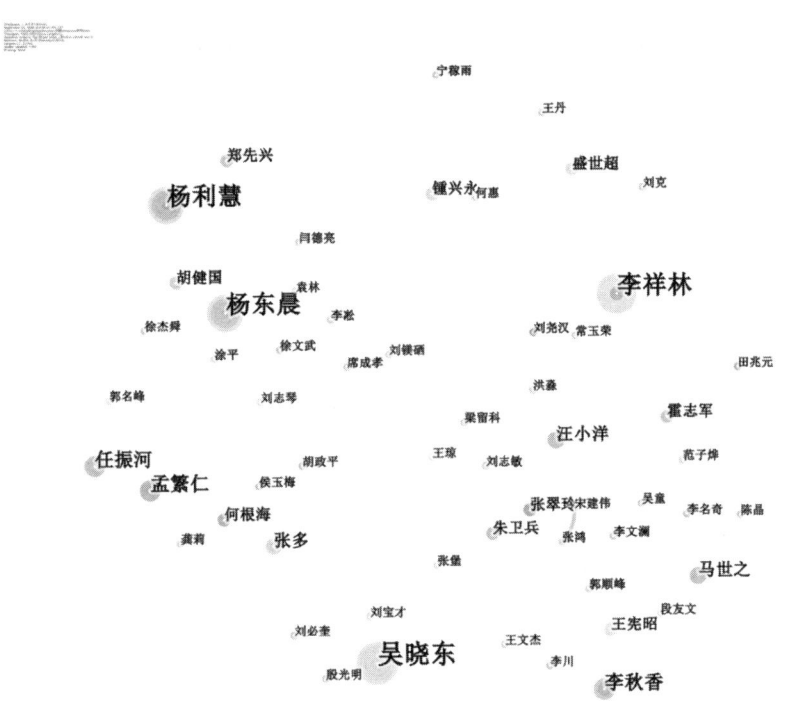

图5-5　1962~2020年间女娲研究作者合作分析

对本领域学者的成果展开深入分析，发现发文量在5篇以上的相对高产作者有9位，他们在女娲研究领域拥有相对深刻和全面的见解，一定程度上可反映出本领域的关注重点和方向侧重，具体分析如表5-4所示。

表5-4　女娲研究领域高产作者发文量及研究内容统计

作者	发文数量	主要研究内容
杨利慧	19	女娲信仰研究、神话主义、神话的解构与重构、口承神话的传承与变迁、女娲神话史研究

续表

作者	发文数量	主要研究内容
李祥林	18	女娲神话的海外传播、女娲信仰与文化研究、女娲对传统及地方戏剧的影响
杨东晨	14	女娲身份考据、伏羲女娲文化溯源研究、陕西地区女娲遗迹考据、历史化的女娲研究
吴晓东	13	女娲补天神话的历法来源、女娲神话文化价值研究、语音学角度的女娲溯源及同源考据、神话比较研究
王宪昭	8	女娲母题类型研究、女娲始祖文化身份构建研究、女娲母题在多民族中的流传与演变研究
汪小洋	7	汉画像石、女娲图像学研究
李秋香	6	女娲祖先信仰构建与族群文化认同、伏羲女娲地位研究、庙会文化中的女娲形象研究
孟繁仁	5	女娲崇拜、女娲神话与遗迹研究、女娲文化对特定文化现象的辐射研究
霍志军	5	女娲神话原型研究、民间女娲崇拜、女娲文化价值研究

三 基于知识图谱的女娲研究热点演进分析

通过 CiteSpace 的关键词共现分析功能对女娲神话相关论文进行参数设定并展开图谱分析。将时间区间（Time Slicing）划定在 1962~2020 年，时间切片（Tears Per Slice）为 1 年，节点类型（Node Types）为关键词（Keyword），选择标准（Selection Criteria）设定为 Top N = 50，即从每个时间切片中选择最常出现的前 50 个关键词进行分析，同时采用 Pathfinder 和 Pruning the merged network 的修剪方式对图形进行优化，可以得到 289 个节点和 293 条连线，网络密度为 0.007，详见图 5-6。图中节点大小表示关键词出现的频率，出现次数越多，节点越大，连线表示关键词之间存在一定程度的关联，节点间的远近反映了主题的亲疏关系。结合图谱和高频关键词表，我们有以下发现。

第五章　神话文献数据知识图谱应用个案研究

图 5-6　1962~2020 年间女娲研究关键词共现知识图谱

首先，出现频率最高的前几个关键词分别为女娲、神话、伏羲、《故事新编》、女娲神话、伏羲氏、汉画像石等，前 10 位的高频关键词中除"汉画像石"之外，其他关键词首次出现的时间均集中在 1992~2002 年之间。该时间段是女娲研究迅速发展的关键时期，研究主题在这一时期内已基本定型，相关论文的数量及研究的深度与广度也有了明显膨胀与扩张。

其次，"汉画像石"作为关键词最早出现在 1989 年的《南阳汉画像石中的神话与美学》① 中，在此后的 15 年间，该关键词散见于对特定地区的

---

① 黄雅峰：《南阳汉画像石中的神话与美学》，《南都学坛》1989 年第 3 期，第 14~16 页。

人文社科领域知识图谱研究引论——以中国神话人物大数据为例

葬俗及墓祠画像石研究[①]、汉画特定纹样的神话学阐释[②]等研究中，但大多作为考古及美学研究之附会，并没有形成明显的聚焦于女娲本身的研究主流。2004年之后，相关文献大量涌现，有59篇之多，涉及的研究专题更加广泛，主要集中于艺术形式探讨，绘本绘刻内涵研究，女娲与伏羲、西王母等共现人物的关系研究，基于特定汉墓的女娲石刻画像研究和汉代文化研究，等等。以郑州大学和南阳师范学院为代表的中原地区高校和研究机构在本领域的成果数量较多，呈现出较为明显的地域聚集效应。

最后，中介中心性作为测量节点在网络中重要性的关键指标，可在一定程度上揭示研究热点之间的突变或转化关系。图5-6中，圆环标示出了具有高中心性的关键词语，它们在建构女娲研究网络中起到了重要作用，结合时间序列可一定程度上揭示出女娲研究热点的演进规律。从表5-5所列的各高频关键词的中介中心性可以看出，具有重要影响的节点按照年份的推移在总体上呈现如下轨迹：

1997年（伏羲）→2004年（中国神话）→2005年（文化内涵等）→2006年（比较等）→2008年（伏羲时代等）→2014年（图像）

上述轨迹中，"比较"、"伏羲"和"图像"的中心度值位列前三，分别为0.54、0.47和0.46，表现出极强的热点效应。以与女娲相关的比较研究为例，研究主要分为以下几个层次：①以女娲等为媒介的中外神话比较研究。进行跨文化比较研究的一般前提是将女娲视为始祖神或始母，该

---

① 裴建平：《"人首蛇身"伏羲、女娲绢画略说》，《文博》1991年第1期，第83~86页；王戈：《从伏羲、女娲到东王公、西王母——山东地区汉代墓祠画像石神话题材》，《美术研究》1993年第2期，第54~59页。

② 李建：《汉画中二龙交尾图略释》，《文物春秋》1998年第1期，第31~32页；梁燕：《中国古代蟾蜍图像及其象征意义》，《株洲工学院学报》2002年第2期，第70~72、76页。

第五章　神话文献数据知识图谱应用个案研究

类研究专注于探讨中外神话女性形象差异、特定类型的文化传播规律、文化心理乃至历史宏观背景中的文明差异，比较常见的地域集中在日本、希腊和泛指的"西方"概念之中。②以女娲相关事迹为关联的民族间比较研究。女娲形象广泛流传于多个民族的历史文化体系之中，与之相关的跨民族比较研究成果也非常丰富，如探讨伏羲女娲在汉族和南方少数民族之中的流播，将汉族女娲造人神话与满族三女神造人神话进行比较溯源的研究①，从川西北羌族地区考察女娲神话踪迹②，等等。③女娲与其他女性神性人物之比较研究，如就女娲与妈祖进行神格与价值方面的对比讨论③、就女娲与神塔婆进行历史功绩和现实意义等方面的对比讨论④，以及通过儒家文化和伦理观念对女娲与伊邪那美命的影响研究，揭示中日两国不同的民族心理和文化内涵⑤，等等。

表 5-5 "女娲"相关高频关键词及高中心性关键词一览

排序	高频关键词	出现频次	年份	高中心性关键词	中心度	年份
1	女娲	207	1992	比较	0.54	2006
2	神话	134	2001	伏羲	0.47	1997
3	伏羲	104	1997	图像	0.46	2014
4	《故事新编》	51	1998	文化内涵	0.44	2005
5	女娲神话	50	1990	伏羲时代	0.43	2008
6	伏羲氏	39	1992	龙祖	0.42	2008

---

① 谷颖：《满族三女神造人神话与女娲造人神话比较研究》，《古籍整理研究学刊》2014年第5期，第84~88页。
② 李祥林：《从羌族口头遗产看女娲神话踪迹》，《文化遗产》2013年第3期，第98~104页。
③ 卞梁、黄艺娜、胡棋：《始母与天后：女娲与妈祖的异同比较》，《妈祖文化研究》2019年第4期，第86~98页。
④ 王惠：《哈尼族大母神塔婆与汉族女始祖女娲的比较研究》，《海南广播电视大学学报》2011年第3期，第34~37、59页。
⑤ 郭燕：《女娲与伊邪那美命——中日始母神形象比较》，《世界文学评论》2009年第2期，第214~217页。

续表

排序	高频关键词	出现频次	年份	高中心性关键词	中心度	年份
7	汉画像石	38	2004	英雄	0.39	2006
8	创世神话	36	1996	中国神话	0.38	2004
9	伏羲女娲	35	1992	神话传说	0.36	2005
10	鲁迅	34	2001	山海经	0.35	2005

四 基于知识图谱的女娲研究突发性探测分析

在 CiteSpace 中，某个聚类所包含的突发节点越多，则表示该领域的活跃性越强，能在一定程度上表示出新兴的研究热点与趋势[①]。对基于女娲研究的关键词频次进行节点突发性探测（burst detection），可以对其阶段性研究热点和研究方向的跃迁进行考察。探测模型（detection model）的基本参数不变，当 γ=0.9 时，可以得到女娲研究突现词列表（见表5-6）。

表 5-6　1962~2020 年间女娲研究的突现词

关键词	年份	突现强度	开始年	结束年	1962~2020
伏羲氏	1962	7.9556	1992	1998	
炼五色	1962	4.6844	1993	2003	
《故事新编》	1962	4.7367	1998	2000	
伏羲	1962	4.2329	2001	2002	
女娲	1962	5.9832	2001	2002	
创世神话	1962	3.6983	2007	2012	
神话传说	1962	4.2696	2007	2008	
原型	1962	4.4173	2008	2011	
图像	1962	4.3082	2014	2020	

---

① Kleinberg J., "Bursty and Hierarchical Structure in Streams," *Data Mining and Knowledge Discovery* 7（2003）：373-397.

第五章　神话文献数据知识图谱应用个案研究

与女娲相关的近 60 年的研究历程，根据不同时期研究对象、研究内容，大致可以划分为三个阶段。

第一阶段为 1962~1991 年，可以看作是女娲研究的蓄势发展期。该阶段前沿问题不突出的主要原因是该时期收录的文献数量较少，无法通过算法进行突现主题的获取，也正是这一客观原因反映出该时期学者对女娲的关注视角较为分散。随着民族识别与民族政策的不断推进与完善，以及民族民间文化大调查的开展，女娲研究在广度和深度上都有了一定的发展。该时期的女娲研究涵盖其作为中华民族始祖的溯源研究、新疆等地出土的考古发现研究、神话与史学的辩证讨论、女娲在文学作品中的形象探析、民族起源比较研究等诸多方面。例如，侯哲安在《伏羲女娲与我国南方诸民族》[1]一文中强调伏羲为三皇五帝人文始祖之一；章俊弟在《中国戏剧中的人神恋神话原型》[2]中围绕中国戏剧中的女神神品与神格展开讨论；贾雪枫和肖成全在《我国原始社会的性别图腾》[3]中论证了女娲在自然崇拜和图腾崇拜中的兴衰；等等。上述研究从计量角度来看热点并不聚焦，并没有形成稳定的关注热点，学者们的兴趣点还处于动态流动之中，但究其现实意义，不少研究方向在后世形成了重要的研究流派，甚至成为特定时期的研究主流，纵观女娲研究的全生命周期，该时期起到了非常重要的奠基作用。

第二阶段为 1992~2002 年，可以看作是女娲研究的吸纳融合期。从表 5-6 可以看出，该阶段包含的突现关键词有 "伏羲氏"、"炼五色"、"《故事新编》"、"伏羲"和"女娲"，其中"炼五色"和"伏羲氏"突现的时间跨度较长，分别为 10 年和 6 年，表现出较强的研究热点效应。"炼五

---

[1] 侯哲安：《伏羲女娲与我国南方诸民族》，《求索》1983 年第 4 期，第 102~107 页。
[2] 章俊弟：《中国戏剧中的人神恋神话原型》，《戏剧艺术》1992 年第 4 期，第 103~110 页。
[3] 贾雪枫、肖成全：《我国原始社会的性别图腾》，《西南民族学院学报》（哲学社会科学版）1992 年第 5 期，第 93~95、108 页。

色"一词源自"炼五色石以补苍天,断鳌足以立四极"①,主要刻画了女娲补天的过程。该词不仅出现在民间文学、民俗学研究领域,更延伸至气象学、地学、环境科学、材料科学、逻辑学等相关专业领域,所涉研究主题囊括臭氧层破坏与修复、古代大地震稽考、新型材料冶炼、二元互补论解读,等等,借"女娲补天"之引申义实现了对跨专业领域研究目光的吸引与聚焦,同时产生了更多符合当下历史时期生产生活语境的新发展,实现了研究对象的融合和研究范围的拓展。"伏羲"和"伏羲氏"的突现,表明该时期将女娲与伏羲同时进行研究的文献数量明显增多,据统计有62篇,这些研究主题包括二者与婚姻制度的考据、汉墓砖画中二者的形象探究、与神话人物相关的信仰研究以及二者的关系研究,等等。相关论述包括:田兆元在《论中华民族神话系统的构成及其来源》② 中提出伏羲女娲属于中原神话系统;石宗仁在《亦谈伏羲女娲》③ 中认为伏羲女娲与南蛮中的苗、九黎等存在渊源关系;易谋远在《中华民族祖先是彝族祖灵葫芦里的伏羲女娲吗?——和刘尧汉先生商讨》④ 一文中反驳了中华民族"文化共祖"是彝族祖灵葫芦里的龙女娲和虎伏羲,并通过民族融合迁移、文化传播等相关论述,得出中华民族的祖先应为黄帝、炎帝的结论;等等。该时期伏羲和女娲逐渐成为一体化的研究对象,实现了研究领域内的广泛融合。

第三阶段为 2003~2020 年,可以看作女娲研究的多元聚焦期。该阶段的研究热点集中于"创世神话"、"神话传说"、"原型"和"图像",特别是学术界对创世神话相关研究和图像学方面的探究热情持续时间均在 5 年

---

① (西汉)刘安及其门客:《淮南子·览冥训》。
② 田兆元:《论中华民族神话系统的构成及其来源》,《史林》1996 年第 2 期,第 1~8 页。
③ 石宗仁:《亦谈伏羲女娲》,《黔东南民族师专学报》1998 年第 3 期,第 48~50 页。
④ 易谋远:《中华民族祖先是彝族祖灵葫芦里的伏羲女娲吗?——和刘尧汉先生商讨》,《民族研究》1994 年第 3 期,第 33~41 页。

第五章 神话文献数据知识图谱应用个案研究

以上,该时期研究主题的典型特征是"多元"与"聚焦"辩证共存。

所谓"多元",指的是该时期内与女娲相关的研究主题在数量上实现了显著的跃迁,在1925篇文献中,文献数量在10篇以上的主题有39个,聚类后涉及女娲神话、伏羲氏、汉画像石、图像学、创世神话、生殖崇拜、遗迹遗俗考据、人物形象分析、文化价值演变、中外神话人物比较、民间信仰探析、神话学、母系氏族社会、非物质文化遗产,等等。学科分布更加广泛,涉及中国文学、宗教、考古、旅游、文化、美术书法、世界文学、历史、地理、中国民族与地方史志、中国语言文学、哲学、社会学等30个学科,形成了百家争鸣的学术繁荣之景象。

而所谓"聚焦",指的是在每一个主题之中,研究在内容和方法论层面更为集中,形成了具有影响力和持续性的小研究领域。以"创世神话"主题为例,研究相关的文献有84篇。根据不同颜色的关键词聚类,虽然可发现6组聚集的词组,但词组规模较为悬殊,研究的偏向性较为明显。其中,棕色词组数量最多,围绕"中国神话""民族神话""神话学""母题""开辟神话""与女娲相关的神话人物"等核心议题,众关键词彼此勾连形成了紧密而复杂的关系网络,构成了明显的聚集。由此可见"女娲"与"创世神话"之间的互文与关照逐步深入,女娲越来越频繁地出现在创世神话研究和史前文明研究的范畴中,女娲作为中华民族始祖的形象也逐渐得以稳固。其次为以"提坦神""丢卡利翁"等为核心的橘红色词组,该类研究的重点放在了中西方创世神话比较研究和文化价值研究方面,视女娲为东方代表性神话人物之一,具有与西方同等地位女神相比较的必然性。该时期的研究者将女娲神话研究的视野扩展到全亚洲乃至西方文明之中,以女娲研究为媒介,构建起中西方神话研究的桥梁,在比较文学研究和跨境文化研究方面实现了长足发展。除此之外,其他颜色词组的聚集性并不显著,在数量和聚集规模上都无法与前两类主题相比,一方面反映出特定研究方向学者群体的稳定性,另一方面反映出有限数量的核心主题对全领域研究视线的吸引更容易衍生出与之相关的研究热点与创新之处。

同时，根据1962~2020年女娲研究论文的关键词聚类，可生成全周期内女娲神话研究主题的时间线图（Timeline view），由此较为完整地展现该领域研究热点的演变与跃迁。

第三节　区域性神话及神话人物知识图谱分析

神话作为重要的传统文化，在研究维度方面具有多种视角，其中从地理维度考察神话以及神话中的神话人物也是一种常见的研究方法，这里选取主要流传于我国东北地区的满-通古斯一带的神话作为案例，对这一区域的神话及神话人物知识图谱做相应分析。

据学术界普遍认可的界定，满-通古斯一般指满-通古斯语族，包括中国境内的满语、锡伯语、赫哲语、鄂伦春语、鄂温克语和在历史上使用过的女真语；俄罗斯联邦境内的埃文基语、埃文语、涅基达尔语、那乃语、乌利奇语、奥罗克语、乌德盖语、奥罗奇语；蒙古国的鄂温克语（又称喀木尼甘语）[1]。这里选择中国境内的满族、鄂温克族、鄂伦春族、赫哲族、锡伯族等5个民族作为研究案例。

我们仍以中国知网期刊数据库为数据来源，确定"（满族+锡伯族+赫哲族+鄂温克族+鄂伦春族+通古斯）*神话"为检索规则在该数据库中进行基于中英文扩展的精确检索，共得到337篇论文[2]。其中，北大核心期

---

[1] 高文德：《中国少数民族史大辞典》，吉林教育出版社，1995年。
[2] 检索条件：（主题%=（满族+锡伯族+赫哲族+鄂温克族+鄂伦春族+通古斯）*神话 or 题名%=（满族+锡伯族+赫哲族+鄂温克族+鄂伦春族+通古斯）*神话 or title=（xls（满族）+xls（锡伯族）+xls（赫哲族）+xls（鄂温克族）+xls（鄂伦春族）+xls（通古斯））*xls（神话）or v_subject=（xls（满族）+xls（锡伯族）+xls（赫哲族）+xls（鄂温克族）+xls（鄂伦春族）+xls（通古斯））*xls（神话））；检索范围：期刊。

刊论文 105 篇，CSSCI 期刊论文 76 篇，其他来源期刊论文 135 篇。这些期刊论文的时间跨度是 1982~2023 年。以这些数据为基础，针对年度发文数量维度进行统计分析，可以较为直观地考察发文趋势与特征。同时，还可以将上述文献的作者、发文机构、题名、发表时间、关键词、被引和摘要等相关信息以 Refworks 格式导出，进一步将这些数据依循不同算法规则导入 CiteSpace 软件中，就可以形成全面考察 40 多年满-通古斯神话文献知识图谱研究的数据基础。

一 满-通古斯区域神话研究年度文献趋势分析

采集数据显示，最早收录于中国知网的满-通古斯神话研究论文如发表于《农业科学实验》1980 年第 3 期的宋宝贵《驯鹿》一文曾提到鄂温克族神话，虽然算不上真正学术意义上的满-通古斯区域神话研究，但已经展现出对该领域神话的关注。接下来的一些专题研究则不断体现出区域神话研究的特色，如斯蒂芬·杜兰特等于 1982 年发表在《民族译丛》[①] 上的《满族起源神话故事中的重复现象》对 1635 年《旧满洲档》和 1782 年《满洲实录》中关于满族起源的神话进行了基于民间口头传说的重复现象分析，在发现早期满族神话具有"渐进式"重复叙述特征的同时，通过不同时期神话文本"重复手法"的复现，认为满族起源神话记载方式在历史传承体系中具有相对稳定性。又如，发表在《民族文学研究》1985 年第 4 期上的程迅的《〈三仙女〉是女真族的古老神话吗？》则使用考据的方法对神话的历史定位作出深入探讨，认为满族爱新觉罗氏著名始祖神话《三仙女》载入崇德元年（1636）成书的《清太祖武皇帝奴儿哈奇实录》之后，历代官修史书和私家著述如《皇朝开国方略》《满洲实录》《满洲源流考》以及《东华录》《茶余客话》等都承袭了这种说法，将神话与历史高度融

[①] 《民族译丛》于 1979 年创刊，1995 年改名为《世界民族》（Journal of World Peoples Studies）。

合。这些具有民族区域研究特征的早期研究成果在其后的研究中均展现出一定的持续性。

通过数据采集与分析，不难发现满-通古斯语诸民族神话40多年的学术发展历程在年度发文频次上呈现较为显著的三段式发展特征，大致可划分为1980~1995年的蓄力期，1996~2012年的稳定增长期和2013~2023年的高速发展期，见图5-7。其中，1995年之前的年成果数量尚维持在较为平缓的增长状态，偶发性的年份断层和数量增长使得该阶段的成果数量呈现出探索性和不稳定性，这也符合新兴研究领域早期的典型特征。1996~2012年间的年度文献增长率较为平稳，年发文数量基本维持在5~10篇，研究成果数量在本阶段实现了一定程度的积累。2013~2023年，与满-通古斯神话研究相关的成果数量呈现跳跃式发展态势，本阶段的年均发文数量为17.8篇，其中2013年、2017年和2019年的年度发文数量均达到了20篇以上，本阶段总数量为160篇，占全历程成果数量的47.5%。值得注意的是，第三阶段的研究领域进一步丰富，方法也表现出明显的多样化，研究主题更加多元，综合研究方向挖掘深度、关注热点持续长度和作者合作网络的纵深度也表现出持续高位增长态势。

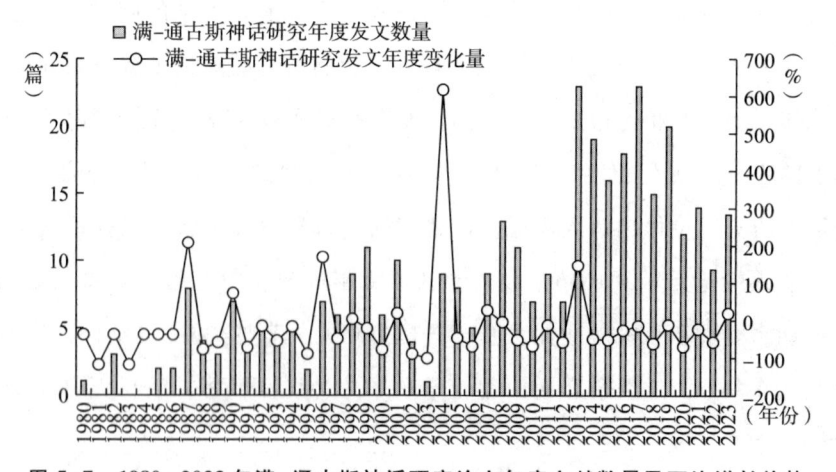

图5-7 1980~2023年满-通古斯神话研究论文年度文献数量及环比增长趋势

第五章　神话文献数据知识图谱应用个案研究

促成上述发展变化趋势的因素无法一概而论,究其主要原因,或可归结为以下几点。

第一,发掘中华传统文化的大背景与满－通古斯神话的价值发现成为促使本研究领域兴起的直接因素。始于20世纪80年代的民间文化普查活动将大量散佚在东北三省民间的神话叙事挖掘了出来,无论是多省联合的"满族民间文学调查小组"收获的大规模田野调研资料,还是地方文化团体及个人自发组织的普查活动成果,都为民间文学、民俗学、民族学等相关领域的学者们提供了一手研究素材和直接研究对象,这一活动也成为满－通古斯神话研究领域崛起的直接诱因。有研究者认为,"民族民间艺术是民间文化的宝库。国家十套民间文化集成（志）的编纂,推动了全国范围内各省、市、自治区直到各县、乡、镇、村的普查,其收获是空前的;编纂成卷出版,对发展我国的民族文化创作,作用之深远也是无可估量的"①。全国各民族文化大普查对满－通古斯语族诸民族这一特定区域的神话研究也产生了巨大影响,如出版于1983年的《满族民间故事选》（一、二集）②共收录了满族民间故事117篇。据不完全统计,知网数据库中,直接研究或间接提及上述故事选的论文约160篇,学位论文59篇,其无疑成为刺激本领域神话研究持续深入的重要基础。1984~1987年间,辽宁省共计收录整理出区县级层面的文学资料本133卷,故事3716篇,约1167万字③。《满族三老人故事集》④《满族古神话》⑤等民间文学作品相继问世,白清桂、爱新觉罗·庆凯、富察德生等满族故事家也逐步走入大众视野,在进一步稳固满－通古斯文学资料学领域基础建设的同时,"愈来愈多

---

① 过伟:《加强民族民间艺术理论的发掘与研究》,《学术论坛》1989年第5期,第78~79页。
② 乌丙安:《满族民间故事选》,上海文艺出版社,1983。
③ 杜洁芳:《辽东家家讲故事的场面不复存在》,《中国文化报》2011年12月6日,第6版。
④ 张其卓、董明:《满族三老人故事集》,春风文艺出版社,1984。
⑤ 爱新觉罗·乌拉熙春:《满族古神话》,内蒙古人民出版社,1987。

人文社科领域知识图谱研究引论——以中国神话人物大数据为例

的少数民族民间文学作品逐一展现出原有的光彩,在中华民族文学史上获得了应有的地位"①,与之相关的研究亚领域开始走上学术历史舞台,以满族神话为代表的满-通古斯民间口头文学"从来也没有像今天这样越来越受到人们广泛的关注"②。

第二,不同层级对非物质文化遗产的重视进一步激发了满-通古斯神话研究领域的学术活力。21世纪之初,中国民间文艺家协会在原来各省市县三套集成卷本采集的基础上,启动组织了"中国民间文化遗产抢救工程",其主要任务就是面向全国各个民族与特色区域进一步做好文化遗产的考察和记录工作,并提倡采用文字、摄影、摄像等方式记录,对这些重要文化遗产做好数据采集与研究。2004年,我国正式成为联合国教科文组织《保护非物质文化遗产公约》缔约国之一,伴随着相关理论实践工作的逐步展开,在积极构建非物质文化遗产学的广泛呼声中,学术界也针对这一前沿热点开展了多层次、多角度的学术研究和广泛讨论。特别是"满族说部"(Ⅰ-12)和"满族民间故事"(Ⅰ-53)先后于2006年和2008年被列入第一批、第二批国家级非物质文化遗产名录之后,依循非遗视角审视满-通古斯神话研究的成果不断涌现。例如,田丽华和杨光在《论赫哲族的虎崇拜》一文中指出,赫哲族的虎崇拜大量反映在本民族的神话传说中,"了解其中的文化内涵和精神核心,对于保护和传承赫哲族非物质文化遗产具有历史价值和现实意义"③;贺萍和李吉光在《满族说部中女神的崇高魅力》一文中,通过对《天宫大战》《恩切布库》《乌布西奔妈妈》等女神传说的美学解读,强调了其作为满族非物质文化遗产代表的经典性

---

① 马学良:《满族文学宝库的一颗东珠——评爱新觉罗·乌拉熙春的〈满族古神话〉》,《满族研究》1988年第3期,第40~41页。
② 马名超:《给民间口头文学以"第二次生命"——记满族故事家傅英仁》,《文艺评论》1987年第4期,第78~82页。
③ 田丽华、杨光:《论赫哲族的虎崇拜》,《佳木斯大学社会科学学报》2019年第1期,第164~167页。

第五章　神话文献数据知识图谱应用个案研究

和崇高性[1]。

第三，新时代中华文明探源的热潮促进了满－通古斯神话的研究成果产出。党的十八大以来，中央对民族文化包括少数民族文化高度重视，在很大程度上促进了满－通古斯神话研究成果的数量与质量提升。习近平总书记在2013年就明确指出，"在5000多年文明发展进程中，中华民族创造了博大精深的灿烂文化，要使中华民族最基本的文化基因与当代文化相适应、与现代社会相协调"[2]。国家文化部门及科研机构对民族优秀传统文化的发掘在此阶段得到进一步的重视，相关研究成果不断涌现。通过图5-7可以发现，2013~2021年的研究成果曲线明显呈现上升趋势，相关研究成果的数量与质量都呈现明显的上升趋势。

从采集的满－通古斯语族神话研究文献的数据看，1980~2023年满－通古斯神话研究论文的数量分布变化曲线清晰，发展态势积极，正如有研究者提出的，这一阶段满－通古斯神话研究"正好与中国改革开放40年相吻合。如果在此一并考察的话，会发现满－通古斯神话研究在此时期形成了一个持续推进的态势"[3]。从学术论文的视角推演至学术著作、项目合作、会议专题和平台建设等细分领域，各个版块均表现出相似的变化曲线和与之相对应的强大生命力，可以相信，在中国神话学发展进程中，关于该区域神话研究的发展将持续保持蓬勃的研究面貌和强劲的发展势头。

二　满－通古斯区域神话研究领域学者网络结构分析

运用CiteSpace软件对所选取的337篇文献进行基于作者发文数量的计

---

[1] 贺萍、李吉光：《满族说部中女神的崇高魅力》，《长春师范大学学报》2015年第7期，第16~17页。

[2] 习近平：《建设社会主义文化强国　着力提高国家文化软实力》，人民网，http://politics.people.com.cn/n/2014/0101/c1001-23994334.html，最后访问日期：2024年5月10日。

[3] 王宪昭：《中国满－通古斯神话研究70年》，《满语研究》2019年第2期，第94~102页。

人文社科领域知识图谱研究引论——以中国神话人物大数据为例

量分析，得到以作者和作者之间合作关系为主干结构的研究者关系结构网络，详见图 5-8。其中，节点的大小表示该作者在 1980~2023 年间发文数量的多少，节点和连线的颜色深浅对应不同的年代时序。同时，综合发文数量和论文的被引用率等指标，可以找出本阶段相对高产且具有高影响力的关键学者。一般而言，这类学者在本领域投入的时间更长，成果数量更加丰富，其成果在本领域乃至交叉学科领域的影响力范围更加广阔，因此可在一定程度上代表本阶段满-通古斯神话研究的关注重点，详见表 5-7。

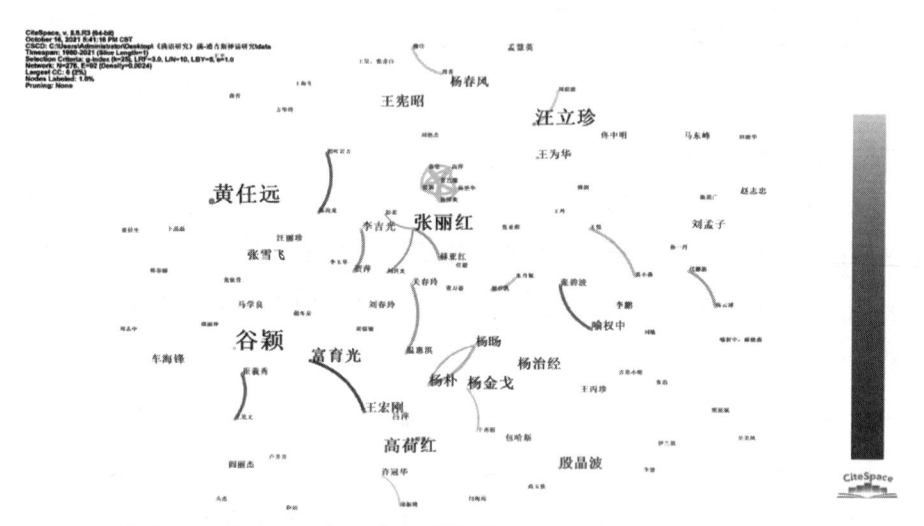

图 5-8　1980~2023 年间满-通古斯神话研究学者发文量及合作网络

表 5-7　1980~2023 年间满-通古斯神话研究领域高影响力作者发文量及研究方向一览

作者	发文数量	总被引量	发文时间段	主要研究内容
谷颖	24	45	2007~2022 年	满族特定类型神话研究、满族萨满神话研究、满族神话符号研究、神话比较研究、神话文学性与民族性研究、迁徙神话研究
黄任远	21	132	1989~2023 年	满-通古斯神话图腾研究、满-通古斯神话比较研究、满-通古斯特定类型神话研究、神话文化研究
汪立珍	15	73	2001~2023 年	鄂温克族神话研究、满-通古斯神话比较研究、神话中的中华民族共同体意识
张丽红	11	19	2013~2021 年	满族女神研究、满族说部神话学研究

第五章　神话文献数据知识图谱应用个案研究

续表

作者	发文数量	总被引量	发文时间段	主要研究内容
高荷红	10	18	2008~2023年	女真萨满神话研究、满族民间故事家研究、满族说部史学研究、神话与史诗关系研究
富育光	7	119	1985~1999年	萨满文化研究、满族民间文学传承与发展研究
杨金戈	6	12	2015~2019年	鄂伦春族神话研究
杨治经	5	13	1996~1999年	满-通古斯语族与汉族神话比较研究
王宪昭	5	12	2015~2023年	满-通古斯神话母题研究、满-通古斯神话研究方法、文化起源研究
王宏刚	4	25	1986~2006年	萨满文化研究
张雪飞	4	14	2006~2010年	满族女神研究、满族神话图腾研究
杨朴	4	5	2005~2017年	萨满神话研究、满族神话原型研究

根据图5-8和表5-7所示内容，我们可以给出以下几点基本判断。

第一，神话研究者相对独立研究状态突出。如图5-8所示，本领域学者合作网络中共包含276个节点（作者）和92条连线（合作关系），网络密度为0.0024，整体的网络结构较为松散，即并没有形成明显的合作网络关系。究其原因，一方面源于人文社科类研究更"倾向于'个人独著'以及'小规模的团队合作'"[1]，另一方面也反映出该专题研究中交叉领域、交叉学科研究尚处于起步阶段，对其他研究领域的辐射力亟待被发掘。

第二，神话研究的多部门多领域合作组团初见端倪。从发表的337篇研究论文的作者合作情况看，由两位以上作者共同完成的论文共计64篇，占全部论文数量的19.0%。其中，较有代表性的情况有以下几种。一是同机构专家学者组成的研究合作组团，如喻权中、张碧波和麻晓燕等在《东北亚诸族创世与起源神话考原——兼与"东北亚的圣母柳花"说商榷》[2]

---

[1] 刘苗苗等：《不同学科科研合作差异的比较研究——以2017年教育部创新团队114位带头人为例》，《科技管理研究》2019年第16期，第100~107页。

[2] 喻权中、张碧波：《东北亚诸族创世与起源神话考原——兼与"东北亚的圣母柳花"说商榷》，《社会科学战线》2001年第1期，第162~173页。

人文社科领域知识图谱研究引论——以中国神话人物大数据为例

《肃慎系统族源神话的历史考察》[①] 等文中对满族兼及东北亚诸族的创世与起源神话进行了系统考察。二是跨机构专家学者组成的研究合作组团，如吉林省民族宗教研究中心的富育光与上海社科院的王宏刚在《论满族民间文学的传承方式》[②] 中，对跨北京、上海、黑龙江、吉林、辽宁、河北等多省份的满族民间文学作品进行了整体性考察，一定程度上彰显了地域特点和平台优势；杨金戈、于秀娟的《鄂伦春族与其他满-通古斯民族人类起源与族源神话探析》[③] 一文属于内蒙古民族大学文学院与中央民族大学少数民族语言文学系两个单位的学术合作。三是以师承关系为基础的研究合作组团，如杨朴、杨旸关于萨满神话的系列研究成果，张丽红及其团队在萨满原始戏剧和满族女神创世神话研究中的持续探索，等等。不同领域与不同部门的研究者小范围的合作模式已经开始形成，这种合作打破了以往少数民族神话研究以个体研究为主的普遍做法，表现出新的学术研究时代需求。随着信息化技术的普及，这类研究成果进一步开阔了研究的视野，在研究成果的理论方法创新乃至一些高校或科研部门的科教融合方面也发挥了积极作用。

第三，综合性研究学者的数量不断增加。针对满-通古斯神话研究以及学科背景下的专题研究，在这一阶段产生了以全方位研究和体系性研究为特色的综合性研究学者，如谷颖、黄任远、汪立珍等神话研究学者，他们不仅着眼于满-通古斯神话体系中的单一民族神话，而且关注整个满-通古斯语族民间作品之间的相互关系，在研究方法上既大胆采用了宏观层面

[①] 喻权中、麻晓燕：《肃慎系统族源神话的历史考察》，《黑龙江民族丛刊》1999年第1期，第91~94页。

[②] 富育光、王宏刚：《论满族民间文学的传承方式》，《民族文学研究》1986年第5期，第19~24、33页。

[③] 杨金戈、于秀娟：《鄂伦春族与其他满-通古斯民族人类起源与族源神话探析》，《内蒙古民族大学学报》（社会科学版）2019年第2期，第91~95页。

的系统理论，也坚持着扎实的微观研究视角。例如，谷颖在近十几年间，将研究的触角延伸至满族特定类型神话研究、满族萨满神话研究、满族神话符号学研究、神话比较研究、神话文学性与民族性研究、神话的文化学研究、神话与民族历史研究等诸多方面，截至2023年共发表24篇研究论文，已形成自身鲜明的研究特色，其具有内在联系的学术体系几近覆盖满族神话各个主题类型，为相关研究提供了丰富且有益的参考。这些学者在拓宽本领域研究视野的过程中起到了积极的作用。应该说，无论是个体研究还是团体合作式研究，都会朝向神话学更大领域的宏观研究和系统研究努力，而当今数字信息时代迅速发展的大背景也会为更加便捷的合作网络构建提供条件。

三　满-通古斯区域神话研究演进趋势知识图谱分析

对近50年满-通古斯神话研究领域中发表的全部学术论文进行分析，可以客观、准确地把握本阶段学界的关注重点和热点主题。基于文章的关键词可以精准概括研究主题的合理假设，充分关照文章关键词信息与论文主题在共现频次、关联强弱方面的映射关系，研究通过CiteSpace对337篇论文中所包含的全部关键词进行计量分析，在1980~2023年时间段内，每一年的时间切片设定为Top N=50，从而得到540个节点和604条连线，网络密度为0.0042，详见图5-9。图中节点大小表示关键词出现的频率，出现次数越多，节点越大；节点之间的连线表示关键词之间存在一定程度的关联，节点间的远近则反映出主题之间的亲疏关系。通常情况下，同一篇文献中出现的相同关键词次数越多，则代表这两个主题的关系越紧密[1]，我们据此绘制出满-通古斯神话研究共词知识网络，以直观展现此研究领

---

[1] Callon M., Law J., Rip A., *Mapping the Dynamics of Science and Technology* (The Macmillan Press, 1986), p.815.

域在40多年时间中的研究热点和基本结构。

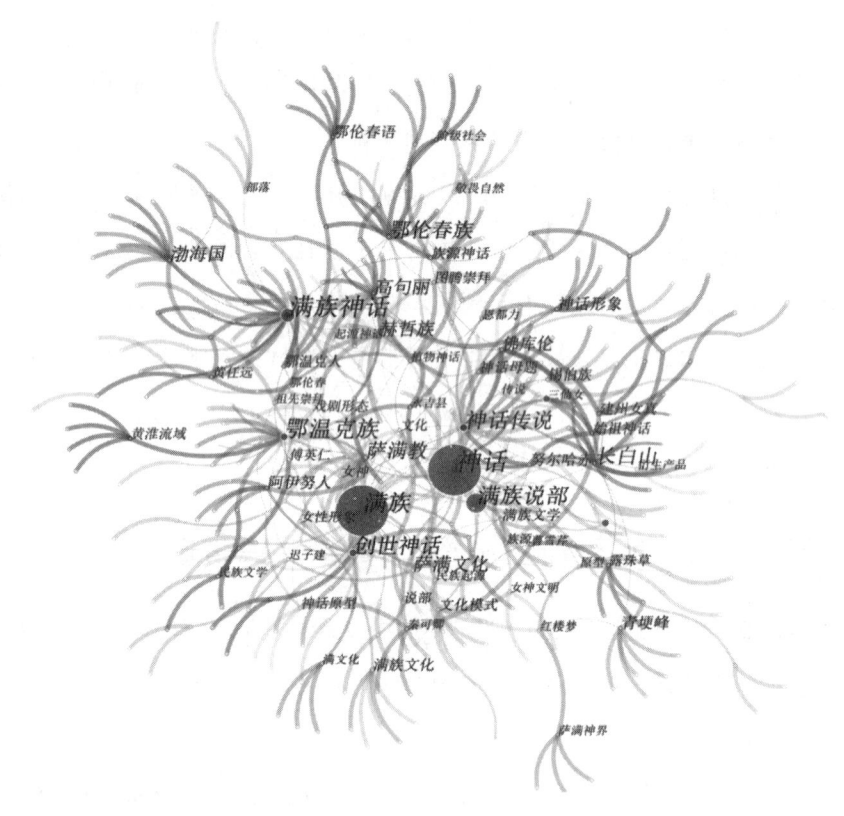

图 5-9　1980~2023年间满-通古斯神话研究关键词共现知识图谱

表 5-8　满-通古斯神话研究高频关键词及高中心性关键词一览

排序	高频关键词	出现频次	年份	高中心性关键词	中心度	年份
1	满族	46	1998	神话	0.45	2004
2	神话	43	2004	满族神话	0.32	1982
3	满族神话	33	1982	鄂温克族	0.26	1980
4	满族说部	23	2008	满族	0.2	1998
5	创世神话	20	1985	满族说部	0.2	2008
6	鄂温克族	20	1980	创世神话	0.18	1985
7	萨满文化（萨满神话）	20	2001	神话传说	0.17	1988
8	神话传说	14	1988	长白山	0.17	1990

第五章　神话文献数据知识图谱应用个案研究

续表

排序	高频关键词	出现频次	年份	高中心性关键词	中心度	年份
9	鄂伦春族	14	1986	萨满教	0.14	2001
10	佛库伦	11	1987	鄂伦春族	0.13	1986
11	努尔哈赤	10	1987	萨满文化	0.08	2004
12	赫哲族	10	2001	佛库伦	0.07	1987

根据图5-9和表5-8，我们可以得出以下几点结论。

第一，以满族神话为代表的多维研究格局初步形成。如图5-9和表5-8所示，在1980~2023年间，包括"满族""满族神话""满族说部"等在内的关键词共计出现百余次，直接以该民族神话作品作为研究对象或间接提及相关故事传说的论文高达242篇，占全部论文总量的71.8%，远超其他几个民族，在整个学术历程中呈现出以满族民间文学研究为主的整体性框架结构。伴随着相关研究成果数量的不断积累，围绕满族民间文学展开的研究方向和亚主题逐渐分化，渐次形成了以下几个核心维度。

满族族源神话与历史的关系研究成果突出。习近平总书记指出，"中华文明具有突出的连续性，从根本上决定了中华民族必然走自己的路。如果不从源远流长的历史连续性来认识中国，就不可能理解古代中国，也不可能理解现代中国，更不可能理解未来中国"[1]。所以，从古老的神话中探讨中华民族的历史历来是神话研究中的一项重要内容。关于神话与历史的关系，闻一多曾提出，"夫今人所视为迷信者，即古人之科学，今人所视为神话者，即古人之历史，古代神话之存于今者，其神话色彩愈浓，其所含当时之真相愈多，此中无所谓荒诞不经，更无所谓作伪也。今所存古代之记载，诚亦有合于今人之历史意义者，然其价值，窃谓亦未必高于神话。盖历史为人类活动

---

[1] 《习近平在文化传承发展座谈会上强调 担负起新的文化使命 努力建设中华民族现代文明》，《人民日报》2023年6月3日，第1版。

人文社科领域知识图谱研究引论——以中国神话人物大数据为例

之记录,而神话则其活动动机之记录。历史知其'然',神话知其'所以然'也"①。这为神话作为历史的"证据"作出了合理的诠释。神话故事中的许多人物、事件和情节往往与历史高度契合,这种契合体现出神话的历史研究价值。正如满-通古斯语族神话研究者提出的,"与氏族起源、部落起源以及整个民族共同体起源相关的神话是满族起源神话最具代表性的神话类别"②。与之相关的研究一方面可以从历时的宏观维度探究满族先民群体意识的演变历程,另一方面可以进一步重塑当今满族人民在时代变化中的潜在认同意识。相关研究成果数量众多,如刘大志在《满族族源神话与"满洲"族称》一文中对广泛流传于满族中的"三仙女"神话进行了基于历史维度的详细考察,通过对"三仙女"沐浴湖泊的位置的真实考据,为"今天准确地认识满族的形成和族称的来源提供了重要依据"③,等等。

以满族神话为代表的神话多重关系比较研究。比较的范畴涉及跨文本、跨民族、跨地域、跨时空等多种类型,体现出研究主体在比较文学研究领域的重要价值和对相邻研究领域的高辐射力。例如,金艺铃在《朝鲜与满族神话之比较——以朱蒙神话与布库里雍顺神话为中心》一文中,对广泛流传于朝鲜的朱蒙神话与布库里雍顺神话进行了比较研究,通过对上述民族建国神话中的母系形象、父系形象以及始祖形象的系统性考察,"试图探索朝鲜和满族的建国神话中出现的诸神的形象及意义"④;马东峰在《长白山神话与昆仑山神话比较研究》一文中,通过神话创造主体、客观生态和语言特征等多方面的比较分析,对两者的共性和

---

① 闻一多:《〈高禖郊社祖庙通考〉跋》,《清华学报》1937年第3期,第445~472页。
② 谷颖:《满族民族起源神话研究》,《东北史地》2012年第4期,第53~58页。
③ 刘大志:《满族族源神话与"满洲"族称》,《黑龙江民族丛刊》2007年第1期,第109~113页。
④ 金艺铃:《朝鲜与满族神话之比较——以朱蒙神话与布库里雍顺神话为中心》,《西南民族大学学报》(人文社科版)2008年第4期,第149~155页。

第五章 神话文献数据知识图谱应用个案研究

差异性进行了整体性研究[1];等等。比较研究方法作为少数民族神话研究领域最为常用的研究方法之一,主要是对两种或两种以上民族神话之间的相互作用及其作用过程进行相应的探讨,既可以是神话与其他文类的形式比较研究,也可以是不同客体间的影响研究、平行研究关系研究以及相关问题的比较研究。"从目前见到的满-通古斯神话研究成果看,涉及了多种比较方法,其中不仅有单一少数民族神话类型间的比较研究、不同语系民族神话间的比较研究、不同类型神话之间的比较研究、不同满-通古斯民族神话之间的比较研究,还有满-通古斯民族神话与汉族神话的比较研究以及满-通古斯民族神话与国外神话的比较研究等。这些研究对人们全方位审视满-通古斯神话的内容、形式、性质、特征等提供了依据和便利。"[2]

满族神话的多领域交叉研究。神话作为人类早期的百科全书,涉及社会、政治、经济、文化等多个领域。基于满族神话研究时间历程长、成果数量多、与其他领域交错根系复杂的现实情况,将其放置于社会生态、政治环境和经济领域之中进行考察研究也就成为该领域的核心研究维度之一。例如,李莉在《神话视域下肃慎族系政治制度的变迁研究》一文中,通过对肃慎族系在母系社会、父系社会和阶级社会时期产生的神话叙事的比较分析,通过"神话"这面三棱镜折射出"其政治制度由民主转向集权专制的历史进程"[3]。高云球和代娜新在《满族神话中的族群认知与精神建构》一文中,通过对满族神话发生学与叙事学视域的追根溯源,得出了满族神话深刻"影响着族群成员的内在精神塑造,也成为凝聚族群共同体、

---

[1] 马东峰:《长白山神话与昆仑山神话比较研究》,《社会科学战线》2016年第6期,第129~134页。
[2] 王宪昭:《中国满-通古斯神话研究70年》,《满语研究》2019年第2期,第94~102页。
[3] 李莉:《神话视域下肃慎族系政治制度的变迁研究》,《满族研究》2016年第4期,第73~77页。

人文社科领域知识图谱研究引论——以中国神话人物大数据为例

建构社会组织意识形态的文化表征"[1]的判断。汪立珍在《中华各民族共有祖先崇拜神话研究》一文中，以中原地区祖先崇拜神话为核心，分别与西南地区、东北地区各民族祖先崇拜神话进行历时与共时比较研究，双向透视这些神话共有的祖先崇拜主题，认为中华各民族共有的祖先崇拜神话既是中华民族共同体意识的历史表达方式，也是中原地区与西南地区、东北地区各民族长期交往交流交融的结果。中华各民族共有祖先崇拜神话对于构筑中华民族共有精神家园、铸牢中华民族共同体意识，具有强大的精神凝聚力作用。[2]该文将神话的特定主题与铸牢中华民族共同体意识有机结合起来。

第二，神话视域下的萨满信仰研究。萨满文化信仰是广泛存在于我国古代北方民族中的一种传统文化形式，产生于原始母系氏族社会的繁荣时期，至今在满-通古斯语族诸民族中仍保留着萨满文化的丰富遗俗。包括满族的《尼桑萨满》、鄂伦春族的《尼顺萨满》、赫哲族的《一新萨满》等在内的萨满神话作为该文化形式的重要载体，在学界一直被视作重要的研究议题存在，相关研究成果丰硕，形成了丰富的研究分支。一是围绕神话与祭祀等遗俗展开的互文性研究，如杨金戈的《鄂伦春族神话与萨满祭礼》[3]、张亚辉的《清宫萨满祭祀的仪式与神话研究》[4]等。二是对萨满神话的文化价值考察，如王丙珍的《鄂伦春族萨满神话的生态审美意蕴与文化认同》[5]、王悦和裘小燕的《满族文化中的生命价值探寻》[6]等。三是萨满文化向其

---

[1] 高云球、代娜新：《满族神话中的族群认知与精神建构》，《中央民族大学学报》（哲学社会科学版）2015年第3期，第114~119页。

[2] 汪立珍：《中华各民族共有祖先崇拜神话研究》，《中华民族共同体研究》2022年第6期，第89~100、170~171页。

[3] 杨金戈：《鄂伦春族神话与萨满祭礼》，《黑龙江民族丛刊》2019年第2期，第127~130页。

[4] 张亚辉：《清宫萨满祭祀的仪式与神话研究》，《清史研究》2011年第4期，第35~48页。

[5] 王丙珍：《鄂伦春族萨满神话的生态审美意蕴与文化认同》，《黑龙江民族丛刊》2017年第3期，第159~163页。

[6] 王悦、裘小燕：《满族文化中的生命价值探寻》，《文艺争鸣》2018年第1期，第199~205页。

第五章　神话文献数据知识图谱应用个案研究

他文化亚型的渗透性考察，如杨旸和杨朴的《萨满的"二神转"及其神话原型》[①]、张丽红和姜亭亭的《萨满"火祭"原始戏剧与满族女神创世神话》[②] 等。

第三，数据和整体性视角下的满-通古斯神话研究成果不断涌现。伴随着资料学视域下的满-通古斯神话研究资料的逐渐积累，基于大数据基础的宏观考察方法也逐渐被更多的学者所关注和利用，如王京在《满-通古斯语族诸民族神话研究案例数据分析——以〈满语研究〉创刊以来刊发成果为例》一文中，对《满语研究》期刊创刊以来的满-通古斯神话研究系列成果进行了分析，从研究方法、内容主题、数据呈现等方面对该领域研究趋势进行了整体性考察，"在建构神话学研究平台方面表现出积极探索的学术追求"[③]；又如王宪昭在《中国满-通古斯神话研究70年》一文中，通过对满-通古斯神话产生与发展、性质与特征、价值与文化意义的系统性考察，得出了本研究领域"体现出与时俱进的良好态势，对中华民族文化复兴的进程发挥出应有作用"[④] 的结论；等等。

四　满-通古斯区域神话研究中的几个热点分析

基于上述研究趋势特征，我们可以利用 CiteSpace 软件对满-通古斯神话研究历程中学者所关注的热点问题进行挖掘。较常用的方法之一便是对某聚类所包含的突发节点数量进行观察：突发节点数量多，则表示该关键

---

① 杨旸、杨朴：《萨满的"二神转"及其神话原型》，《戏剧文学》2016年第3期，第153~160页。
② 张丽红、姜亭亭：《萨满"火祭"原始戏剧与满族女神创世神话》，《戏剧文学》2016年第9期，第96~103页。
③ 王京：《满-通古斯语族诸民族神话研究案例数据分析——以〈满语研究〉创刊以来刊发成果为例》，《满语研究》2019年第1期，第106~113页。
④ 王宪昭：《中国满-通古斯神话研究70年》，《满语研究》2019年第2期，第94~102页。

人文社科领域知识图谱研究引论——以中国神话人物大数据为例

词所代表的议题活跃性更强，与之相对应的热点发现也更具说服力[①]。我们将337篇研究论文的全部关键词和时间信息导入软件中，保持探测模型的基本参数不变，当γ=0.7时，可以得到满-通古斯神话研究突现词列表（见表5-9），共计探测到了10个突现词。其中，"开始年"表示该突现词出现的年份；"结束年"表示该突现词结束的年份；深色线段的长度表示该关键词突现的时长；"突现强度"的数值越大，则表示该关键词代表的主题作为新兴热点出现的强度越大。据此我们可以得出以下结论。

表5-9 1980~2023年间满-通古斯神话研究突现词

关键词	年份	突现强度	开始年	结束年	1980~2023
努尔哈赤	1980	3.67	1987	1992	
佛库伦	1980	2.85	1987	1992	
长白山	1980	2.73	1990	1993	
满族神话	1980	2.91	1993	1999	
神话传说	1980	3.97	1994	2004	
神话	1980	4.96	2005	2017	
萨满教	1980	2.69	2005	2009	
萨满文化	1980	2.68	2008	2010	
满族	1980	6.07	2011	2017	
满族说部	1980	3.38	2013	2023	

第一，学界对于满-通古斯神话研究的热点挖掘具有连续性。如表5-9所示，从1987年开始，满-通古斯神话研究的突现词交错出现、未曾间断，一定程度上反映出学界对本研究领域始终保持着较为高涨的探究热情，且较易形成某一特定研究分支的聚集。其中较为典型的有"神话传说"和"神话"两个突现词，时间跨度长达23年——这段时期也是学界

[①] Kleinberg J., "Bursty and Hierarchical Structure in Streams," *Data Mining and Knowledge Discovery* 7 (2003): 373-397.

第五章 神话文献数据知识图谱应用个案研究

将神话研究作为领域探究核心的关键时期,包括谷颖、汪立珍、王宪昭等在内的神话学专家及跨领域学者贡献了大量的研究成果,在进一步推动北方民族神话研究资料学建设的同时,也进一步加快了中华民族神话整体性研究的进程,对具有中国本土特色的神话学建设也给出了持续性的成果支持。

第二,"满族""神话""神话传说"等关键词突现强度较高,表现出较为强烈的学术关注度。不同时期学者关注的不同热点,一定程度上反映出不同时代背景和方法论指导下的研究旨趣的更迭。例如,"努尔哈赤"所代表的神话与历史关联考据研究首先成为1987~1992年间学者关注的热点问题。程迅在《满族始祖神话〈三仙女〉研究中的几个问题》一文中,遍历《三仙女》在满族族源考证、阐发清朝前史、考察满族迁徙路径等方面的重要引证作用,认为"'具有史诗一样意义'的'古老神话',反映了一定的社会历史真实"是"不容否定的"[①]。包括同时期出现的热点关键词"佛库伦"(1987~1992年,强度2.85)所代表的清始祖布库里雍顺研究等论题,均不同程度反映出当时学者依循"层累地造成的古史观"的学术视角对满族神话和古史典籍的积极考察态度。

第三,以"满族说部"为代表的满族神话研究或将持续成为未来学界关注的重点问题。正如上文提到的,满族神话研究在整个满-通古斯神话研究学术历程中,无论在研究成果数量、研究方向丰富度还是影响力方面均居于非常重要的地位,与之相关的研究在整个学术历程中不曾间断。但值得关注的是,"满族说部"关键词突然在2013年开始大量且集中地出现在学者们的论文中。据不完全统计,1980~2023年间,在"篇关摘"中进行"满族说部"的精确查找,可得到37篇论文,且2013年之后的论文数

[①] 程迅:《满族始祖神话〈三仙女〉研究中的几个问题》,《黑龙江民族丛刊》1987年第3期,第82~87页。

人文社科领域知识图谱研究引论——以中国神话人物大数据为例

量高达 28 篇，占总量的 75.7%，仅以 2023 年为例，就产生了李克《红罗女传奇中的渤海社会文化观》[《长春工程学院学报》（社会科学版）2023 年第 3 期]、杨春风《满族说部中水生创世与洪灾重建神话研究》[《吉林师范大学学报》（人文社会科学版）2023 年第 4 期]、关志英《满族说部"唱段"的艺术特征及文化内涵》(《黑河学院学报》2023 年第 10 期)、关志英《满-通古斯语族下"满族说部"与鄂伦春族"摩苏昆"比较研究》(《黄河之声》2023 年第 13 期)、柴润泽《服务设计视角下的非遗满族说部数字化产品设计研究》(吉林建筑大学硕士学位论文，2023)、赵丹瑞《满族说部东海女真母系社会文化变迁研究》(吉林艺术学院硕士学位论文，2023)六篇研究成果。由此可见，"满族说部"研究正逐渐演化为满族神话研究的重要研究分支，且该突现词的"End"点尚未到来，这表明随着当今对中华优秀传统文化的高度重视与深入挖掘，关于以满族说部等传统作品为代表的满-通古斯神话的文化价值研究在未来一段时期内将继续成为满-通古斯语族区域神话研究所关注的一个热点。

附录 1

神话人物大数据标准表述模板表

人物名称	一级	二级	三级	四级
A	A 的产生	A 产生的原因	（空）	A 产生的原因是……
A	A 的产生	A 自然存在	（空）	A 自然存在于……
A	A 的产生	A 来源于某个地方	（空）	A 来源于……
A	A 的产生	A 是造出来的	神造 A	B 造 A
A	A 的产生	A 是造出来的	神性人物造 A	B 造 A
A	A 的产生	A 是生育产生的	神生 A	B 生 A
A	A 的产生	A 是生育产生的	神性人物生 A	B 生 A
A	A 的产生	A 是生育产生的	特定的人生 A	B 生 A
A	A 的产生	A 是生育产生的	动植物生 A	B 生 A
A	A 的产生	A 是生育产生的	无生命物生 A（自然物生 A）	B 生 A
A	A 的产生	A 是生育产生的	卵生 A	B 生 A
A	A 的产生	A 是生育产生的	其他特定物生 A	B 生 A
A	A 的产生	A 是变化产生的	神变化产生 A	B 变成 A
A	A 的产生	A 是变化产生的	神性人物变化产生 A	B 变成 A
A	A 的产生	A 是变化产生的	动植物变化产生 A	B 变成 A
A	A 的产生	A 是变化产生的	其他特定物变化产生 A	B 变成 A
A	A 的产生	A 是婚生产生的	神婚生 A	B 婚生 A

人文社科领域知识图谱研究引论——以中国神话人物大数据为例

续表

人物名称	一级	二级	三级	四级
A	A 的产生	A 是婚生产生的	神性人物婚生 A	B 婚生 A
A	A 的产生	A 是婚生产生的	人婚生 A	B 婚生 A
A	A 的产生	A 是婚生产生的	动植物婚生 A	B 婚生 A
A	A 的产生	A 是婚生产生的	自然物婚生 A	B 婚生 A
A	A 的产生	A 是婚生产生的	异类婚生 A	B 婚生 A
A	A 的产生	A 是婚生产生的	怀孕生 A 的时间	怀孕生出 A 的时间是……
A	A 的产生	A 是婚生产生的	怀孕生 A 的地点	怀孕生出 A 的地点是……
A	A 的产生	A 是婚生产生的	怀孕生 A 的结果	怀孕生出 A 的结果是……
A	A 的产生	A 是感生产生的	神感生 A	B 感生 A
A	A 的产生	A 是感生产生的	神性人物感生 A	B 感生 A
A	A 的产生	A 是感生产生的	动植物感生 A	B 感生 A
A	A 的产生	A 是感生产生的	其他特定人物感生 A	B 感生 A
A	A 的产生	A 是感生产生的	感生 A 的原因	感生 A 的原因是……
A	A 的产生	A 是感生产生的	感生 A 的时间	感生 A 的时间是……
A	A 的产生	A 是感生产生的	感生 A 的地点	感生 A 的地点是……
A	A 的产生	A 是感生产生的	感特定物生 A	B 感 C 生 A
A	A 的产生	A 是转生产生的	特定对象转生 A	B 转生 A
A	A 的产生	A 是转生产生的	A 转生的原因	A 转生的原因是……
A	A 的产生	A 是转生产生的	A 转生的时间	A 转生的时间是……
A	A 的产生	A 是转生产生的	A 转生的地点	A 转生的地点是……
A	A 的产生	与 A 产生有关的其他母题	A 产生的征兆	A 产生时的征兆是……
A	A 的产生	与 A 产生有关的其他母题	A 产生的时间	A 产生的时间是……
A	A 的产生	与 A 产生有关的其他母题	A 产生的地点	A 产生的地点是……
A	A 的产生	与 A 产生有关的其他母题	（空）	（具体表达）A 产生的帮助者
A	A 的特征	A 的综合体征	（空）	A 的综合体征是……
A	A 的特征	A 的头部特征（面部特征）	A 的头部总体特征	A 的头部总体特征是……
A	A 的特征	A 的头部特征（面部特征）	A 的面部总体特征	A 的面部总体特征是……
A	A 的特征	A 的头部特征（面部特征）	A 的眉特征	A 的眉特征是……

附录1　神话人物大数据标准表述模板表

续表

人物名称	一级	二级	三级	四级
A	A的特征	A的头部特征（面部特征）	A的眼特征	A的眼特征是……
A	A的特征	A的头部特征（面部特征）	A的耳特征	A的耳特征是……
A	A的特征	A的头部特征（面部特征）	A的鼻特征	A的鼻特征是……
A	A的特征	A的头部特征（面部特征）	A的口特征	A的口特征是……
A	A的特征	A的头部特征（面部特征）	A的其他头部特征	A的其他头部特征是……
A	A的特征	A的身体特征（A的四肢特征）	A的身体总体特征	A的身体总体特征是……
A	A的特征	A的身体特征（A的四肢特征）	A的身高	A的身高是……
A	A的特征	A的身体特征（A的四肢特征）	A的体重	A的体重是……
A	A的特征	A的身体特征（A的四肢特征）	A的皮肤特征	A的皮肤特征……
A	A的特征	A的身体特征（A的四肢特征）	A的手臂特征	A的手臂特征是……
A	A的特征	A的身体特征（A的四肢特征）	A的腿部特征	A的腿部特征是……
A	A的特征	A的性别特征	（空）	A的性别是女性/男性/双性/非男性/非女性/无性
A	A的特征	A的其他体征	（空）	A的其他体征是……
A	A的特征	A的性格特征	（空）	A的性格特征是……
A	A的特征	A的性格特征	A的性格弱点	A的性格弱点是……
A	A的特征	A有特定的能力（A的本领）	A的能力	A的能力是……
A	A的特征	A有特定的能力（A的本领）	A的技能	A的技能是……
A	A的特征	与A特征有关的其他母题	A的原型	A的原型是……
A	A的特征	与A特征有关的其他母题	A的图腾	A的图腾是……
A	A的特征	与A特征有关的其他母题	A的代表物	A的代表物是……
A	A的特征	与A特征有关的其他母题	（空）	（具体表达）
A	A的身份	A的身份的产生	（空）	A的身份源于……
A	A的身份	A的身份是神	A是创世神	A是……
A	A的身份	A的身份是神	A是特定社会性质的神（人神）	A是……
A	A的身份	A的身份是神	A是与方位相关的神	A是……（天神、地神等）
A	A的身份	A的身份是神	A是自然神	A是……（雷神、雷电神等）

人文社科领域知识图谱研究引论——以中国神话人物大数据为例

续表

人物名称	一级	二级	三级	四级
A	A的身份	A的身份是神	A是动植物神	A是……
A	A的身份	A的身份是神	A是特定职能的神	A是……（灶神、乐神等）
A	A的身份	A的身份是神	A是其他特定名称的神	A是……（"璜玉之神"等）
A	A的身份	A的身份是神	A是多神一体	A是……
A	A的身份	A的身份是神	A是其他特定身份的神	A是……（特定时代的神、特定地域的神等）
A	A的身份	A的身份是祖先	A作为祖先的产生	A作为祖先源于……（民族融为一体等）
A	A的身份	A的身份是祖先	A是特定民族的祖先	A是B（中华民族等）的祖先
A	A的身份	A的身份是祖先	A是特定氏族的祖先	A是B（有辛氏族等）的祖先
A	A的身份	A的身份是祖先	A是特定部落的祖先	A是B（姬姓部落等）的祖先
A	A的身份	A的身份是祖先	A是其他特定群体的祖先	A是B（道教仙祖仙宗、虞夏商周等）的祖先
A	A的身份	A的身份是祖先	A是特定职业的祖先	A是B（纺织业、蚕丝业等）的祖先
A	A的身份	A的身份是祖先	A是特定名称的祖先	A是……（人类始祖、人类初祖等）
A	A的身份	A的身份是祖先	与A的身份是祖先有关的其他母题	（具体表达）
A	A的身份	A的身份是特定神性人物	A是文化英雄	A是……
A	A的身份	A的身份是特定神性人物	A是神人	A是……
A	A的身份	A的身份是特定神性人物	A是巨人	A是……
A	A的身份	A的身份是特定神性人物	A是神仙	A是……
A	A的身份	A的身份是特定神性人物	A是其他特定神性人物	A是……
A	A的身份	A的身份是管理者（首领）	A是首领	A是……
A	A的身份	A的身份是管理者（首领）	A是族长	A是……

附录 1　神话人物大数据标准表述模板表

续表

人物名称	一级	二级	三级	四级
A	A的身份	A的身份是管理者（首领）	A是帝王	A是……
A	A的身份	A的身份是管理者（首领）	A是其他特定的首领	A是……
A	A的身份	A的身份是管理者（首领）	A是主事者	A是……
A	A的身份	A的身份是管理者（首领）	A是决策者	A是……
A	A的身份	A的身份是管理者（首领）	A是其他特定事物的管理者	A是……
A	A的身份	A的身份是特定的人	A是特定职业人人	A事……（媒人、车夫、巫师等）
A	A的身份	A的身份是特定的人	A是历史人物	A是……
A	A的身份	A的身份是特定的人	A是虚构的人物	A是……
A	A的身份	A的身份是特定的人	A是圣人	A是……
A	A的身份	A的身份是特定的人	A是其他特定身份的人	A是……
A	A的身份	A的身份是其他情形	（空）	A是……（龙、凤凰、麒麟等）
A	A的身份	A的身份是多种身份的综合体	（空）	A是……
A	A的身份	A的身份的归属	A的族属	A的族属是……
A	A的身份	A的身份的归属	A代表特定群体	A代表……（蒙古人种等）
A	A的身份	A的身份有关的其他母题	（A是特定物的化身/A身份的表达/A身份的变化等具体表达）	（具体表达）
A	A的职能	A的职能是管神	（空）	A的职能是管……
A	A的职能	A的职能是管特定神性人物	（空）	A的职能是管……
A	A的职能	A的职能是管人	（空）	A的职能是管……
A	A的职能	A的职能是管自然物	A的职能是管天地万物	A的职能是管……
A	A的职能	A的职能是管自然物	A的职能是管日月星辰	A的职能是管……

人文社科领域知识图谱研究引论——以中国神话人物大数据为例

续表

人物名称	一级	二级	三级	四级
A	A的职能	A的职能是管自然物	A的职能是管动植物	A的职能是管……
A	A的职能	A的职能是管自然物	A的职能是管其他特定自然物	A的职能是管……
A	A的职能	A的职能是管其他特定事物	（空）	A的职能是管……
A	A的职能	与A职能有关的其他母题	（空）	（具体表达）
A	A的成长（A的成长历程）	A的抚养者	（空）	A的抚养者是……
A	A的成长（A的成长历程）	A的成长地点	（空）	A的成长地点在……（姬水等）
A	A的成长（A的成长历程）	A不平凡的成长	（根据实际情况分类）	（具体表达）
A	A的成长（A的成长历程）	与A的成长有关的其他母题	A的发祥地	A发祥于……
A	A生活中的服饰	A没有衣服	（空）	（空）
A	A生活中的服饰	A的衣服	（空）	A身穿……
A	A生活中的服饰	A的帽子	（空）	A头戴……
A	A生活中的服饰	A的头饰（发型）	（空）	A头饰……
A	A生活中的服饰	A的鞋子	（空）	A脚穿……
A	A生活中的服饰	A的其他佩戴物	（空）	A佩戴……
A	A生活中的饮食	A生活中饮食的产生	（空）	A的饮食产生于……
A	A生活中的饮食	A生活中饮食的特征	（空）	A常食……
A	A生活中的饮食	A吃特定的食物	（空）	A食……
A	A生活中的饮食	饮食的变化	（空）	（具体表达）
A	A生活中的居所	A生活中居所的特定位置	A居住在天上	A居住在……
A	A生活中的居所	A生活中居所的特定位置	A居住在人间	A居住在……
A	A生活中的居所	A生活中居所的特定位置	A居住在特定的地区	A居住在……（山上、昆仑山等）
A	A生活中的居所	A生活中居所的特定位置	A居住在特定的城邑	A居住在……
A	A生活中的居所	A生活中居所的特定位置	A居住在其他特定名称的地方	A居住在……

附录 1 神话人物大数据标准表述模板表

续表

人物名称	一级	二级	三级	四级
A	A生活中的居所	A居所的特征	A居无定所	（具体表达）
A	A生活中的居所	A居所的特征	A居所的特定特征	（具体表达）
A	A生活中的居所	与A居所有关的其他母题	A居所的产生	A的居所产生于……
A	A生活中的居所	与A居所有关的其他母题	A居所的参与者	A与B同居
A	A生活中的居所	与A居所有关的其他母题	A居所的变化	（具体表达）
A	A生活中的出行	A出行的原因	（空）	A出行的原因是……
A	A生活中的出行	A出行的时间	（空）	A出行的时间是……
A	A生活中的出行	A出行的地点	（空）	A出行的地点是……
A	A生活中的出行	A出行的工具（坐骑）	A没有出行工具	（具体表达）
A	A生活中的出行	A出行的工具（坐骑）	A乘车出行	A乘……出行
A	A生活中的出行	A出行的工具（坐骑）	A乘动物出行	A乘……出行
A	A生活中的出行	A出行的工具（坐骑）	A乘其他特定工具出行	（具体表达）船、木筏……
A	A生活中的出行	A出行的陪伴者	（空）	A与B同行
A	A生活中的出行	A出行的结果	（空）	（具体表达）
A	A生活中的出行	与A出行有关的其他母题	（空）	（具体表达）
A	A生活中的用品（生活中的工具）	A用品的获得	A自己获得用品	A自己获得……
A	A生活中的用品（生活中的工具）	A用品的获得	神给A用品	B给A……
A	A生活中的用品（生活中的工具）	A用品的获得	神性人物给A用品	B给A……
A	A生活中的用品（生活中的工具）	A用品的获得	特定的人给A用品	B给A……
A	A生活中的用品（生活中的工具）	A用品的获得	动植物给A用品	B给A……
A	A生活中的用品（生活中的工具）	A用品的获得	A获得用品的其他情况	（具体表达）
A	A生活中的用品（生活中的工具）	A的特定工具（A的手持物）	（空）	A手持B

人文社科领域知识图谱研究引论——以中国神话人物大数据为例

续表

人物名称	一级	二级	三级	四级
A	A生活中的用品（生活中的工具）	A的宝物（A的宝器）	（空）	A的宝物B
A	A生活中的用品（生活中的工具）	A的武器	（空）	A的武器B
A	A生活中的用品（生活中的工具）	A的陪伴物（A的宠物）	（空）	A的陪伴物B
A	A生活中的用品（生活中的工具）	A生活中用品的特征	（空）	（具体表达）
A	A生活中的用品（生活中的工具）	A生活中用品的使用	（空）	（具体表达）
A	A生活中的用品（生活中的工具）	与A的用品有关的其他母题	（空）	（具体表达）
A	A生活的时代	A生活的时代是特定时期	（空）	A生活的时代是……
A	A生活的区域（A活动的范围）	A活动于特定的区域	（空）	A活动于……
A	A生活的区域（A活动的范围）	A活动于特定的地点	（空）	A活动于……
A	A生活的区域（A活动的范围）	A特定活动于特定的地点	（空）	A……活动于……
A	A生活的区域（A活动的范围）	与A活动范围有关的其他母题	（空）	（具体表达）
A	与A生活有关的其他母题	（空）	（空）	（具体表达）
A	A的发明创造	A发明概述（A创造概述）	A创世	A创造……
A	A的发明创造	A发明概述（A创造概述）	A创造神	A创造……
A	A的发明创造	A发明概述（A创造概述）	A创造人	A创造……
A	A的发明创造	A发明概述（A创造概述）	A创造动植物	A创造……
A	A的发明创造	A发明概述（A创造概述）	A创造自然物	A创造……
A	A的发明创造	与A发明概述有关的其他母题	（空）	A创造……
A	A的发明创造	A发明物质文化	生产方式	A发明……（狩猎、采集、农耕）
A	A的发明创造	A发明物质文化	生产工具	A发明……

附录1 神话人物大数据标准表述模板表

续表

人物名称	一级	二级	三级	四级
A	A的发明创造	A发明物质文化	生活用品	A发明……
A	A的发明创造	A发明物质文化	与A发明物质文化有关的其他母题	A发明……
A	A的发明创造	A发明非物质文化	语言文字	A发明……
A	A的发明创造	A发明非物质文化	文学类型	A发明……（神话、传说、故事、戏剧）
A	A的发明创造	A发明非物质文化	文化教育	A发明……（A教人）
A	A的发明创造	A发明非物质文化	风俗习惯	A发明……（婚丧嫁娶、人生仪礼）
A	A的发明创造	A发明非物质文化	音乐美术	A发明……
A	A的发明创造	A发明非物质文化	与A发明非物质文化有关的其他母题	A发明……（舞蹈）
A	A的发明创造	A发明其他文化现象	巫术	A发明……（占卜）
A	A的发明创造	A发明其他文化现象	娱乐	A发明……（游戏、游艺）
A	A的发明创造	A发明其他文化现象	典章制度	A发明……
A	A的发明创造	A发明其他文化现象	特定观念	A发明……（审美标准、价值观）
A	A的发明创造	与A发明有关的技能	A的技能是	A的技能是……（会飞、能文、能武、特殊才艺）
A	A的事迹（A的功绩）	A的事迹是	（空）	A的事迹是……
A	A的征战	A征战的原因	（空）	A征战的原因是……
A	A的征战	A征战的时间	（空）	A征战的时间是……
A	A的征战	A征战的地点	（空）	A征战的地点是……
A	A的征战	A征战的情形	（空）	（具体表达）征战对象、征战方法、征战工具
A	A的征战	A征战的结果	（空）	（具体表达）遭遇灾难、经受磨难、经历考验、拜师学艺、采药、治病、游历山川
A	A特定经历	经历特定的事	（空）	（具体表达）

· 239 ·

人文社科领域知识图谱研究引论——以中国神话人物大数据为例

续表

人物名称	一级	二级	三级	四级
A	A特定经历	遇见特定的人物	（空）	（具体表达）
A	A特定经历	到过特定的地点	（空）	（具体表达）上天、入地、到过特殊地点
A	A事迹研究（A功绩概述）	A事迹的产生	（空）	（具体表达）
A	A事迹研究（A功绩概述）	A事迹的类型	（空）	（具体表达）
A	A事迹研究（A功绩概述）	A事迹的表现	（空）	（具体表达）
A	A事迹研究（A功绩概述）	A事迹的价值	（空）	（具体表达）
A	A事迹研究（A功绩概述）	A事迹的影响	（空）	（具体表达）
A	与A事迹和经历有关的其他母题	（空）	（空）	（具体表达）
A	伏羲画卦、女娲造人、女娲补天等	（根据实际分级）	（根据实际分级）	（具体表达）
A	A的关系	A的祖先	A的祖先是神	A的祖先是……
A	A的关系	A的祖先	A的祖先是神性人物	A的祖先是……
A	A的关系	A的祖先	A的祖先是特定的人	A的祖先是……
A	A的关系	A的祖先	A的祖先是动物	A的祖先是……
A	A的关系	A的祖先	A的祖先是其他	A的祖先是……
A	A的关系	A的祖先	A的祖父	A的祖父……
A	A的关系	A的祖先	A的祖母	A的祖母是……
A	A的关系	A的祖先	A的外祖父	A的外祖父是……
A	A的关系	A的祖先	A的外祖母	A的外祖母是……
A	A的关系	A的祖先	A的其他辈次祖先	A的……是……
A	A的关系	A的祖先	与A的祖先有关的其他母题	（具体表达）
A	A的关系	A的父母	A没有父母	（具体表达）

附录 1　神话人物大数据标准表述模板表

续表

人物名称	一级	二级	三级	四级
A	A 的关系	A 的父母	A 特定的父母	A 特定的父母是……
A	A 的关系	A 的父母	A 的父亲	A 的父亲是……
A	A 的关系	A 的父母	A 的母亲	A 的母亲是……
A	A 的关系	A 的父母	A 的其他父母辈	A 的……（叔父、姑母等）是……
A	A 的关系	A 的父母	与 A 的父母有关的其他母题	（具体表达）
A	A 的关系	A 的兄弟姐妹	A 的兄弟姐妹的产生	（具体表达）
A	A 的关系	A 的兄弟姐妹	A 的兄弟姐妹的情况	（具体表达）
A	A 的关系	A 的兄弟姐妹	A 的兄弟	A 的兄弟是 B
A	A 的关系	A 的兄弟姐妹	A 的姐妹	A 的姐妹是 B
A	A 的关系	A 的兄弟姐妹	与 A 的兄弟姐妹有关的其他母题	（具体表达）
A	A 的关系	A 的配偶（A 的婚姻）	A 婚姻的产生	A 婚姻的产生原因是……
A	A 的关系	A 的配偶（A 的婚姻）	A 婚姻的背景	A 婚姻的背景是……
A	A 的关系	A 的配偶（A 的婚姻）	A 婚姻的帮助者	A 婚姻的帮助者 B
A	A 的关系	A 的配偶（A 的婚姻）	A 配偶的数量	A 有 X 个配偶
A	A 的关系	A 的配偶（A 的婚姻）	A 的配偶是	A 的配偶是 B
A	A 的关系	A 的配偶（A 的婚姻）	A 的婚姻方式	A 的婚姻方式是……（入赘等）
A	A 的关系	A 的配偶（A 的婚姻）	与 A 婚姻有关的其他母题	（具体表达）
A	A 的关系	A 的后代	A 后代的数量	A 有 X 个（众多、3 个、4 个等）后代
A	A 的关系	A 的后代	A 的后代是特定的人	A 的后代是 B
A	A 的关系	A 的后代	A 的后代是特定的氏族	A 的后代是 B
A	A 的关系	A 的后代	A 的后代是特定的民族	A 的后代是 B
A	A 的关系	A 的后代	A 的后代是特定的部落	A 的后代是 B

人文社科领域知识图谱研究引论——以中国神话人物大数据为例

续表

人物名称	一级	二级	三级	四级
A	A 的关系	A 的后代	A 的后代是特定的姓氏	A 的后代是 B
A	A 的关系	A 的后代	A 的后代是特定的国家	A 的后代是 B
A	A 的关系	A 的后代	A 的后代是其他特定群体	A 的后代是 B
A	A 的关系	A 的后代	A 的后代是特定动物	A 的后代是 B
A	A 的关系	A 的后代	与 A 的后代有关的其他母题	(具体表达)
A	A 的关系	A 的后代	A 儿子的数量	A 有 X 个儿子
A	A 的关系	A 的后代	A 的儿子是	A 的儿子是 B
A	A 的关系	A 的后代	与 A 的儿子有关的其他母题	(具体表达)
A	A 的关系	A 的后代	A 女儿的数量	A 有 X 个女儿
A	A 的关系	A 的后代	A 的女儿是	A 的女儿是 B
A	A 的关系	A 的后代	与 A 的女儿有关的其他母题	(具体表达)
A	A 的关系	A 的后代	A 孙子的数量	A 有 X 个孙子
A	A 的关系	A 的后代	A 的孙子是	A 的孙子是 B
A	A 的关系	A 的后代	与 A 的孙子有关的其他母题	(具体表达)
A	A 的关系	A 的后代	A 曾孙的数量	A 有 X 个曾孙
A	A 的关系	A 的后代	A 的曾孙是	A 的曾孙是 B
A	A 的关系	A 的后代	与 A 的曾孙有关的其他母题	(具体表达)
A	A 的关系	A 的后代	A 其他辈次后代的数量	A 有 X 个……
A	A 的关系	A 的后代	A 其他辈次的后代是	A 其他辈次的后代是 B (具体表达)
A	A 的关系	A 的后代	与 A 其他辈次后代有关的其他母题	(具体表达)

· 242 ·

附录1　神话人物大数据标准表述模板表

续表

人物名称	一级	二级	三级	四级
A	A的关系	A的后代	A孙女的数量	A有X个孙女
A	A的关系	A的后代	A的孙女是	A的孙女是B
A	A的关系	A的后代	与A的孙女有关的其他母题	（具体表达）
A	A的关系	A的后代	（空）	A的后代是……（特指没有明说的情况）
A	A的关系	A的上下从属	A的上司是	A的上司是B
A	A的关系	A的上下从属	A的从属数量	A的从属数量是X
A	A的关系	A的上下从属	A的从属是	A的从属是B
A	A的关系	A的上下从属	A的臣民是	A的臣民是B
A	A的关系	A的上下从属	A的大臣（A的大将）是	A的大臣（A的大将）是B
A	A的关系	A的朋友	A的朋友是	A的朋友是B
A	A的关系	A的敌人	（空）	A的敌人是B
A	A的关系	A的师承	A的师傅（A的老师）	A的师傅（A的老师）是B
A	A的关系	A的师承	A的徒弟（A的学生）	A的徒弟（A的学生）是B
A	A的关系	A的帮助者	（空）	A的帮助者是B
A	A的关系	A的恩人	（空）	A的恩人是B
A	A的关系	A的同祖关系	（空）	A与B同祖
A	A的关系	A的同门（同窗）关系	（空）	A与B同门（具体表达）
A	A的关系	A的时间先后关系	（空）	A先于B出现
A	A的关系	A的时间先后关系	（空）	A晚于B出现
A	A的关系	A的时间先后关系	（空）	A与B同时出现
A	A的关系	与A的关系有关的其他母题	（空）	（具体表达）
A	A的名称	A名称的产生	A名称产生的原因	A名称产生的原因是……
A	A的名称	A名称的产生	A名称产生的时间	A名称产生的时间是……
A	A的名称	A名称的产生	A名称产生的地点	A名称产生的地点是……
A	A的名称	A名称的产生	A的取名者	A的取名者是B

人文社科领域知识图谱研究引论——以中国神话人物大数据为例

续表

人物名称	一级	二级	三级	四级
A	A 的名称	A 名称的产生	A 名称产生的其他方式	（具体表达）
A	A 的名称	A 的姓氏	（空）	A 姓 B
A	A 的名称	A 的姓氏	A 特定姓氏的来历	A 的姓氏 B 的来历是……
A	A 的名称	A 的姓氏	A 特定姓氏的多种表达	A 的姓氏 B 又称……
A	A 的名称	A 的姓氏	与 A 的姓氏有关的其他母题	（具体表达）
A	A 的名称	A 的姓名	（空）	A 的姓名是 B
A	A 的名称	A 的姓名	A 姓名的来历	A 的姓名 B 的来历是……
A	A 的名称	A 的姓名	与 A 的姓名有关的其他母题	（具体表达）
A	A 的名称	A 的称谓（A 的名号）	（空）	A 的称谓是 B
A	A 的名称	A 的称谓（A 的名号）	A 称谓的来历	A 的称谓是 B 的来历是……
A	A 的名称	A 的别称	（空）	A 的别称是 B
A	A 的名称	A 名称的特征（A 名称的含义）	A 是神名	（具体表达）
A	A 的名称	A 名称的特征（A 名称的含义）	A 是人名	（具体表达）
A	A 的名称	A 名称的特征（A 名称的含义）	A 是神圣称号	（具体表达）
A	A 的名称	A 名称的特征（A 名称的含义）	A 指代特定群体	A 指代 B
A	A 的名称	A 名称的特征（A 名称的含义）	A 是文化符号	（具体表达）
A	A 的名称	A 名称的意义	（空）	A 名称的意义是……
A	A 的名称	与 A 的名称有关的其他母题	（空）	（具体表达）
A	A 的名称	A 名称的演变	A 名称演变的原因	A 名称演变的原因是……
A	A 的名称	A 名称的演变	A 名称演变的情形	B 演变为 A
A	A 的名称	A 的代称	（空）	A 以 B 为代称
A	A 的寿命	（空）	（空）	A 的寿命是……（超百岁、100 岁等）
A	A 的死亡	A 死亡的原因	（空）	A 死亡的原因是……
A	A 的死亡	A 死亡的时间	（空）	A 死亡的时间是……

附录1 神话人物大数据标准表述模板表

续表

人物名称	一级	二级	三级	四级
A	A的死亡	A死亡的地点	（空）	A死亡的地点是……
A	A的死亡	与A的死亡有关的其他母题	（空）	（具体表达）
A	A的死亡	与A的死亡有关的其他母题	A的埋葬地	A的埋葬地在……
A	A的死亡	与A的死亡有关的其他母题	A的埋葬时间	A的埋葬时间是……
A	A的死亡	与A的死亡有关的其他母题	A的埋葬方式	A的埋葬方式是……
A	A的死亡	与A的死亡有关的其他母题	A死亡的征兆	A死亡的征兆是……
A	A的死亡	与A的死亡有关的其他母题	A死亡后的情形	（具体表达）（黄帝死后升天等）
A	A的祭祀	A祭祀的产生	A祭祀产生的时间	A祭祀产生的时间是……
A	A的祭祀	A祭祀的产生	A祭祀产生的地点	A祭祀产生的地点是……
A	A的祭祀	A祭祀的产生	A祭祀产生的原因	（具体表达）
A	A的祭祀	A祭祀的时间	（空）	A祭祀的时间是……
A	A的祭祀	A祭祀的地点	（空）	A祭祀的地点是……
A	A的祭祀	A祭祀的方式	（空）	A祭祀的方式是……
A	A的祭祀	A祭祀的情形	（空）	A祭祀的情形是……
A	A的祭祀	A祭祀的类型	（空）	A祭祀的类型是……
A	A的祭祀	A祭祀的参与者	（空）	A祭祀的参与者是……
A	A的祭祀	与A祭祀有关的其他母题	（空）	（具体表达）
A	A的纪念	纪念A的时间	（空）	纪念A的时间是……
A	A的纪念	纪念A的形式	（空）	纪念A的形式是……
A	A的纪念	纪念A的情形	（空）	纪念A的情形是……
A	A的纪念	与纪念A有关的其他母题	（空）	（具体表达）
A	A的遗迹	A的遗迹概述	（空）	（具体表达）
A	A的遗迹	A的坟墓	A的坟墓的产生	A的坟墓产生于……
A	A的遗迹	A的坟墓	A的坟墓的地点	A的坟墓地点在……
A	A的遗迹	A的坟墓	A的坟墓的类型	A的坟墓类型为……
A	A的遗迹	A的坟墓	A的坟墓的特定名称	（天子坟、轩辕丘等）
A	A的遗迹	A的坟墓	与A的坟墓有关的其他母题	（具体表达）

人文社科领域知识图谱研究引论——以中国神话人物大数据为例

续表

人物名称	一级	二级	三级	四级
A	A的遗迹	与A的遗迹有关的建筑	庙宇建筑	(具体表达)
A	A的遗迹	与A的遗迹有关的建筑	祠堂建筑	(具体表达)
A	A的遗迹	与A的遗迹有关的建筑	宫殿建筑	(具体表达)
A	A的遗迹	与A的遗迹有关的建筑	亭台建筑	(具体表达)
A	A的遗迹	与A的遗迹有关的建筑	与A的遗迹有关的建筑的其他母题	(具体表达)
A	A的遗迹	与A的遗迹有关的自然风物	山	(具体表达)
A	A的遗迹	与A的遗迹有关的自然风物	水	(具体表达)
A	A的遗迹	与A的遗迹有关的自然风物	洞	(具体表达)
A	A的遗迹	与A的遗迹有关的自然风物	沟	(具体表达)
A	A的遗迹	与A的遗迹有关的自然风物	与A的遗迹有关的自然风物的其他母题	(石/潭、风物的传说关联物等)
A	A的遗迹	与A的遗迹有关的人文风物	与A有关的地名	(具体表达)
A	A的遗迹	与A的遗迹有关的文物	图像	塑像、画像、雕像
A	A的遗迹	与A的遗迹有关的文物	器具	陶碗、玉、陪葬品
A	A的遗迹	与A的遗迹有关的文物	与A的遗迹有关的文物的其他母题	碑、船、A有关人物的像
A	A的遗迹	与A的遗迹有关的其他母题	(空)	A的脚印……遗址、遗迹的神圣化、遗迹有关的文化作品等
A	A的遗俗	与A有关的生产习俗	(空)	(具体表达)
A	A的遗俗	与A有关的生活习俗	(空)	(具体表达)
A	A的遗俗	与A有关的文化习俗	(空)	(具体表达)
A	A的遗俗	与A有关的其他习俗	(空)	(具体表达)
A	A的遗俗	与A的遗俗有关的事象	与A的遗俗有关的动物	(具体表达)
A	A的遗俗	与A的遗俗有关的事象	与A的遗俗有关的植物	(具体表达)
A	A的遗俗	与A的遗俗有关的事象	与A的遗俗有关的文化事象	历法、巫术、景观、戏剧……
A	A的遗俗	与A的遗俗有关的其他母题	(空)	(具体表达)

附录1　神话人物大数据标准表述模板表

续表

人物名称	一级	二级	三级	四级
A	A崇拜	A崇拜的产生	（空）	如黄帝崇拜产生的原因
A	A崇拜	A崇拜的特征	（空）	普遍性
A	A崇拜	A崇拜的传播（A崇拜的流传）	（空）	传播区域
A	A崇拜	A崇拜的演变	（空）	（具体表达）
A	A崇拜	与A崇拜有关的其他母题	（空）	为了表达崇拜采取的方式、表现形式
A	A神话	A神话的产生	（空）	A神话产生于……
A	A神话	A神话的特征	（空）	如真实性问题、多元性、多民族性方面的研究成果
A	A神话	A神话的传播（A神话的流传）	（空）	民族间的传播、区域的传播
A	A神话	A神话的演变	（空）	（具体表达）
A	A神话	与A神话有关的其他母题	（空）	可以把神话类型放此处
A	A传说	A传说的产生	（空）	A传说产生于……
A	A传说	A传说的特征	（空）	（具体表达）
A	A传说	A传说的传播（A传说的流传）	（空）	（具体表达）
A	A传说	A传说的演变	（空）	（具体表达）
A	A传说	与A传说有关的其他母题	（空）	（具体表达）
A	A其他载体	A故事	（空）	（具体表达）
A	A其他载体	A诗歌	（空）	歌谣、史诗、格律诗
A	A其他载体	A戏剧	（空）	地方戏、民间说唱
A	A其他载体	与A载体有关的其他母题	（空）	电影、多媒体、新媒体
A	A形象的内涵	A形象内涵的描述	（空）	祖先形象
A	A形象的内涵	A形象内涵的变化	（空）	衣食住行的变化、工具的变化
A	A形象的内涵	与A形象内涵有关的其他母题	（空）	（具体表达）
A	A形象的意义	A形象意义的描述	（空）	共同体意识、民族意识
A	A形象的意义	与A形象意义有关的其他母题	（空）	意义淡化、意义消失
A	A文化	A文化的产生	（空）	时间、发祥地
A	A文化	A文化的特征	（空）	（具体表达）

续表

人物名称	一级	二级	三级	四级
A	A文化	A文化的变化	（空）	（具体表达）
A	A文化	A文化的传播（A文化的流传）	（空）	（具体表达）
A	A文化	A文化的演变	（空）	（具体表达）
A	A文化	与A文化有关的其他母题	（空）	（具体表达）
A	A时代	A时代的产生	（空）	时间、发祥地
A	A时代	A时代的特征	（空）	（具体表达）
A	A时代	与A时代有关的其他母题	（空）	（具体表达）
A	A关联现象	A关联的文化	（空）	（具体表达）
A	A关联现象	A关联的事件	（空）	（具体表达）
A	A关联现象	与A关联现象有关的其他母题	（空）	（具体表达）
A	A研究	A研究的观念研究	（空）	价值研究、理论研究
A	A研究	A研究的方法研究	（空）	研究方法探讨
A	A研究	与A研究有关的其他母题	（空）	（具体表达）

附录 2

神话人物伏羲数据三元组提取与呈现示例

1. 伏羲的产生（FXCS001-027）

序号	原始文本	三元组抽取	民族	地理信息	文本出处①
FXCS001	很古的时候，人们不会种田、织布，生活很苦。天帝就派伏羲到人间	伏羲，来源于，天	汉族	河南省·周口市·淮阳县	《伏羲教民》
FXCS002	玉皇大帝派伏羲下凡	伏羲，来源于，天	汉族	河南省·周口市·郸城县	《东西南北的由来》
FXCS003	20 世纪 80 年代在湖北神农架发现长篇汉族创世史诗《黑暗传》述伏羲孕于黑暗中	伏羲，来源于，黑暗	汉族	湖北省·襄阳市	李浩：《祭祖的原始遗俗——丘巫舞》，《中州今古》1995 年第 2 期

① 受篇幅所限，此列神话叙事文本仅仅保留篇目名，论文和古籍为完整给出，具体文本出处参见王京《中华文化祖先神话大数据研究》，中国社会科学出版社，2021；王京编著《伏羲神话基本数据辑录》，上海书店出版社，2022。

· 249 ·

人文社科领域知识图谱研究引论——以中国神话人物大数据为例

续表

序号	原始文本	三元组抽取	民族	地理信息	文本出处
FXCS004	洪水消后，天仙老祖看到有个葫芦挂在岩石上，他划开，看到葫芦里面有伏羲女娲	伏羲、来源于、葫芦	仡佬族	贵州省·安顺市·关岭布依族苗族自治县	《伏羲兄妹制人烟》
FXCS005	女娲把自己发明的其中1对男女取名伏羲女娲	女娲、创造、伏羲	汉族	山西省·阳泉市·平定县	《兄妹神婚与东西磨山》
FXCS006	盘古开天地后，湖中两朵连花生伏羲	花、生、伏羲	汉族	河南省	《莲生伏羲女娲》
FXCS007	天地混沌，伏羲就从那里头生出来	天地、生、伏羲	汉族	河南省·周口市·西华县	《伏羲补天（四）》
FXCS008	伏羲从地下拱出来	地、生、伏羲	汉族	河南省·周口市·西华县	《伏羲和女娲》
FXCS009	盘古开天地时，天下全是猴子。其中一对猴子里有伏羲	猴子、变成、伏羲	汉族	四川省·成都市·双流县	《伏羲与兄妹与猴》
FXCS010	根据国王的许愿，公主要嫁给敌退敌的黄狗。大臣用法术把黄狗盖在缸下说："七七四十九天，就会变成人。"到第三十五天时公主打开，一半是人一半是狗，所以给他起名"伏"，即左半是"人"，右半是"大"。而"羲"字，是汉语的"兮"字。伏羲也就是"兮"字，这就是伏羲的由来	狗、变成、伏羲	汉族	河南省·周口市·淮阳县	《伏羲的由来》
FXCS011	盘古开天辟地后，妻子生下伏羲	盘古、婚生、伏羲	汉族	河南省·焦作市·武陟县	《避难创世》
FXCS012	雷公的弟弟高比有一双儿女，女儿叫伏羲	地王、婚生、伏羲	汉族	江西省·南昌市·湾里区	《伏羲和女娲》
FXCS013	伏羲氏是华胥与雷神婚生的儿子	雷神、婚生、伏羲	汉族	甘肃省·天水市·北道区	《葫芦河与伏羲》
FXCS014	华胥和狗结婚，生下伏羲	华胥、婚生、伏羲	汉族	浙江省·湖州市	《华胥补天》

· 250 ·

附录2 神话人物伏羲数据三元组提取与呈现示例

续表

序号	原始文本	三元组抽取	民族	地理信息	文本出处
FXCS015	盘古开天辟地后，华胥生了九千九百九十九胎，最后一胎是双胞胎，男女都取名为伏羲	华胥，感生，伏羲	汉族	河南省·焦作市·武陟县	《石狮子同伏羲和女娲》
FXCS016	华胥没见过防风这样大的脚印，很稀奇，在脚印里跑了一圈，生下伏羲	华胥，感生，伏羲	汉族	浙江省·湖州市·德清县	《大禹找防风》
FXCS017	老婆子踏大脚印而孕，生伏羲	老婆子，感生，伏羲	汉族	甘肃省·天水市·北道区	《伏羲女娲成婚》
FXCS018	无名女子在水池边履大脚印，生伏羲	无名女子，感生，伏羲	汉族	甘肃省·平凉市·静宁县	《伏羲降生》
FXCS019	华胥踏大脚印生伏羲	华胥，感生，伏羲	汉族	陕西省·西安市·蓝田县	《华胥国》
FXCS020	相传伏羲生于春，故于春秋，所以人们每年分春秋两次对伏羲进行祭祀	伏羲，产生时间，春天	汉族	甘肃省·天水市·秦城区	陈伟涛：《中原农村伏羲信仰》，第146页
FXCS021	仇夷山（今甘肃省成县西）四绝孤立，大昊之治，伏羲生处	伏羲，产生地点，甘肃省	汉族	甘肃省·陇南市·成县	（北宋）李昉、李穆、徐铉等：《太平御览》卷七八引《遁甲开山图》，第70页
FXCS022	山在甘谷西南五里，高约二百公尺，峭壁如削，危然挺立，相传伏羲为甘谷人，生长于此仇池沟之内，明万历历年间建庙于山麓中祀之	伏羲，产生地点，甘肃省	汉族	甘肃省·天水市·甘谷县	陈伟涛：《中原农村伏羲信仰》，第146页
FXCS023	通过史料记载和现场考察可以判定，甘肃省庄浪县朝那湫是伏羲、女娲的诞生地	伏羲，产生地点，甘肃省	汉族	甘肃省·平凉市·庄浪县	张双锁：《甘肃省庄浪县朝那湫考释》，《西部学刊》2019年第23期

· 251 ·

续表

序号	原始文本	三元组抽取	民族	地理信息	文本出处
FXCS024	古兖州雷泽咸阳说因素齐全，证明此处是伏羲的真正生地	伏羲，产生地点，山东省	中华民族	山东省·济宁市·兖州区	《从世界四大文明古国起源的视角探索太昊伏羲氏生于中国东方古兖州雷泽的历史》，《首届中华伏羲祖源文化论坛论文集》
FXCS025	伏羲生于四川阆中说……也就是如今的阆中市城东南方向的七里坝	伏羲，产生地点，四川省	无考	四川省·南充市·阆中市	陈伟涛：《中原农村伏羲信仰》，第70~71页
FXCS026	伏羲生于陕西蓝田说……如今，陕西蓝田县还有不少关于伏羲的文化遗址	伏羲，产生地点，陕西省	汉族	陕西省·西安市·蓝田县	陈伟涛：《中原农村伏羲信仰》，第71页
FXCS027	考古学家认为，女娲和伏羲的诞生地就在汉水畔安康——汉滨区二三县一旬阳县城貌酷似天然八卦图，这地名、地貌自古有之，非今人臆想发明	伏羲，产生地点，山西省	汉族	山西省·安康市	王富民：《汉水人文历史悠久生态环境旅游胜地》，《现代企业》2018年第12期

2. 伏羲的名称（FXMC001-028）

序号	原始文本	三元组抽取	民族	地理信息	文本出处
FXMC001	风氏姓也，伏羲氏之姓	伏羲，姓氏，风	汉族	（无考）	（南宋）郑樵：《通志·氏族略》
FXMC002	伏羲氏的本姓风（彭）姓，还有很多其他古姓氏	伏羲，姓氏，彭	中华民族	（无考）	徐世春：《人文始祖伏羲的祖源陵庙及对推进历史文明所做的巨大贡献》，《首届中华伏羲祖源文化论坛论文集》，内部编印，2020年9月

附录2 神话人物伏羲数据三元组提取与呈现示例

续表

序号	原始文本	三元组抽取	民族	地理信息	文本出处
FXMC003	皇帝张伏羲在天上补，妻子李女娲在地上接石头给他，所以伏羲姓张	伏羲，姓氏，张	汉族	江苏省·淮安市·金湖县	《张伏羲补天》
FXMC004	伏羲氏的本姓风（彭）姓的本传有宓氏	伏羲，姓氏，宓	中华民族	（无考）	徐世春：《人文始祖伏羲的祖源陵庙及对推进历史文明所做的巨大贡献》，《首届中华伏羲祖源文化论坛文集》，内部编印，2020年9月
FXMC005	除伏羲氏的本姓风（彭）姓及其本传伏、宓二氏外，另外产生了15个古姓氏，女娲氏就是其中之一	伏羲，姓氏，女娲氏	中华民族	（无考）	同上
FXMC006	除伏羲氏的本姓风（彭）姓及其本传伏、宓二氏外，另外产生了15个古姓氏，柏皇氏就是其中之一	伏羲，姓氏，柏皇氏	中华民族	（无考）	同上
FXMC007	除伏羲氏的本姓风（彭）姓及其本传伏、宓二氏外，另外产生了15个古姓氏，中央氏就是其中之一	伏羲，姓氏，中央氏	中华民族	（无考）	同上
FXMC008	除伏羲氏的本姓风（彭）姓及其本传伏、宓二氏外，另外产生了15个古姓氏，大庭氏就是其中之一	伏羲，姓氏，大庭氏	中华民族	（无考）	同上
FXMC009	除伏羲氏的本姓风（彭）姓及其本传伏、宓二氏外，另外产生了15个古姓氏，浑沌氏就是其中之一	伏羲，姓氏，浑沌氏	中华民族	（无考）	同上

续表

序号	原始文本	三元组抽取	民族	地理信息	文本出处
FXMC010	除伏羲氏的本姓风（彭）姓及其本传姓二氏外，另外产生了15个古姓氏，赫胥氏就是其中之一	伏羲、姓氏、赫胥氏	中华民族	（无考）	同上
FXMC011	除伏羲氏的本姓风（彭）姓及其本传姓二氏外，另外产生了15个古姓氏，尊卢氏就是其中之一	伏羲、姓氏、尊卢氏	中华民族	（无考）	同上
FXMC012	除伏羲氏的本姓风（彭）姓及其本传姓二氏外，另外产生了15个古姓氏，吴英氏就是其中之一	伏羲、姓氏、吴英氏	中华民族	（无考）	同上
FXMC013	除伏羲氏的本姓风（彭）姓及其本传姓二氏外，另外产生了15个古姓氏，朱襄氏就是其中之一	伏羲、姓氏、朱襄氏	中华民族	（无考）	同上
FXMC014	除伏羲氏的本姓风（彭）姓及其本传姓二氏外，另外产生了15个古姓氏，葛天氏就是其中之一	伏羲、姓氏、葛天氏	中华民族	（无考）	同上
FXMC015	除伏羲氏的本姓风（彭）姓及其本传姓二氏外，另外产生了15个古姓氏，无怀氏就是其中之一	伏羲、姓氏、无怀氏	中华民族	（无考）	同上
FXMC016	除伏羲氏的本姓风（彭）姓及其本传姓二氏外，另外产生了15个古姓氏，方雷氏就是其中之一	伏羲、姓氏、方雷氏	中华民族	（无考）	同上

附录 2　神话人物伏羲数据三元组提取与呈现示例

续表

序号	原始文本	三元组抽取	民族	地理信息	文本出处
FXMC017	除伏羲氏的本姓风（风）姓及其本传伏、泛二氏外，另外产生了15个古姓氏，归藏氏就是其中之一	伏羲，姓氏，归藏氏	中华民族	（无考）	同上
FXMC018	太昊陵"人祖庙会"的原始主题是祭祀人祖伏羲和女娲，以求子孙繁衍，当地人称伏羲为"人祖"，称女娲为"人祖奶奶"	伏羲，称谓，人祖	汉族	河南省·周口市·淮阳区	杨广帅：《先秦文献中所见生殖崇拜现象》，《寻根》2020年第5期
FXMC019	黄土人尊称女娲伏羲为人皇玄武	伏羲，称谓，玄武	汉族	河南省·济源市·邵原镇	《女娲伏羲避难创世》
FXMC020	只留伏牺（伏羲）两兄妹，结为夫妻，万千年	伏羲，称谓，伏牺	瑶族	（无考）	《发习冬奶——古老的岁月》
FXMC021	在古籍中所见到的伏羲是"伏羲"名称或考名号的不同写法	伏羲，称谓，伏戏	古代民族	（无考）	曾凡：《女娲崇拜的原始文化内涵》，《殷都学刊》2020年第1期
FXMC022	庖牺（伏羲）之后，有帝女娲焉，与神农为三皇矣	伏羲，称谓，庖牺	汉族	甘肃省·天水市·秦安县	（北魏）郦道元：《水经注·渭水》
FXMC023	除东山圣公（伏羲）外，其余几乎全是女巫和女神	伏羲，称谓，东山圣公	南方民族	湖南省	胡健国：《长天绝今终古——论〈楚辞〉与沅湘巫傩文化》，《艺海》1998年第3期
FXMC024	当地人甚至称呼男孩为浮戏（伏羲）	伏羲，称谓，浮戏	汉族	河南省·郑州市·荥阳市	陈伟涛：《中原农村伏羲信仰》第144页
FXMC025	太皞伏羲氏，风姓	伏羲，称谓，太皞	汉族	（无考）	（西汉）司马迁：《史记·三皇本纪》，（唐）司马贞补

· 255 ·

续表

序号	原始文本	三元组抽取	民族	地理信息	文本出处
FXMC026	宓羲作瑟，神农作琴，随作竽	伏羲，称谓，宓羲	古代民族	（无考）	（汉）宋衷注，（清）秦嘉谟等辑：《世本八种》
FXMC027	伏羲苗语称"卜羲"，意即祖公伏羲	伏羲，称谓，皇卜羲	苗族	（无考）	陆群：《苗族女神祭坛的类型及特征论析》，《宗教学研究》2018年第4期
FXMC028	神农是伏羲的第三代孙儿，所以伏羲人称"药王爷"	伏羲，称谓，药王爷	汉族	河南省·周口市·淮阳县	《神农鞭药》

3. 伏羲的身份（FXSF001-028）

序号	原始文本	三元组抽取	民族	地理信息	文本出处
FXSF001	伏羲是一个大神	伏羲，身份，大神	汉族	浙江省·金华市·东阳县	《伏羲发明字》
FXSF002	我国的创世之神女娲和伏羲就是人首蛇身	伏羲，身份，创世神	中华民族	（无考）	齐静：《雷峰塔白蛇传故事源流探析》，《地域文化研究》2020年第3期
FXSF003	伏羲成了东方的大帝	伏羲，身份，东方大帝	汉族	山西省·吕梁市·交口县	《伏羲氏和木神》
FXSF004	结合伏羲在汉画像里的特点，伏羲总是伴随着一个太阳，可能伏羲是太阳神	伏羲，身份，日神	古代民族	（无考）	吴晓东：《颛顼神及其在〈山海经〉山海经里的记载》（《贵州民族大学学报》（哲学社会科学版）2020年第3期
FXSF005	蛇身之神，即羲皇也	伏羲，身份，蛇身之神	汉族	（无考）	《禹畬龙门》
FXSF006	渔民奉伏羲为渔猎之神	伏羲，身份，渔猎之神	汉族	（无考）	《中国行业神崇拜》

附录2 神话人物伏羲数据三元组提取与呈现示例

续表

序号	原始文本	三元组抽取	民族	地理信息	文本出处
FXSF007	在湖北恩施，有关于傩神来历的民间传说，"傩哥"是伏羲	伏羲，身份，傩神	土家族、苗族	湖北省·恩施土家族苗族自治州	李祥林：《女娲神话传说与中国傩戏神灵崇拜》，《民间文化论坛》2019年第2期
FXSF008	仫佬人村寨都立庙塑像，称伏羲为人伦神	伏羲，身份，人伦神	仫佬族	广西壮族自治区·河池市·罗城仫佬族自治县	《伏羲兄妹的传说》
FXSF009	三皇殿里敬三皇之一有天皇伏羲	伏羲，身份，天皇	汉族	河南省·郑州市·新密市	《轩辕黄帝拜三皇》
FXSF010	伏羲是一个大神	伏羲，身份，大神	汉族	浙江省·金华市·东阳县	《伏羲发明字》
FXSF011	我国的创世之神女娲和伏羲就是人首蛇身	伏羲，身份，创世神	中华民族	（无考）	齐静：《雷峰塔白蛇传故事源流探析》，《地域文化研究》2020年第3期
FXSF012	伏羲成了东方的大帝	伏羲，身份，东方大帝	汉族	山西省·吕梁市·交口县	《伏羲氏和木神》
FXSF013	结合伏羲在汉画像里的特点，伏羲总是伴随着一个太阳，可能伏羲是太阳神	伏羲，身份，日神	古代民族	（无考）	吴晓东：《颛顼神及其在〈山海经〉里的记载》（哲学社会科学版），《贵州民族大学学报》2020年第3期
FXSF014	蛇身之神，即羲皇也	伏羲，身份，蛇身之神	汉族	（无考）	《禹甾龙门》
FXSF015	渔民奉伏羲为渔猎之神	伏羲，身份，渔猎之神	汉族	（无考）	《中国行业神崇拜》
FXSF016	在湖北恩施，有关于傩神来历的民间传说，"傩哥"是伏羲	伏羲，身份，傩神	土家族、苗族	湖北省·恩施土家族苗族自治州	李祥林：《女娲神话传说与中国傩戏神灵崇拜》，《民间文化论坛》2019年第2期
FXSF017	仫佬人村寨都立庙塑像，称伏羲为人伦神	伏羲，身份，人伦神	仫佬族	广西壮族自治区·河池市·罗城仫佬族自治县	《伏羲兄妹的传说》

续表

序号	原始文本	三元组抽取	民族	地理信息	文本出处
FXSF018	三皇殿里敬三皇之一有天皇伏羲	伏羲，身份，天皇	汉族	河南省·郑州市·新密市	《轩辕黄帝拜三皇》
FXSF019	伏羲是一个大神。	伏羲，身份，大神	汉族	浙江省·金华市·东阳县	《伏羲发明字》
FXSF020	我国的创世之神女娲和伏羲就是人首蛇身。	伏羲，身份，创世神	中华民族	（无考）	《雷峰塔白蛇传故事源流探析》，《地域文化研究》2020年第3期
FXSF021	伏羲成了东方的大帝。	伏羲，身份，东方大帝	汉族	山西省·吕梁市·交口县	《伏羲氏和木神》
FXSF022	结合伏羲在汉画像里的特点，伏羲总是伴随着一个太阳，可能伏羲是太阳神。	伏羲，身份，日神	古代民族	（无考）	吴晓东：《颛顼神及其在〈山海经〉山海经里的记载》（哲学社会科学版）《贵州民族大学学报》2020年第3期
FXSF023	蛇身之神，即羲皇也。	伏羲，身份，蛇身之神	汉族	（无考）	《禹凿龙门》
FXSF024	渔民奉伏羲是渔猎之神。	伏羲，身份，渔猎之神	汉族	（无考）	《中国行业神崇拜》
FXSF025	在湖北恩施，有关于傩神来历的民间传说，"傩哥"，是伏羲。	伏羲，身份，傩神	土家族、苗族	湖北省·恩施土家族苗族自治州	李祥林：《女娲神话传说与中国傩戏神灵崇拜》，《民间文化论坛》2019年第2期
FXSF026	仫佬人村村寨寨都立庙塑像，称伏羲为人伦神。	伏羲，身份，人伦神	仫佬族	广西壮族自治区·河池市·罗城仫佬族自治县	《伏羲兄妹的传说》
FXSF027	三皇殿里敬三皇之一有天皇伏羲。	伏羲，身份，天皇	汉族	河南省·郑州市·新密市	《轩辕黄帝拜三皇》
FXSF028	伏羲是一个大神。	伏羲，身份，大神	汉族	浙江省·金华市·东阳县	《伏羲发明字》

附录2 神话人物伏羲数据三元组提取与呈现示例

4. 伏羲的特征（FXTZ001-021）

序号	原始文本	三元组抽取	民族	地理信息	文本出处
FXTZ001	伏羲，蛇身人首，有圣德	伏羲，综合体征，人首蛇身	汉族	（无考）	（唐）司马贞：《补史记·三皇本纪》
FXTZ002	据研究，"大能"为"大龙"，可见伏羲形象为人首龙身的传说并非无中生有	伏羲，综合体征，人首龙身	古代民族	湖南省·长沙市	牛天伟，金爱秀：《汉画神灵图像考述》，第4页
FXTZ003	李福清指出伏羲是夷部落的始祖，夷人的图腾是鸟，伏羲大概是半人半鸟形象	伏羲，综合体征，半人半鸟	中华民族	（无考）	王立群：《李福清中国神话研究：在国际下构筑中国神话体系》，《国际汉学》2020年第2期
FXTZ004	伏羲是狗身人首的人	伏羲，综合体征，人首狗身	汉族	河南省·周口市·淮阳县	《天下第一狗》，载《中华遗产》2006年第7期
FXTZ005	羲皇（伏羲）是蛇身人面之神	伏羲，综合体征，人面蛇身	汉族	（无考）	（晋）王嘉：《拾遗记》卷二，第38页
FXTZ006	伏羲带有很明显的鸟类崇拜特征，有双翼	伏羲，体征，有双翼	高句丽民族	河南省·南阳市	杨瑾、全苓：《古代高句丽墓葬壁画中的"生殖崇拜"——伏羲-福州大学学报（艺术版）2019年第5期
FXTZ007	人祖庙里敬的人祖伏羲，头上长着两只角	伏羲，头部特征，头有角	汉族	河南省·驻马店市·确山县	《伏羲表去人角》
FXTZ008	伏羲像头上长有两个犄角	伏羲，头部特征，头有犄角	汉族	河南省·洛阳市·孟津县	《负图寺》
FXTZ009	长耳羽人和伏羲、女娲的形象在四川地区东汉晚期墓葬中往往与西王母形象结合在一起	伏羲，耳特征，长耳	古代民族	四川省·成都市·成华区	张倩影，王煜：《成都博物馆藏东汉陶仙山插座初探》，《四川文物》2020年第2期

· 259 ·

人文社科领域知识图谱研究引论——以中国神话人物大数据为例

续表

序号	原始文本	三元组抽取	民族	地理信息	文本出处
FXTZ010	萨弥人供奉的"伏羲",蛇身人首,龙唇龟齿,是一个半人半神的形象	伏羲,口特征,龟齿龙唇	彝族（撒尼）	云南省·昆明市·东郊经济技术开发区	《云南彝族撒尼支宗教祭司张琼遗稿》
FXTZ011	贵州道真佬佬族苗族自治县,例奉神头六具,"东山圣公（伏羲）"为红脸长须	伏羲,头部特征,长须	佬佬族、苗族	贵州省·遵义市·道真佬佬族苗族自治县	李祥林:《女娲神话传说与中国傩戏神灵崇拜》,《民间文化论坛》2019年第2期
FXTZ012	伏牺大目、山准、日角、衡而连珠	伏羲,头部特征,五官端正	中华民族	（无考）	（汉）撰者不详:《孝经纬·援神契》
FXTZ013	但见伏羲鳞身女娲蛇躯扬鬐矫首上弈,兔眉之曲渴饮露,赤虹圆晖成桥跨弯窿	伏羲,身体特征,鳞身	古代民族	（无考）	《游燕子洞放歌》
FXTZ014	高句丽的伏羲女娲像则是在人首蛇身的基础上生出了两翼	伏羲,身体特征,有双翼	高句丽民族	河南省·南阳市	杨璐、全莹:《古代高句丽墓葬壁画中的"生殖崇拜"》,《艺术生活-福州大学学报》（艺术版）2019年第5期
FXTZ015	伏羲心地善良	伏羲,性格,心地善良	仫佬族	广西壮族自治区·河池市·罗城仫佬族自治县	《伏羲兄妹的传说》
FXTZ016	臣闻伏羲画卦朴且淳	伏羲,性格,淳朴	古代民族	（无考）	《谢宣赐御草书急就章并朱邸旧集歌》
FXTZ017	女性伏羲姐妹制人伦	伏羲,性别,女性	布依族	贵州省·贵阳市·花溪区	《贵阳市花溪区新民布依族乡竹林村调查》
FXTZ018	华胥生男子为伏羲	伏羲,性别,男性	古代民族	（无考）	（南宋）郑樵:《通志》,第31页

· 260 ·

附录2 神话人物伏羲数据三元组提取与呈现示例

续表

序号	原始文本	三元组抽取	民族	地理信息	文本出处
FXTZ019	蛇告诉伏羲长青果吃了后，伏羲获得智慧。天帝知道后对蛇进行诅咒	伏羲、性格、聪明	汉族	河南省·周口市·淮阳县	《龙衣》
FXTZ020	当时的人民认为其（伏羲）具有圣人天赋	伏羲、性格、圣贤德能	中华民族	（无考）	徐世春：《人文始祖伏羲文明所做的祖源陵庙及对推进历史文化的巨大贡献》，《首届中华伏羲祖源文化论坛论文集》
FXTZ021	伏羲说："太阳出来的地方就是金山，那个方向是东。"	伏羲、能力、辨方向	汉族	河南省·周口市·淮阳县	《伏羲教民》

5. 伏羲的生活（FXSH001–019）

序号	原始文本	三元组抽取	民族	地理信息	文本出处
FXSH001	（伏羲）两手捧八卦于腹前，赤足袒胸，浑厚古拙，神情端正有力	伏羲、工具、八卦	汉族	甘肃省·天水市·甘谷县	陈伟涛：《中原农村伏羲信仰》，第147页
FXSH002	伏羲有一杆鞭，这杆鞭能大能小，能粗能细	伏羲、工具、鞭	汉族	河南省·周口市·淮阳区	《赶水鞭》
FXSH003	渠树壕壁画，画作"伏羲执规，女娲执矩"	伏羲、工具、规	汉族	陕西省·榆林市·靖边县	段毅：《渠树壕壁画中的星象与神话》，《考古与文物》2020年第2期
FXSH004	伏依兄妹在葫芦里躲避洪水，等洪水消退也落到地面上来	伏羲、工具、葫芦	壮族	（无考）	《卜伯的故事》
FXSH005	伏羲不慌不忙拿出老天爷送给他的青龙拐棍，用它打妖怪都能赢	伏羲、工具、青龙拐棍	汉族	河南省·周口市·太康县	《伏羲降龙》

· 261 ·

续表

序号	原始文本	三元组抽取	民族	地理信息	文本出处
FXSH006	作为伏羲文化活动中心之一的淮阳，从口承神话中，证明了华夏文化源头在中原腹地这一事实	伏羲，活动地点，河南省	汉族	河南省·周口市·淮阳县	《伏羲画八卦》(1986.03) 点评，见张振犁编著《中原神话通鉴》(第一卷)，郑州河南大学出版社2017年版，第237~340页
FXSH007	躲在葫芦里的伏羲兄妹被大水漂到昆仑山上	伏羲，活动地点，昆仑山	瑶族	广西壮族自治区·来宾市·金秀瑶族自治县	《伏羲兄妹的故事》
FXSH008	(伏羲)东封泰山，立一百一十一年崩	伏羲，活动地点，泰山	中华民族	(无考)	(唐)司马贞：《朴史记：三皇本纪》
FXSH009	伏羲最早生活在云南的中部	伏羲，活动地点，云南省	侗台语系民族南亚语系民族	云南省	周运中：《伏羲、女娲源自布依，佤族》，《贵阳文史》2019年第6期
FXSH010	伏羲的家在中岳嵩山北面的洪荒沟里	伏羲，居住地点，河南省	汉族	河南省·郑州市·新密市	《船山》
FXSH011	盘古在昆仑山山洞中，发现了伏羲氏	伏羲，居住地点，昆仑山	汉族	湖北省·黄冈市·团风县	《盘古斩蚺开天地》
FXSH012	老天爷让伏羲永远在人间	伏羲，居住地点，人间	汉族	河南省·周口市·淮阳县	《伏羲教民》
FXSH013	很久以前，宛丘的宛丘洞里住着一老一小。其中小的名叫伏羲	伏羲，居住地点，山洞	汉族	河南省·周口市·淮阳县	《人祖爷》
FXSH014	很早以前，山里住着伏羲兄妹和老母亲	伏羲，居住地点，山中	仫佬族	广西壮族自治区·河池市·罗城仫佬族自治县	《伏羲兄妹》

附录 2　神话人物伏羲数据三元组提取与呈现示例

续表

序号	原始文本	三元组抽取	民族	地理信息	文本出处
FXSH015	在一个美丽的湖畔生活着兄妹俩，其中哥哥叫伏羲	伏羲，居住地点，水边	汉族	河南省·周口市·淮阳区	《伏羲和女娲的故事》
FXSH016	伏羲从天堂下凡	伏羲，居住地点，天	汉族	广西壮族自治区·南宁市·江南区	《伏羲下凡》
FXSH017	尔时人民死，惟有伏羲、女娲兄妹二人，依龙上天，得存其命	伏羲，事迹，乘龙上天	汉族	（无考）	（唐）撰者不详：《天地开辟以来帝王纪》敦煌本
FXSH018	洪水茫茫，只有伏俩兄妹，坐在葫芦飘天堂	伏羲，事迹，上天	瑶族	（无考）	《妈习冬奶——古老的岁月》
FXSH019	议好射日后，伏羲用最好的树做成弓；把最硬的铁做成箭	伏羲，事迹，射日	布依族	（贵州省）	《伏羲兄妹》

6. 伏羲的关系（FXGX001-054）

序号	原始文本	三元组抽取	民族	地理信息	文本出处
FXGX001	伏羲有九子，不知传位给哪个儿子时，伏羲的佐相柏皇建议传位于老九黄龙氏	柏皇，从属，伏羲	汉族	河南省·周口市·淮阳区	《八卦坛》
FXGX002	（卜伯）让他的儿女伏依（伏羲）姐弟拿着扁担在棚下等	卜伯，父子，伏羲	壮族	广西壮族自治区	《卜伯的故事》
FXGX003	布杰有一个儿子和一个姑娘，儿子叫伏哥，有九岁，姑娘叫囊妹，有八岁	布杰，父子，伏羲	布依族	（无考）	《洪水潮天》
FXGX004	洪水中逃生的伏羲兄妹是大圣的儿女	大圣，父子，伏羲	瑶族	广西壮族自治区·来宾市·金秀瑶族自治县	《伏羲兄妹的故事》

·263·

续表

序号	原始文本	三元组抽取	民族	地理信息	文本出处
FXGX005	东夷族的始祖经过太昊与伏羲氏融合之后，统称为太昊伏羲氏	东夷族，祖先，伏羲	中华民族	中原一带	陈伟涛：《中原农村伏羲信仰》，第92页
FXGX006	伏羲兄妹有一个独眼哥哥和一个瘸脚哥哥	独眼，兄弟，伏羲	仫佬族	广西壮族自治区·河池市·罗城仫佬族自治县	《伏羲兄妹》
FXGX007	伏羲的两个哥哥一个独眼，一个瘸脚	独眼，兄弟，伏羲	仫佬族	广西壮族自治区·河池市·罗城仫佬族自治县	《伏羲兄妹的传说》
FXGX008	伏哥拿根线，羲妹拿根针，同时向空中抛去，如果线子能穿进针眼里就成亲	伏哥，配偶，羲妹	布依族	（无考）	《洪水滔天》
FXGX009	伏羲的女儿宓妃赶来了，要伏羲快回家	伏羲，父女，宓妃	汉族	河南省·周口市·淮阳区	《赶水鞭》
FXGX010	宓妃庙里供奉的宓妃，是伏羲氏的女儿，也就是人们常说的"洛神"	伏羲，父女，宓妃	汉族	河南省·郑州市·巩义市	《嫦娥奔月（二）》
FXGX011	女娲是伏羲帝的女儿	伏羲，父女，女娲	汉族	山东省·济南市	《女娲补天》
FXGX012	后来，他们生下五个儿子，大儿叫稷，二儿叫麦，三儿叫菽，四儿叫豆，五儿叫合	伏羲，父子，稷	汉族	安徽省	《伏羲女娲和他们的五谷孩儿》
FXGX013	伏羲恶毒大儿子青龙氏想独占江山，对九弟黄龙氏设下圈套	伏羲，父子，青龙氏	汉族	河南省·周口市·淮阳区	《八卦坛》
FXGX014	伏羲生少典氏，少典氏是伏羲氏的儿子	伏羲，父子，少典	中华民族	（无考）	卞玉山：《从世界四大文明古国起源的视角探索太昊伏羲泽州生于中国东方古兖州雷源的历史》，见《首届中华伏羲祖源文化论坛论文集》，内部编印，2020年9月

附录 2 神话人物伏羲数据三元组提取与呈现示例

续表

序号	原始文本	三元组抽取	民族	地理信息	文本出处
FXGX015	伏羲生少典氏，少典氏生炎帝，所以炎帝是伏羲的孙辈	伏羲，父子，少典	中华民族	（无考）	卞玉山：《从世界四大文明古国起源的视角探索太昊伏羲氏生于中国东方古宛州雷泽的历史》，见首届中华伏羲祖源文化论坛论文集，内部编印，2020年9月
FXGX016	伏羲对孩子有熊说，只有玉皇后花园的菊花能治好母亲女娲的眼睛	伏羲，父子，有熊	汉族	河南省·焦作市·武陟县	《四大怀药》
FXGX017	风后，伏羲之裔，黄帝臣三公之一也。善伏羲之道，因八卦设九宫，以安营垒，定万民之灾。蚩尤之灭，多出其徽猷	伏羲，后代，风后	汉族	河南省·郑州市·新郑市	（清）乾隆四十一年《新郑县志》
FXGX018	伏羲后裔当春秋时有任、宿、须句、颛臾，皆风姓之胤也	伏羲，后代，任	中华民族	（无考）	（唐）司马贞：《补史记·三皇本纪》
FXGX019	伏羲氏的后裔"务相"在武落钟离山部族纷争中获胜，成为首领，被尊称为"廪君"	伏羲，后代，务相	土家族	（无考）	《率民走出穴居野处的廪君》
FXGX020	金龟让伏羲兄妹二人成婚，结尾夫妻，伏羲妹妹成了他的妻子	伏羲，配偶，伏羲妹妹	壮族	广西壮族自治区	《卜伯的故事》
FXGX021	人类只剩下女娲与哥哥，哥妹二人成婚，伏羲的妹妹成了他的妻子	伏羲，配偶，伏羲妹妹	汉族	甘肃省·陇南市·文县	《素岭十兄弟》
FXGX022	景定元年四月八，天下无人，仅剩伏羲兄妹二人成婚	伏羲，配偶，女娲	瑶族	（无考）	《发习冬奶——古老的岁月》

· 265 ·

续表

序号	原始文本	三元组抽取	民族	地理信息	文本出处
FXGX023	长沙子弹库出土的战国时期帛书乙篇记载伏羲娶女娲生四子	伏羲，配偶，女娲	古代民族	湖南省·长沙市	乔辉：《秦岭何以称龙脉》，《宝鸡社会科学》2020年第3期
FXGX024	女娲本是伏羲妇，恐天怒，捣炼五色石，引日月之针，五星之缕把天补	伏羲，配偶，女娲	古代民族	（无考）	（唐）卢仝：《与马异结交诗》
FXGX025	女娲和伏羲一起，还能以"配偶和助手"的角色保持她在神灵世界的一席之地	伏羲，配偶，女娲	中华民族	（无考）	徐可：《神话与节日：民间女娲信仰与习俗的社会变迁与当代价值》，《邯郸学院学报》2019年第3期
FXGX026	九仙女背着天帝，常常在夜深人静时，偷偷摸摸着夜色腾云驾雾，来龙井饮用琼浆，与伏羲成了朋友	伏羲，朋友，天女	汉族	河南省·周口市·淮阳区	《龙酒的传说》
FXGX027	很古很古的时候，黄河边上大山的洞里，住着一族人。其中有一个男的叫女娲，一个男的叫伏羲	伏羲，同族，女娲	汉族	河南省·济源市·邵原镇	《女娲伏羲避难创世》
FXGX028	女娲形象应比伏羲形成得早	伏羲，晚于，女娲	中华民族	（无考）	李祥林：《女娲神话传说与中国雉戏神灵崇拜》，《民间文化论坛》2019年第2期
FXGX029	印度西奇国有位公主和雷公成亲后，生老女娲、伏羲，女娲比人祖（伏羲）大五百岁	伏羲，晚于，女娲	汉族	河南省·周口市·西华县	吴效群等主编《中国节日志·春节（河南卷下）》第566页
FXGX030	华胥的记载应该是在伏羲以后	伏羲，先于，华胥	古代民族	（无考）	李桂民：《华胥传说的由来与始祖文化的意义》，《唐都学刊》2020年第4期

· 266 ·

附录2 神话人物伏羲数据三元组提取与呈现示例

续表

序号	原始文本	三元组抽取	民族	地理信息	文本出处
FXGX031	洪荒时代，天塌地陷，人种灭绝，这世上仅剩下兄妹俩。哥哥叫伏羲，妹妹叫女娲	伏羲，兄妹，女娲	汉族	江苏省·徐州市·邳州市	《人是从哪儿来的》
FXGX032	华胥生男为伏羲，生女为女娲。二人是兄妹	伏羲，兄妹，女娲	中华民族	（无考）	（清）陈厚耀撰：《春秋世族谱》
FXGX033	天漏水成洪水，女娲和哥哥伏羲幸存	伏羲，兄妹，女娲	汉族	江苏省·淮安市·涟水县	《开天辟地和人的由来》
FXGX034	天地混沌后，只剩下伏羲和女娲一对兄妹	伏羲，兄妹，女娲	汉族	河南省·驻马店市·上蔡县	《白龟庙》
FXGX035	伏羲和女娲是兄妹	伏羲，兄妹，女娲	汉族	上海市·黄浦区	《伏羲教熟食》
FXGX036	传说伏羲和女娲是兄妹	伏羲，兄妹，女娲	汉族	河南省·三门峡市·义马市	《伏羲和女娲》
FXGX037	天帝派仙女女娲和其兄长伏羲到世间	伏羲，兄妹，女娲	汉族	河北省·承德市·围场县	《女娲造人的传说》
FXGX038	伏羲女娲兄妹幼时无父母	伏羲，兄妹，女娲	水族	（无考）	《空心竹》
FXGX039	伏羲的妹妹叫女娲，父母早年去世，二人过日子	伏羲，兄妹，女娲	汉族	河南省·周口市·淮阳区	《伏羲和女娲（三）》
FXGX040	神农是伏羲的第三代孙儿，人称"药王爷"	伏羲，祖孙，神农	汉族	河南省·周口市·淮阳区	《神农鞭药》
FXGX041	洪水后，黄龙收养伏羲兄妹二人，并说："你们两人成婚，人之常理。你们不是凡人，都是我黄龙的传人。"	伏羲，祖先，黄龙	汉族	河南省·洛阳市·洛龙区	《龙的传人》

· 267 ·

续表

序号	原始文本	三元组抽取	民族	地理信息	文本出处
FXGX042	人民认为伏羲是先圣继人嫡亲后代，因此拥戴他做了华胥部族的首领	伏羲，祖先，继人	中华民族	（无考）	徐世春：《人文始祖伏羲的祖源陵庙及对推进历史文明所做的巨大贡献》，见泽《首届中华伏羲祖源文化论坛论文集》，内部编印，2020年9月
FXGX043	地上的首领高比有一双儿女，其中儿子叫伏羲	高比，父子，伏羲	汉族	江西省·南昌市	《洪水的传说》
FXGX044	人脸蛇身的伏羲神是九河神女华胥氏的儿子	华胥，母子，伏羲	汉族	（无考）	《禹摘水怪无支祁》
FXGX045	华胥和狗配了夫妻，养出了伏羲、祝融、女娲，共工四个兄妹	华胥，母子，祝融	汉族	浙江省·湖州市	《华胥补天》
FXGX046	洪水后，只有伏羲女娲兄妹俩幸存，龙到人间帮助兄妹二人，并把他们收作自己的子女	黄龙，父子，伏羲	汉族	河南省·洛阳市·洛龙区	《龙的传人》
FXGX047	伏羲六佐，金提主化俗，乌明主建福，视默主灾恶，纪通为中眩，仲起为海陆，阳侯为江海	金提，从属，伏羲	汉族	（无考）	（清）马骕：《绎史》卷三引《论语摘辅象》
FXGX048	伏羲有一位大臣句芒，辅佐伏羲管理人间	句芒，从属，伏羲	汉族	山西省·吕梁市·交口县	《伏羲氏和木神》
FXGX049	伏羲兄妹的父亲是一个叫昆仑的种田老汉	昆仑，父子，伏羲	壮族	广西壮族自治区·河池市·宜州市	《伏羲兄妹》
FXGX050	白龟告诉伏羲："你的妈妈华胥在雷泽，是雷神的妻子，你是雷神的儿子。"	雷神，父子，伏羲	汉族	河南省·周口市·淮阳区	《人祖爷》

附录 2　神话人物伏羲数据三元组提取与呈现示例

续表

序号	原始文本	三元组抽取	民族	地理信息	文本出处
FXGX051	雷公发洪水前，从口里拔出一个牙齿来，酬谢侄儿，任女伏羲女娲	雷神，叔侄，伏羲	汉族	江西省·南昌市	《洪水的传说》
FXGX052	密西把（人名，高人）给收养的干儿起了个名字叫"伏羲"	密西把，父子，伏羲	彝族	云南省·大理白族自治州·南涧彝族自治县	《母虎日历碑》
FXGX053	（卜伯）叫他的儿女伏依（伏羲）姐弟拿着扁担在棚下等，叫妻子（姆伯）拿着鱼网	姆伯，母子，伏羲	壮族	广西壮族自治区	《卜伯的故事》
FXGX054	伏羲古之继天而帝者也，女娲佐之同母而相佐之	女娲，从属，伏羲	汉族	河南省	《明代万历二十四年浮山岭重修伏羲女娲祠记》

7. 伏羲的发明创造（FXFM001-079）

序号	原始文本	三元组抽取	民族	地理信息	文本出处
FXFM001	仓颉质疑伏羲造字的不合理之处，因而伏羲让仓颉改错，并允许仓颉等人类自己造字	仓颉，创造，文字	汉族	浙江省·金华市·东阳县	《伏羲造字》
FXFM002	相传伏羲得到河图洛书以后，通过参悟白龟的龟纹，画出了八卦	伏羲，参悟，白龟	汉族	河南省·周口市·淮阳区	陈伟涛：《中原农村伏羲信仰》，第138页
FXFM003	伏羲从"河图""洛书"图纹中，演出八卦	伏羲，参悟，河图	汉族	河南省·周口市·淮阳区	《伏羲画八卦》
FXFM004	伏羲根据浑浊黄河水和较清的洛河交汇时，呈现出黑白相间的漩涡现象，创造出"太极图"	伏羲，参悟，黄河	汉族	河南省·郑州市·荥阳市	陈伟涛：《中原农村伏羲信仰》，第145页

· 269 ·

续表

序号	原始文本	三元组抽取	民族	地理信息	文本出处
FXFM005	伏羲观察龙马身上排列有规律的黑白花纹获得八卦	伏羲，参悟，龙马	汉族	河南省·周口市·淮阳区	《伏羲画八卦》
FXFM006	伏羲参悟乌龟四面八方的八条横划花纹，画出了八卦的图案来	伏羲，参悟，乌龟	汉族	湖北省·黄冈市·浠水县	《伏羲画八卦》
FXFM007	伏羲根据东西南北的四个定角位的星画出八卦	伏羲，参悟，星	汉族	湖北省·黄冈市·浠水县	《伏羲画八卦》
FXFM008	伏羲悟出阴阳相生规律，推演出八卦神图	伏羲，参悟，阴阳	汉族	河南省·济源市·邵原镇	《伏羲与"八卦石"》
FXFM009	两千年以前，陈国国王梦见伏羲手捧八卦图	伏羲，创造，八卦	汉族	河南省·周口市·淮阳区	《人祖伏羲坟》
FXFM010	（伏羲）始画八卦，以通神明之德，以类万物之情	伏羲，创造，八卦	古代民族	（无考）	（东周春秋末）孔子：《易经·系辞下》
FXFM011	大圣发深智，运意画两仪。生生之谓易，变化无崖涘。宇宙岂云大，弥纶卓有遗。如何千载余，图象阒莫知。从兹识姬孔，还应见伏羲	伏羲，创造，八卦	古代民族	（无考）	（明）薛瑄：《拟古四十一首·其十二》
FXFM012	伏羲用了64天照着龙马背上的花纹画成了八卦图，人称"伏羲八卦"	伏羲，创造，八卦	汉族	河南省·洛阳市·孟津县	《伏羲画八卦》
FXFM013	伏羲坐于方坛之上，听八风之气，乃画八卦	伏羲，创造，八卦	汉族	（无考）	（北宋）李昉、李穆、徐铉等：《太平御览》卷九引《王子年拾遗记》

附录2 神话人物伏羲数据三元组提取与呈现示例

续表

序号	原始文本	三元组抽取	民族	地理信息	文本出处
FXFM014	九十九砣肉变成了九十九个寨子，九十九个寨子成了九十九个姓，加上伏羲兄妹一个姓，就成了百家姓	伏羲，创造，百家姓	布依族	（无考）	《洪水潮天》
FXFM015	伏羲之制杵臼，万民以济	伏羲，创造，杵臼	中华民族	（无考）	（汉）桓谭：《新论》
FXFM016	大神伏羲造出了一些错字	伏羲，创造，错字	汉族	浙江省·金华市·东阳县	《伏羲造字》
FXFM017	盘古王开出天地，伏羲造了飞禽走兽	伏羲，创造，飞禽走兽	汉族	浙江省·金华市·东阳县	《神农尝百草》
FXFM018	伏羲观天象，法地理，定夫妇之名正五行，确定人道	伏羲，创造，夫妇之名	中华民族	（无考）	《伏羲与女娲》
FXFM019	伏羲立九部而民易理	伏羲，创造，官职	中华民族	（无考）	《易纬·坤灵图》
FXFM020	伏羲兄妹制人烟后，地上长了很多花草树木	伏羲，创造，花草树木	汉族	重庆市·巴南区	《轩辕制衣服》
FXFM021	伏羲兄妹成亲制人，古老先人才得以流传下来	伏羲，创造，婚姻制度	仡佬族	贵州省·六盘水市·六枝特区	《盘古王和他的儿孙们》
FXFM022	伏羲把山林间自然发生的雷火送给人类	伏羲，创造，火	汉族	（无考）	《伏羲攀登天梯》
FXFM023	《伏羲圣迹图》主要描绘了伏羲氏作甲历等发明创造	伏羲，创造，甲历	汉族	河南省·周口市·淮阳区	凡婷婷：《现代传播语境下太昊陵庙会与伏羲神话的重构》，《新闻知识》2019年第11期
FXFM024	《伏羲圣迹图》主要描绘了伏羲氏制嫁娶等发明创造	伏羲，创造，嫁娶之礼	汉族	河南省·周口市·淮阳区	凡婷婷：《现代传播语境下太昊陵庙会与伏羲神话的重构》，《新闻知识》2019年第11期

· 271 ·

续表

序号	原始文本	三元组抽取	民族	地理信息	文本出处
FXFM025	玉帝毁灭了出龙酒的龙井，伏羲找到了龙井，重新开掘出了玉液琼浆，但色味还如以前，不过饮时需再酿制了	伏羲，创造，酒	汉族	河南省·周口市·淮阳区	《龙酒的传说》
FXFM026	伏羲成了东方的大帝。他很有创造才华，用木头和弦做了一种叫瑟的乐器；而且还会作曲，让神女用瑟弹奏	伏羲，创造，礼乐	汉族	山西省·吕梁市·交口县	《伏羲氏和木神》
FXFM027	伏羲初制历法，素女昔传名	伏羲，创造，历法	古代民族	（无考）	（唐）李峤：《瑟》
FXFM028	人祖爷伏羲又重新返工，按照男女身子里的不同模样，创造男女	伏羲，创造，男女	汉族	江苏省·徐州市·邳州市	《人是从哪儿来的》
FXFM029	伏羲造人返工，在小泥人的腿裆里安上男女那个玩意儿。在这个腿裆里挖个窝窝，就是女的；在那个腿裆里加个把，就成男的	伏羲，创造，男女	汉族	江苏省·徐州市·邳州市	《人是从哪儿来的》
FXFM030	伏羲女娲二人制人烟后，人还没得衣裳穿，男男女女都是光着身子	伏羲，创造，男女	汉族	重庆市·巴南区	《轩辕制衣服》
FXFM031	伏羲发明了在火上烤动物，就把这烹饪办法教给大家	伏羲，创造，烹饪	汉族	上海市·黄浦区	《伏羲教熟食》
FXFM032	伏羲"斫桐为琴"	伏羲，创造，琴	古代民族	（无考）	陈伟涛：《中原农村伏羲信仰》，第89页
FXFM033	伏羲把光溜溜的青竹刺成一节一节，而青竹合体后身上有了节。自此，青竹身上上有了节	伏羲，创造，青竹	汉族	河南省·三门峡市·义马市	《伏羲和女娲》

附录 2　神话人物伏羲数据三元组提取与呈现示例

续表

序号	原始文本	三元组抽取	民族	地理信息	文本出处
FXFM034	伏羲将断竹砍成了多段，断竹再生，有了节痕	伏羲，创造，青竹	瑶族	广西壮族自治区·来宾市·金秀瑶族自治县	《伏羲兄妹的故事》
FXFM035	伏羲和女娲用双手造出人类	伏羲，创造，人	汉族	河南省·周口市·淮阳区	《人祖奶奶》
FXFM036	伏依兄妹便用刀把肉团团砍碎，往山下一撒，就变成了许多人，人类诞生繁衍	伏羲，创造，人类	壮族	广西壮族自治区	《卜伯的故事》
FXFM037	伏羲兄妹按照天仙老祖所说把怪胎砍碎，丢任外面，第二天去看，到处都是人，到处都有烟	伏羲，创造，人类	仡佬族	贵州省·安顺市·关岭布依族苗族自治县	《伏羲兄妹制人烟》
FXFM038	伏羲兄妹用刀把怪胎割成小块，乱丢到各种树上、石头上、江河里。第二天一看都变成了人	伏羲，创造，人类	仡佬族	贵州省·六盘水市·水城特区	《伏羲妹妹制人烟》
FXFM039	他们用刀割成很多块挂到各种树上，变成很多人，挂到桃树上的，后来姓陶，挂任李树上的后来姓李……就接下了后代人烟	伏羲，创造，人类	仡佬族	贵州省·安顺市·平坝区	《洪水朝天》
FXFM040	伏羲兄妹的怪胎肉团散落在各处，天下又有了人烟	伏羲，创造，人类	仡佬族	广西壮族自治区·河池市·罗城仡佬族自治县	《伏羲兄妹的传说》
FXFM041	上古无居宿野处，有巢黄帝制宫廷。神农黄帝赐五谷，伏羲姐妹制人伦	伏羲，创造，人伦	布依族	贵州省·贵阳市·花溪区	吕大吉、何耀华总主编：《中国各民族原始宗教资料集成》（布依族卷、仡佬族卷），第264页
FXFM042	伏羲女娲儿女成群，伏羲说，后人们任后不能兄妹婚配和乱伦	伏羲，创造，人伦	汉族	湖北省·宜昌市·远安县	《女娲造人》

· 273 ·

续表

序号	原始文本	三元组抽取	民族	地理信息	文本出处
FXFM043	伏羲兄妹制人烟	伏羲，创造，人烟	汉族	重庆市·巴南区	《轩辕制衣服》
FXFM044	伏羲兄妹才收弓理箭，转下凡来。那两个留下的太阳，就是今天的太阳和月亮	伏羲，创造，日月	布依族	（无考）	《伏羲兄妹》
FXFM045	伏羲造三弦的神话，在文献上已有记载	伏羲，创造，三弦	汉族	河南省·南阳市·南召县	《三弦与三皇》
FXFM046	伏牺作瑟，三十六弦，长八尺一寸	伏羲，创造，瑟	古代民族	（无考）	（西晋）皇甫谧:《帝王世纪》
FXFM047	伏羲氏瑟长七尺二寸，上有二十七弦	伏羲，创造，瑟	古代民族	（无考）	（三国）张揖:《广雅·释乐》
FXFM048	宓羲作瑟、神农作琴，随作笙，象凤皇之身，正月音也	伏羲，创造，瑟	古代民族	（无考）	宋衷注，陈其荣增订:《世本》，第4~5页
FXFM049	伏羲发明的十月太阳历法的"八方之年""十二兽纪日"循环系统中确定了生肖，并把虎列为首位	伏羲，创造，十二生肖	彝族	云南省·大理白族自治州·南涧彝族自治县	《母虎日历碑》
FXFM050	人们用伏羲制作的八卦和人种卦符记载生活中的事情，以此知道天气和季节的变化	伏羲，创造，时间历法	汉族	山西省·吕梁市·交口县	《伏羲氏和木神》
FXFM051	全国多处出土的实物证明，伏羲文化已是中华民族进入文明时代的佐证。后人把伏羲、女娲创世称为重创世	伏羲，创造，世界	中华民族	（无考）	霍明战:《中华创世文化自然遗产考》，《济源部原创世神话群》，第58~77页
FXFM052	女娲跟伏羲成亲后，他俩就教大家捕鱼、打猎。世上人多了，用黄泥捏人、养牲畜	伏羲，创造，世界	汉族	河南省·济源市·邵原镇	《女娲伏羲避难创世》

· 274 ·

附录2 神话人物伏羲数据三元组提取与呈现示例

续表

序号	原始文本	三元组抽取	民族	地理信息	文本出处
FXFM053	伏羲画卦，人文以成。书契之作，以代结绳	伏羲，创造，书契	古代民族	（无考）	（宋）李纲：《御书草千文圣赞》
FXFM054	大神伏羲躺在天台山顶望天，天上有日头，有月亮。用几个圈表示日、太过繁琐，便改用点。点又太小，这样，一、二、三等数字造出来了	伏羲，创造，数字	汉族	浙江省·金华市·东阳县	《伏羲造字》
FXFM055	有人将用棕树和棕丝做成的围裙和衣服献给伏羲。这两个东西是最早的蓑衣	伏羲，创造，蓑衣	汉族	重庆市·巴南区	《蓑衣的由来》
FXFM056	伏羲把太阳挂到天空	伏羲，创造，太阳	中华民族	河南省·济源市·邵原镇	翟明战：《中华创世文化自然遗产考》，《济源部原创世神话群》，第58~77页
FXFM057	伏羲发明的十月太阳历法的"八方之年""十二兽纪日"循环系统中把虎排列为首位	伏羲，创造，太阳历法	彝族	云南省·大理白族自治州·南涧彝族自治县	《母虎日历碑》
FXFM058	伏羲，用棱冰补朴好了天上没长满的大洞，创造了天	伏羲，创造，天	汉族	湖北省·宜昌市·远安县	《烧香人不把香夹在腋下》
FXFM059	伏羲模仿蜘蛛结网，用葛藤、木棍、长棍做成了鱼网	伏羲，创造，网罟	汉族	四川省·德阳市·中江县	《伏羲女娲，教人打鱼》
FXFM060	伏羲发明了网罟	伏羲，创造，网罟	中华民族	中原一带	陈伟涛：《中原农村伏羲信仰》，第68页
FXFM061	《伏羲圣迹图》主要描绘了伏羲氏结网罟等发明创造	伏羲，创造，网罟	汉族	河南省·周口市·淮阳区	凡婷婷：《现代传播语境下太昊陵庙会与伏羲神话的重构》，《新闻知识》2019年第11期

· 275 ·

人文社科领域知识图谱研究引论——以中国神话人物大数据为例

续表

序号	原始文本	三元组抽取	民族	地理信息	文本出处
FXFM062	伏羲模仿蜘蛛结网，用葛藤织网捕鱼	伏羲，创造，网罟	汉族	江苏省·镇江市·句容县	《伏羲造鱼网》
FXFM063	书契也就是文字，伏羲造书契说的是伏羲创造了文字	伏羲，创造，文字	中华民族	（无考）	陈伟涛：《中原农村伏羲信仰》，第89页
FXFM064	《伏羲圣迹图》主要描绘了伏羲制书契等发明创造	伏羲，创造，文字	汉族	河南省·周口市·淮阳区	凡婷婷：《现代传播语境下太昊陵庙会与伏羲神话的重构》，《新闻知识》2019年第11期
FXFM065	有巢燧人起，伏羲造书契	伏羲，创造，文字	古代民族	（无考）	（清）徐揩珊：《历代国号歌》
FXFM066	伏羲画出的八卦图，这就是中国最早的文字	伏羲，创造，文字	汉族	河南省·周口市·淮阳区	《伏羲画人卦》
FXFM067	伏羲和女娲因为用五色泥土做人，所以世界上就产生了五大神族	伏羲，创造，五大神族	无考	（无考）	《女娲补天造人》
FXFM068	伏羲始尝草木可食者，一日而遇七十毒，然后五谷乃形	伏羲，创造，五谷	汉族	（无考）	（东汉）孔氏：《孔丛子·连丛子下》
FXFM069	伏羲"绳丝为弦"	伏羲，创造，弦	古代民族	（无考）	陈伟涛：《中原农村伏羲信仰》，第89页
FXFM070	伏羲确立并使用了"姓"与"氏"，为所有人正了"姓""氏"，从而开辟了中国的姓氏文明	伏羲，创造，姓氏	古代民族	（无考）	陈伟涛：《中原农村伏羲信仰》，第87页
FXFM071	伏羲发明了乐器的制作方法，如"灼土为埙"	伏羲，创造，埙	古代民族	（无考）	陈伟涛：《中原农村伏羲信仰》，第89页

附录2　神话人物伏羲数据三元组提取与呈现示例

续表

序号	原始文本	三元组抽取	民族	地理信息	文本出处
FXFM072	瑶琴是伏羲那个时代一个能工巧匠用梧桐树料子做的	伏羲，创造，瑶琴	汉族	重庆市·南岸区	《瑶琴的来历》
FXFM073	伏羲把砍碎的怪胎撒在平地成了百家姓。散落在山各处的变成了五种瑶族	伏羲，创造，瑶族	瑶族	广西壮族自治区·来宾市·金秀瑶族自治县	《伏羲兄妹的故事》
FXFM074	古时，人都没有衣裳，伏羲看到男女都赤条条的样子太难看了，就想找点东西遮遮羞，于是发明制衣	伏羲，创造，衣裳	汉族	浙江省·衢州市·江山市	《伏羲制衣》
FXFM075	伏羲造出了一些用具	伏羲，创造，用具	瑶族	云南省·文山壮族苗族自治州	《伏羲兄妹》
FXFM076	伏羲兄妹把肉团砍碎，放在晒棚上曝晒七天七夜，变成芝麻和青菜籽	伏羲，创造，芝麻	瑶族	广西壮族自治区·来宾市·金秀瑶族自治县	《伏羲兄妹的故事》
FXFM077	伏羲认真观察了蔡河的怪物，发现它像龙又像马，就给它起个名叫"龙马"	伏羲，命名，龙马	汉族	河南省·周口市·淮阳区	《伏羲画八卦》
FXFM078	伏羲始人始名物虫鸟兽	伏羲，命名，万物	古代民族	（无考）	（清）马骕编撰：《绎史》卷三
FXFM079	伏羲、黄帝和周文王创了不同特征的八卦，分别是呈连山、归藏、周易式的八卦	黄帝，创造，八卦	汉族	河北省·张家口市·涿鹿县	《黄帝巧摆八卦阵》

· 277 ·

8. 伏羲的遗迹（FXYJ001–051）

序号	原始文本	三元组抽取	民族	地理信息	文本出处
FXYJ001	中原地区有太昊伏羲陵、人祖台、白龟池、女娲城、女娲阁、娲城晓烟、娲皇宫、三皇庙、女娲坟等著名胜古迹	伏羲，遗迹，太昊陵	汉族	中原地区	李秋香：《官方祀典与民间信仰中伏羲女娲地位探微》，《洛阳师范学院学报》2002年第3期
FXYJ002	伏羲和女娲用双手造出人类。人们叫伏羲为"人祖爷"，至今叫太昊伏羲陵为"人祖陵"	伏羲，遗迹，人祖陵	汉族	河南省·周口市·淮阳区	《人祖奶奶》
FXYJ003	甘谷大像山的第一台建有伏羲庙、太昊宫，是明朝万历所年间所建	伏羲，遗迹，太昊宫	汉族	甘肃省·天水市·甘谷县	陈伟涛：《中原农村伏羲信仰》，第147页
FXYJ004	这座祭祀先民的"女神庙"（牛河梁红山文化），应是目前所知年代最早的伏羲、女娲神庙	伏羲，遗迹地点，辽宁省	古代民族	辽宁省·朝阳市·凌源市	蔡运章：《伏羲女娲传说与龙图腾崇拜——从牛河梁、凌家滩发现女神像、猪龙神像、玉猪龙和玉凤鸟说起》，《湖南科技学院学报》2019年第8期，第47~53页
FXYJ005	河北赵县双庙祀伏羲女娲，又名哥姐庙	伏羲，遗迹地点，河北省	汉族	河北省·石家庄市·赵县	刘雁翔：《凤凰山·女娲山·中皇山》，《天水师范学院学报》2008年第1期
FXYJ006	山东邹城市西南有羲皇庙，史书及当地又称"爷娘庙"	伏羲，遗迹地点，山东省	中华民族	山东省·济宁市·邹城市	崔明德：《对当今祭拜活动及祭拜文化的一些认识》，《烟台大学学报》（哲学社会科学版）2020年第3期，第81~95页

附录2 神话人物伏羲数据三元组提取与呈现示例

续表

序号	原始文本	三元组抽取	民族	地理信息	文本出处
FXYJ007	峄山（在今山东邹县东南）之西南为凫山，太皞之祠在焉。太皞即太昊，今土人呼"人祖庙"。又号女皇（女娲）合为夫妇，言天下后世之人皆所出，真野人语也	伏羲，遗迹地点，山东省	汉族	山东省·济宁市·邹城市	（宋）《古今图书集成·山川典》引《山水图经》
FXYJ008	山东微山县伏羲庙北依凤凰山，南抱微山湖，始建时间不详，唐时重修	伏羲，遗迹地点，山东省	汉族	山东省·济宁市·微山县	陈伟涛：《中原农村伏羲信仰》，第149页
FXYJ009	唐代杜光庭《录异记》卷八说房州上庸县有伏羲、女娲庙	伏羲，遗迹地点，湖北省	古代民族	湖北省·十堰市·房县	周运中：《伏羲、女娲源自布依、瓦族》，《贵阳文史》2019年第6期，第77~81页
FXYJ010	房州上庸界，有伏羲女娲庙，云揭土为人民之所，古迹在焉	伏羲，遗迹地点，湖北省	古代民族	湖北省·十堰市·竹山县	（五代）杜光庭撰：《录异记》
FXYJ011	人祖庙位于西安市临潼区东南方的仁宗乡，在骊山深处	伏羲，遗迹地点，陕西省	汉族	陕西省·西安市·临潼区	陈伟涛：《中原农村伏羲信仰》，第150页
FXYJ012	河北赵县双庙祀伏羲女娲，又名哥姐庙	伏羲，遗迹地点，河北省	汉族	河北省·石家庄市·赵县	刘雁翔：《凤凰山·女娲山·中皇山》，《天水师范学院学报》2008年第1期
FXYJ013	邹城市西南有羲皇庙，史书及当地又称"爷娘庙"	伏羲，遗迹地点，山东省	中华民族	山东省·济宁市·邹城市	崔明德：《对当今祭拜活动及祭拜文化的一些认识》，《烟台大学学报》（哲学社会科学版）2020年第3期
FXYJ014	伏羲女娲祠位于距新密市来集镇1.5公里处的浮山上	伏羲，遗迹地点，河南省	汉族	河南省·郑州市·新密市	陈伟涛：《中原农村伏羲信仰》，第140页

· 279 ·

续表

序号	原始文本	三元组抽取	民族	地理信息	文本出处
FXYJ015	山东崂山南麓老君峰下的庙宇里有一个三皇殿	伏羲，遗迹地点，山东省	汉族	山东省·青岛市·崂山区	陈伟涛：《中原农村伏羲信仰》，第148页
FXYJ016	河南孟津雷河村龙马负图寺原名为浮图寺	伏羲，遗迹地点，河南省	汉族	河南省·洛阳市·孟津县	《孟津县志》
FXYJ017	孟津县的送庄乡负图村的当地人称他们那里才是真正的龙马负图寺	伏羲，遗迹地点，河南省	汉族	河南省·洛阳市·孟津县	陈伟涛：《中原农村伏羲信仰》，第111页
FXYJ018	后世人们为纪念伏羲和龙马，就在当年伏羲降伏龙马的图河故道上修建了一座寺院，名叫负图寺	伏羲，遗迹，负图寺	汉族	河南省·洛阳市	《龙马负图》
FXYJ019	中原地区有太昊伏羲陵、八卦台、白龟池等名胜古迹	伏羲，遗迹，八卦台	汉族	中原地区	李秋香：《官方祀典与民间信仰中伏羲女娲地位探微》，《洛阳师范学院学报》2002年第3期
FXYJ020	河南巩义伏羲台位于黄河与洛河交汇处东面的夹角地带，在巩义市洛镇洛口村的东边	伏羲，遗迹地点，河南省	汉族	河南省·郑州市·巩义市	陈伟涛：《中原农村伏羲信仰》，第144页
FXYJ021	在陕西蓝田，分布着许多与华胥有关的人文景点，如画卦台等	华胥，遗迹，陕西省	汉族	山西省·西安市·蓝田县	李桂民：《华胥传说的由来与始祖文化的意义》，《唐都学刊》2020年第4期
FXYJ022	淮阳至今留存着伏羲的画卦台	伏羲，遗迹，画卦台	汉族	河南省·周口市·淮阳区	陈伟涛：《中原农村伏羲信仰》，第90~91页
FXYJ023	王屋山的"阳台宫（观）"，本来只是一个高土丘	伏羲，遗迹，阳台宫	中华民族	河南省·济源市·邵原镇	瞿明战：《中华创世文化自然遗产考》，《济源部原创世神话群》，第58~77页

· 280 ·

附录2 神话人物伏羲数据三元组提取与呈现示例

续表

序号	原始文本	三元组抽取	民族	地理信息	文本出处
FXYJ024	"洛出书处"位于洛河上下游分界处的长水乡西长水村	伏羲，遗迹地点，河南省	汉族	河南省·洛阳市·洛宁县	陈伟涛：《中原农村伏羲信仰》，第145页
FXYJ025	淮阳原来的女娲庙变为现在的太昊陵	伏羲，遗迹，太昊陵	汉族	河南省·周口市·淮阳县	王剑：《淮阳太昊陵原为女娲庙》，《中州今古》1995年第3期
FXYJ026	人们把伏羲住的那架山取名叫伏羲峰	伏羲，遗迹，伏羲峰	汉族	河南省·焦作市·沁阳县	《伏羲峰和女娲山》
FXYJ027	安康市汉滨区现河镇有伏羲山，传说是三皇之一伏羲氏的治地	伏羲，遗迹地点，陕西省	汉族	山西省·安康市·汉滨区	王富民：《汉水人文历史悠久生态环境旅游胜地》，《现代企业》2018年第12期
FXYJ028	当年伏羲在河南淮阳画八卦的地方叫卦台山	伏羲，遗迹地点，河南省	汉族	甘肃省·天水市·秦城区	《伏羲画八卦》
FXYJ029	伏羲观察天地间变化创造八卦的那座高山叫"卦台山"	伏羲，遗迹地点，甘肃省	汉族	甘肃省·天水市·秦城区	《伏羲画八卦》
FXYJ030	始祖庙位于伏羲山，为了纪念伏羲和女娲，就建了这个庙，这座山也因此庙而得名——始祖山。又因为伏羲是人文始祖，故又称"人皇山"	伏羲，遗迹地点，河南省	汉族	河南省·郑州市·新密市	陈伟涛：《中原农村伏羲信仰》，第141页
FXYJ031	华盖寺石窟第9窟为伏羲洞	伏羲，遗迹地点，甘肃省	汉族	甘肃省·天水市·甘古县	陈伟涛：《中原农村伏羲信仰》，第147页
FXYJ032	伏羲当年看见龙、骠宽马的地方，现在天水叫"龙马洞"	伏羲，遗迹地点，甘肃省	汉族	甘肃省·天水市·秦城区	《伏羲画八卦》
FXYJ033	陕西蓝田分布着许多与华胥有关的人文景点，磨台山就是其中之一	伏羲，遗迹地点，陕西省	汉族	山西省·西安市·蓝田县	李富民：《华胥传说的由来与始祖文化的意义》，《唐都学刊》2020年第4期，第74～78页

· 281 ·

人文社科领域知识图谱研究引论——以中国神话人物大数据为例

续表

序号	原始文本	三元组抽取	民族	地理信息	文本出处
FXYJ034	开场山是浮戏山向东延伸的余脉，其主峰被称为磨盘顶，因伏羲女娲由此滚磨盘而得名	伏羲，遗迹地点，河南省	汉族	河南省·郑州市·新密市	陈伟涛：《中原农村伏羲信仰》，第141页
FXYJ035	秦安县郭嘉乡北葫芦河谷玉钟峡内因伏羲、女娲结亲而名显于世，故又称显亲峡	伏羲，遗迹地点，甘肃省	汉族	甘肃省·天水市·秦安县	《传说轶闻·伏羲女娲繁衍人类》
FXYJ036	当年画八卦的地方卦台山的东北、渭水中流、高出的那块石头，以伏羲风姓而得名，现在人们叫它"分心石"	伏羲，遗迹地点，甘肃省	汉族	甘肃省·天水市·秦城区	《伏羲画八卦》
FXYJ037	伏羲先后圈养龙马的那两个地方，先圈养的前圈即之后的雷河村	伏羲，遗迹，雷河村	汉族	河南省·洛阳市	《龙马负图》
FXYJ038	伏羲先后圈养龙马的那两个地方，有一个叫位河村	伏羲，遗迹，位河村	汉族	河南省·洛阳市	《伏羲画卦》
FXYJ039	窑窝、客屋台是由伏羲时代穴居所留	伏羲，遗迹，窑窝	中华民族	山东省·菏泽市	王洪岳：《从方言中看伏羲时代的社会生活》，《首届中华伏羲祖源文化论坛论文集》，内部编印，2020年9月
FXYJ040	上蔡县城东15公里处的白龟寺（俗称白果寺）里有关于伏羲画八卦的遗迹	伏羲，遗迹地点，河南省	汉族	河南省·洛阳市·孟津县	《伏羲画八卦》
FXYJ041	商水东北郊的伏羲祠里有关于伏羲画八卦的遗迹	伏羲，遗迹，伏羲祠	汉族	河南省·洛阳市·孟津县	《伏羲画八卦》

附录2 神话人物伏羲数据三元组提取与呈现示例

续表

序号	原始文本	三元组抽取	民族	地理信息	文本出处
FXYJ042	信阳浯子坡里有关于伏羲画八卦的遗迹	伏羲，遗迹地点，河南省	汉族	河南省·洛阳市·孟津县	《伏羲画八卦》
FXYJ043	甘肃省甘谷县太昊宫正殿当中有一座伏羲塑像，身披秦衣，右手托着八卦盘，端坐于殿中龛内	伏羲，遗迹，太昊宫	汉族	甘肃省·天水市·甘古县	陈伟涛：《中原农村伏羲信仰》，页第147页
FXYJ044	山东青岛三皇殿供奉的是"伏羲"、"神衣"和"轩辕"三帝	伏羲，遗迹，三皇殿	汉族	山东省·青岛市·崂山区	陈伟涛：《中原农村伏羲信仰》，页第148页
FXYJ045	河南巩义伏羲台被当地人认为就是当年伏羲画八卦的地方	伏羲，遗迹，伏羲台	汉族	河南省·郑州市·巩义市	陈伟涛：《中原农村伏羲信仰》，页第144页
FXYJ046	有学者认为，河南荥阳卧龙台就是伏羲画卦的画卦台	伏羲，遗迹，卧龙台	汉族	河南省·郑州市·荥阳市	陈伟涛：《中原农村伏羲信仰》，页第144页
FXYJ047	相传"羲黄池"就是伏羲画卦时用以蘸墨水的池子，故名为"羲黄池"	伏羲，遗迹，羲黄池	汉族	河南省·郑州市·巩义市	陈伟涛：《中原农村伏羲信仰》，页第145页
FXYJ048	甘肃甘谷伏羲洞是单体构造像洞之一，位于华盖寺石窟"之"字形排列的转折处	伏羲，遗迹，伏羲洞	汉族	甘肃省·天水市·甘古县	陈伟涛：《中原农村伏羲信仰》，页第147页
FXYJ049	甘肃秦城龙马洞以龙马负图名运近	伏羲，遗迹，龙马洞	汉族	甘肃省·天水市·秦城区	《伏羲画八卦》
FXYJ050	甘肃秦城分心石不圆不方，高丈余，面积一丈五尺，好像龙马真图，又好像太极图，名叫凤姓石，以伏羲凤姓而得名，又叫"分心石"	伏羲，遗迹，分心石	汉族	甘肃省·天水市·秦城区	《伏羲画八卦》
FXYJ051	河南部原八卦石上面有白色圆形，看上去既像分二龙戏珠，也像八卦阴阳图	伏羲，遗迹，八卦石	汉族	河南省·济源市·部原镇	《伏羲与"八卦石"》

·283·

9. 伏羲的死亡与纪念（FXSW001-037）

序号	原始文本	三元组抽取	民族	地理信息	文本出处
FXSW001	苗族、瑶族、侗族等南方一些民族至今还有祭拜伏羲、女娲的习俗	侗族、祭祀、伏羲	侗族	（无考）	崔明德：《对当今祭拜活动及祭拜文化的一些认识》，《烟台大学学报》（哲学社会科学版）2020年第3期
FXSW002	伏羲将从孟河捉住的怪物称作龙马，并将它供奉起来	伏羲、祭祀、龙马	汉族	湖北省·黄冈市·浠水县	《伏羲画八卦》
FXSW003	清凉山上有三皇寨，寨上有敬奉着伏羲、女娲、神农的三皇庙	伏羲、祭祀地点、河南省	汉族	河南省·郑州市·登封市	《太子沟女娲石像》
FXSW004	新密市三皇殿内同时祭祀伏羲、女娲、神农"三皇"	伏羲、祭祀地点、河南省	汉族	河南省·郑州市·新密市	陈伟涛：《中原农村伏羲信仰》，第141页
FXSW005	千百年来，浮山岭上都建有"伏羲女娲祠"，每年三月十八日有庙会祭祀二人	伏羲、祭祀地点、河南省	汉族	河南省·郑州市·新密市	《虎为媒》
FXSW006	至今，每年仲春农历二月二到三月三，河南、河北、山东、安徽、山西、湖北等地的子孙，云集与龙都淮阳，祭祀伏羲	伏羲、祭祀地点、河南省	多民族	河南省	陈伟涛：《中原农村伏羲信仰》，第98页
FXSW007	甘肃省天水市的（伏羲）公祭则在秋季（农历五月十三左右）	伏羲、祭祀类型、公祭	汉族	甘肃省·天水市	陈伟涛：《中原农村伏羲信仰》，第146页
FXSW008	三皇殿内供奉着"三皇"的圣像，即伏羲、女娲、神农	伏羲、祭祀类型、共祭	汉族	河南省·郑州市·新密市	陈伟涛：《中原农村伏羲信仰》，第141页
FXSW009	三皇殿供奉的是"伏羲"、"神农"和"轩辕"三帝	伏羲、祭祀类型、共祭	汉族	山东省·青岛市·崂山区	陈伟涛：《中原农村伏羲信仰》，第148页

附录 2 神话人物伏羲数据三元组提取与呈现示例

续表

序号	原始文本	三元组抽取	民族	地理信息	文本出处
FXSW010	火炉坪村总祭坛西有伏羲山，伏羲山山脚，设有伏羲、女娲祭坛	伏羲，祭祀类型，祭坛	苗族	湖南省·湘西土家族苗族自治州·凤凰县	陆群：《苗族女神祭坛的类型及特征论析》，《宗教学研究》2018年第4期
FXSW011	华胥、伏羲、女娲、炎帝、黄帝、蚩尤的六个祭祀牌位出现在祭祀台上	伏羲，祭祀类型，六皇共祭	中华民族	陕西省·西安市·蓝田县	李桂民：《华胥传说的由来与始祖文化的意义》，《唐都学刊》2020年第4期，第74~78页
FXSW012	开场庙的香火十分旺盛，农历三十和春节期间会朝拜伏羲女娲和炎黄二帝	伏羲，祭祀类型，庙会祭	汉族	河南省·郑州市·新密市	陈伟涛：《中原农村伏羲信仰》，第142页
FXSW013	白龟庙庙会起源于明朝。每年南地区规模较大的古庙会。农历三月15日至25日的庙会期间，人间祭拜的香客众多	伏羲，祭祀类型，庙会祭	汉族	河南省·驻马店市·上蔡县	陈伟涛：《中原农村伏羲信仰》，第142页
FXSW014	"大黄庙会"始于明朝，盛于明唐，每年农历三月二十六日，为弘扬伏羲文化，交流、传承和发展史前文化提供了一个良好的平台	伏羲，祭祀类型，庙会祭	无考	安徽省·界首市·大黄镇	陈伟涛：《中原农村伏羲信仰》，第151页
FXSW015	每年的正月十六是民祭，来自全国各地的信众都会前来祭拜伏羲	伏羲，祭祀类型，民祭	汉族	甘肃省·天水市	陈伟涛：《中原农村伏羲信仰》，第146页
FXSW016	开场山的山脚下的庙，供奉着伏羲、女娲、黄帝、炎帝，祝融	伏羲，祭祀类型，五皇共祭	汉族	河南省·郑州市·新密市	陈伟涛：《中原农村伏羲信仰》，第141页
FXSW017	安徽省界首相传是伏羲建都和头顿长眠之地，是全国三大伏羲纪念地之一	伏羲，埋葬地点，安徽省	无考	安徽省·界首市·大黄镇	陈伟涛：《中原农村伏羲信仰》，第150~151页

续表

序号	原始文本	三元组抽取	民族	地理信息	文本出处
FXSW018	上蔡县塔桥乡白龟庙村内的伏羲墓被当地人称为人祖坟，坟高数丈，上有两人合抱的古树数株	伏羲，埋葬地点，河南省	汉族	河南省·驻马店市·上蔡县	陈伟涛：《中原农村伏羲信仰》，第145页
FXSW019	正伏羲陵畔，縠纹六幅，宛邱城外，柳线千丝	伏羲，埋葬地点，河南省	古代民族	河南省·周口市·淮阳区	（清）陈维崧：《沁园春·客陈州使院花朝作》
FXSW020	太昊伏羲陵与五合合相邻，坐落在淮阳城东北十里处	伏羲，埋葬地点，河南省	汉族	河南省·周口市·淮阳区	《五合合》
FXSW021	河南淮阳伏羲墓北边的薯草园生长的薯草很稀有，别处见不到此草	伏羲，埋葬地点，河南省	汉族	河南省·周口市·淮阳县	《伏羲画八卦》
FXSW022	《伏羲圣迹图》主要描绘了伏羲氏崩葬于陈等发明创造	伏羲，死亡地点，河南省	汉族	河南省·周口市·淮阳区	凡婷婷：《现代传播语境下太昊陵庙会与伏羲神话的重构》，《新闻知识》2019年第11期，第80~85页
FXSW023	伏羲，生于齐鲁，业于中原，葬于淮阳	伏羲，死亡地点，河南省	中华民族	（无考）	丁再献：《东夷文化与山东·骨刘文释读》
FXSW024	伏羲、女娲奠定了"龙"图腾的人文存在	伏羲，图腾，龙	傈僳族	四川省·攀枝花市	李生军：《口传历史与图腾崇拜——攀枝花市白灵山地区傈僳族龙崇拜个案调查研究》2019年第3期攀枝花学院学报
FXSW025	伏羲和女娲氏族是鸟图腾	伏羲，图腾，鸟	中华民族	陕西省·宝鸡市	马步真：《伏羲文化在远古遗存中的印证》，《天水行政学院学报》2017年第3期

附录2　神话人物伏羲数据三元组提取与呈现示例

续表

序号	原始文本	三元组抽取	民族	地理信息	文本出处
FXSW026	女娲伏羲作为原始人崇拜的对象，自然融入了对蛇的图腾崇拜	伏羲，图腾，蛇	中华民族	（无考）	张翼飞：《"核"里乾坤大，"核桃热"背后的心理原型问题初探》，《外语艺术教育研究》2013年第2期
FXSW027	伏羲女娲神话是以蛇崇拜为基础而产生的神话，是原始先民蛇图腾崇拜的体现	伏羲，图腾，蛇	中华民族	（无考）	李怀芝、杨金萍：《古代蛇纹饰的生命文化意蕴》，《医学与哲学（A）》2017年第7期
FXSW028	伏羲及女娲实系远古民族的龙蛇图腾	伏羲，图腾，蛇	中华民族	（无考）	范三畏：《秦发祥地上的伏羲之谜》，《西北师大学报》（社会科学版）1994年第4期
FXSW029	太阳即伏羲天文图腾。也是古代先民对自然崇拜和生殖崇拜的物化	伏羲，图腾，太阳	中华民族	（无考）	翟明战：《中华创世文化自然遗产考》，见《济源部原创世神话群》，第58~77页
FXSW030	太阳图腾崇拜是以伏羲为代表的古代先民对自然崇拜和生殖崇拜的物化	伏羲，图腾，太阳	中华民族	（无考）	翟明战：《中华创世文化自然遗产考》，见《济源部原创世神话群》，第58~77页
FXSW031	皇帝张伏羲在天上朴。上接石头给他。后来张伏羲下来了，妻子李女娲在地上哭。女娲就向青天哭喊，哭天习俗传下来	伏羲，遗俗有关，哭天	汉族	江苏省·淮安市·金湖县	《张伏羲补天》
FXSW032	伏羲以龙纪官，开创了一个和谐统一的龙天下，龙崇拜也一直延续至今	伏羲，龙崇拜	中华民族	（无考）	陈伟涛：《中原农村伏羲信仰》，第85页

· 287 ·

人文社科领域知识图谱研究引论——以中国神话人物大数据为例

续表

序号	原始文本	三元组抽取	民族	地理信息	文本出处
FXSW033	人们叫伏羲为"人祖爷",女娲为"人祖奶奶",用捏制泥泥狗的习俗来纪念他们的造人功绩	伏羲、遗俗有关、泥泥狗	汉族	河南省·周口市·淮阳区	梁奇、刘红玲:《淮阳伏羲女娲神话的生殖崇拜及其演化》,《河南师范大学学报》(哲学社会科学版)2020年第2期
FXSW034	淮阳泥泥狗是伏羲、女娲以及远古生灵群像高度概括变形的祭祀包物,人们用它来祭祀伏羲	伏羲、遗俗有关、泥泥狗	汉族	河南省·周口市·淮阳区	楚二强、陈浩楠:《淮阳龙文化及其当代价值》,《濮阳职业技术学院学报》2019年第3期
FXSW035	苗人腊祭曰报草。祭用巫,设女娲、伏羲位	苗族、祭祀、伏羲	苗族	(无考)	(清)陆次云:《峒溪纤志》
FXSW036	苗族、瑶族、侗族等南方一些民族至今还有祭拜伏羲、女娲的习俗	苗族、祭祀、伏羲	苗族	(无考)	崔明德:《对当今祭拜活动及祭拜文化的一些认识》,《烟台大学学报》(哲学社会科学版)2020年第3期
FXSW037	苗族、瑶族、侗族等南方一些民族至今还有祭拜伏羲、女娲的习俗	瑶族、祭祀、伏羲	瑶族	(无考)	崔明德:《对当今祭拜活动及祭拜文化的一些认识》,《烟台大学学报》(哲学社会科学版)2020年第3期

图书在版编目(CIP)数据

人文社科领域知识图谱研究引论：以中国神话人物大数据为例 / 王京，周园春著. --北京：社会科学文献出版社，2024.10. --ISBN 978-7-5228-4293-6

Ⅰ.B932.2；TP391

中国国家版本馆 CIP 数据核字第 2024U0F185 号

人文社科领域知识图谱研究引论
——以中国神话人物大数据为例

著　　者 / 王　京　周园春

出 版 人 / 冀祥德
组稿编辑 / 赵　娜
责任编辑 / 李　薇
责任印制 / 王京美

出　　版 / 社会科学文献出版社·群学分社（010）59367002
　　　　　地址：北京市北三环中路甲 29 号院华龙大厦　邮编：100029
　　　　　网址：www.ssap.com.cn
发　　行 / 社会科学文献出版社（010）59367028
印　　装 / 三河市龙林印务有限公司

规　　格 / 开本：787mm×1092mm　1/16
　　　　　印张：18.25　字数：253千字
版　　次 / 2024 年 10 月第 1 版　2024 年 10 月第 1 次印刷
书　　号 / ISBN 978-7-5228-4293-6
定　　价 / 128.00 元

读者服务电话：4008918866

版权所有 翻印必究